U0962813

中国诠释学研究丛书

名誉主编／汤一介
主编／景海峰

孔门传授心法

朱子《四书章句集注》的解释与建构

杨浩／著

中国出版集团
东方出版中心

总　　序

诠释学本为西方的学问，从古老的圣经释义学到近代施莱尔马赫等人的改造，特别是由伽达默尔发展出哲学诠释学之后，它已经成为当代最具活力的哲学思潮之一。近十多年来，随着诠释学在我国的译介和传播，以诠释学为参照背景的中国传统哲学之反思和当代中国哲学的建设正悄然展开。中国有着两千年以上的注释经典的传统，有关“诠释”的话题和资源可以说丰厚无比，这就为诠释学的吸纳和消化营造了一个非常独特的思想空间。吸收诠释学的成果，特别是从诠释学的发展历史当中寻找对我们富有启发的线索和材料，以运用到中国经典诠释的研究当中，或促进传统资源的现代性转化，这将是大有裨益的。譬如施莱尔马赫把语言训释的语文学技巧和哲学思辨的穿透力量有机地结合起来，完成了诠释学的现代过渡。狄尔泰进一步发展了内在的心理学解释之路向，把生命哲学引入到理解和诠释的基础部分，系统地建构了精神科学的大厦。伽达默尔确认诠释学的普遍性，并以此去探求知识和真理的内蕴，从而使诠释学成为解决人类存在之本根性的学问，进而将之上升到了本体论的高度。这些历程对于我们理解中西方文化的差异，在比较的视野下来认识中国哲学的特点及其发展道路，特别是能明了它的缺失和现代性过渡之环节的匮乏，以便有目的、有针对性地对其加以补充、加以改造、加以发展，这将是极具现实意义的工作。

把中国传统学术和诠释学联系在一起，当然是为中国哲学研究寻找一种新的方法，同时也会扩大研究者的视野，这些都是毫无疑问的。但除了方法论上的意义之外，更为重要的是通过对这两者的“嫁接”，我们可以尝试着改变目前传统哲学研究的境况：中国哲学的创新更多的是依赖于西学，从思想范式的提出到理论方法的更新，来自西方的资源要大大地超过本土的资源，而处理史料时才会运用到一些传统的考据方法。这就使得中国传统的资源不能得到有效地提升，也无法向内在化的哲学创造去发展。诠释学的引入，正是要面对和解决这一问题，为中国哲学的向前发展探寻道路。就中国传统学术的格局而言，虽说有儒、释、道之别，但各家均是以经典诠释为主要方式来阐发其思想和发展各自学说的，思想义理和文本解释也是紧密地结合在一起的。特别是作为经学时代的主流学术，儒家虽说有义理、考据之别，也曾有过汉学、宋学之争，但其思想的阐发和文本的解释是高度一体化的，是水乳交融的。近代以还，这种古典的经学形态已不复存在了，义理为哲学所专擅，考据渐渐演变成文字、音韵、训诂之学，传统学术的内容和形式往往被做了剥离化的处理，使得人们对于经典的理解越来越变得支离破碎和片断化。思想和工具的二元对立，在西学范式扎根之后，又被体制化的学科系统再度地分割和强化，这就使得中国传统思想研究要么是哲学化的，要么是文献化的，两者很难有机地统一，以至于中国哲学研究的局面与其本来的样态日渐地悬隔，这种状况引起了人们的普遍忧虑。

正是在这种情况下，引入和参考西方诠释学以建构中国自己的诠释学体系，便成为学术界的热切期望和新哲学努力的目标。1998年，汤一介先生在《学人》第13辑发表了《能否创建中国的解释学?》一文，首次直接提出了创建“中国诠释学”的设想，随后又连发数文，探讨如何运用诠释学的方法和视角来研究中国传统哲学,这在学术界引起了很大的反响。在这之前,海外华人学者已经考虑过诠释学和中国传统哲学的结合问题,如傅伟勋的"创造的诠释学"、成中英的"本体诠释学"等,均已涉及了诠释学的中国化问题,并且显现出一定的理论自创性。这一富有创意的学术构想和适应了时代思潮脉动的指向,在这十余年间,实际上已经促发了一个很有思想活力的学术运动,各种尝试性的努力和不同方式的工作,正在将"中国诠释学"的设想一步一步地变成可能,甚至是现实。譬如,由黄俊杰领导的台湾大学东亚文明研究中心,从2000年起,已先后召开过10余次中国经典诠释学研讨会,发表的成果辑为"儒学与东亚文明研究丛书",出版品十分丰富。中国社会科学院由姜广辉领衔的一批学者,致力于儒家经典文本的重新释读和诠释学视野下的经学史研究,已推出《经学今诠》数编和多卷本的《中国经学史》。洪汉鼎主持的山东大学中国诠释学研究中心,出版了《中国诠释学》大型辑刊,并和台湾的同行联手举办有关中国诠释学研究的会议。而中山大学的陈少明等,主办"经典与解释"学术集刊,登载了一大批有关中国诠释学研究的论文。香港中文大学哲学系的刘笑敢、台湾"中央研究院"文哲所的李明辉、安徽师范大学诠释学研究中心的潘德荣等,也主持了系列的学术活动,领衔于一方,造成声势,共同推动着中国经典诠释学研究的繁荣。

"中国诠释学"何以可能?学术界蓬勃的研究局面和丰硕的学术成果,在一定程度上已经做了正面的回答。"中国诠释学"如何建构?各路学人本之于各自的学术优长和独特识见,也从不同的角度提出了林林总总的方案。但是,问题依然还有很多,综汇共性,其主要的难点譬如:(1) 作为具有深厚西方文化背景的诠释学,它的特殊性如何看待和处理?如果过分地强调其普遍意义,作泛化的理解和运用,则无可避免地会落入用西方的范式来剪裁中国思想的窠臼。如果过分地强调其特殊背景，则又不容易和中国独特的问题视域联系起来考虑。(2) 如何恰当地运用古典经学研究的方法，合理继承传统文化的遗产，把古代经典的内在意义和传统学术发展的自身理路揭示出来。如果陷入以往的注经传统和考据路向，则现实的立意与目标难以达到；如果不能有扎实的文献处理，则很可能又会流于盲说。(3) 对跨学科知识的综合运用和恰当协调，也是一个难题。中国诠释学研究所涉及到的领域，除了哲学主业之外，历史、文献、考据、训诂均要结合，另外，对西方诠释学的了解和研究也要达到相匹配的水准，才能显现出一定的深度。(4) 作为方法论的诠释学和作为本体论哲学的诠释学是当代视野下的重要分际，中国诠释学研究同样也要面对和处理这个问题。过往对西方哲学的欣赏往往表现为一种方法论的崇服，按照这样的惯性来理解和受容诠释学，那么诠释学很自然地就会被解读成为一种方法论，那中国哲学研究只是多了一套方法而已。而中国诠释学的期许和目标实已超出了文献解读的范围，试图进入到当代思想创造的前沿地带，所以需要的是能够尽量地显现出它的当代意义来。

这些问题，仅是举其大端，而细部的融合环节就更为复杂了，这说明“中国诠释学”的研究工作尚处在起步的阶段，还有很多关键性的议题需要去探索，目前的成果也仅仅是个积累而已。因此，在这些研究工作的基础上，适时地推出一套系列的著作，把建构“中国诠释学”的各种努力和已经取得的初步成绩加以总结，呈现出当下的面貌，提出新的问题，探讨新的可能之走向，以推进“中国诠释学”的进一步发展，这当是一件极有意义的事情。另外，出版这样一套系列著作，除了已有的学术积累和研究条件比较成熟之外，更为重要的是，通过诠释学的中西方“嫁接”工作，可以尝试着改变目前中国哲学和中国经典研究的境况，使得中国传统的思想资源能够得到有效的提升，并且向着内在化的哲学创造之路去发展，以促进当代中国的新文化建设。

本着这样的目的，在汤一介先生的直接筹划和积极推动之下，我们与东方出版中心合作，组织了这套新著，定名为“中国诠释学研究丛书”，准备收录一批海内外中青年学者的最新研究成果。每种著作的主题，均是紧扣“中国诠释学”的核心理念，突出中国性、比较性、现代性，力争反映出中国经典诠释学的发展动向，具有较强的学术前沿色彩和理论突破意识，并具相当的可读性。这是我们的期望，也是我们努力的目标，是为序。

景海峰

庚寅虎年元宵节于深圳湾畔

凡　例

一、《四书章句集注》的引用符号：

.——《四书章句集注·论语集注》（前*代表篇序，后*代表章序，如1.1表示《论语·学而》"学而时习之"第一章，分章依据朱子《论语集注》中的分章）

A/B.——《四书章句集注·孟子集注》（前*代表篇序，后*代表章序，A表示上篇，B表示下篇，如1A.1表示《孟子·梁惠王上》第一章）

D*——《四书章句集注·大学章句》（*表示朱子《大学》传分章，经一章用D0表示）

Z*——《四书章句集注·中庸章句》（*表示朱子《中庸》分章）

二、朱子著作的缩略符号：

《全书》*——（宋）朱熹撰；朱杰人、严佐之、刘永翔主编：《朱子全书》，上海：上海古籍出版社、合肥：安徽教育出版社，2002年（*为册数，如"《全书》六"，指《朱子全书》第六册）

《语类》——《朱子语类》

《文集》——《晦庵先生朱文公文集》

《或问》——《四书或问》

《精义》——《论孟精义》

三、其他

《典据考》——［日］大槻信良：《朱子四书集注典据考》，台北：学生书局，1976年

《长编》——束景南：《朱熹年谱长编》，上海：华东师范大学出版社，2001年

目 录

绪论

儒学到了宋代骤然复兴，这是一个奇迹，更蕴藏着一种神秘。这种新兴的儒学究竟在多大程度上秉承了先秦儒学及其后儒学，又在多大程度上可以称得上是一种“新”儒学，都是富有争议的论题。换句话说，作为源自远古的一种文明，儒学在各个时代有着怎样的变化，这种变化又是否只是形式的改变而本质内容未变。一些问题蕴含着对这种文明的本质内容不变的假设，这种假设又在何种层面上是有意义的，由谁确定此种假设，是那些历代“述而不作”的圣贤，还是“日用而不知”的大众？

儒学自身有一个极其复杂的体系，广义上包括的内容甚多，且可以从多角度、多层次上分析它的范围。如果用现代学科体系来界定儒学，似乎难以把它完全归入某一种学科体系。儒学涵盖的内容可以融入哲学、宗教、心理学、政治学等多种体系，且儒学似乎又远非止于此。一般来说，近代学术研究者会更多地将儒学放在哲学的框架中来分析。所谓的哲学，特别是近现代西方意义上的哲学，更多的只是一种思维的艺术或语言的艺术。而中国古代的所谓儒学更多的则是一种智慧，生命的智慧，其内容广博又皆关乎人本身，是关乎人类生存与发展的大智慧。若依哲学概念的原始意义来讲，也可以说是一门富有哲理、包涵智慧、切于人自身的大学问。这样的哲学看起来似乎更多的具有西方所谓的“宗教性”。它并非只是一种脱离自身的、纯粹抽象的玄思，一种向外的体察，一种企图借助于缜密的逻辑思维与抽象的名相分析所找到的事物真相，而更多的是一种生命的体验，一个反求诸己的修养模式，以及与此相适应的理论体系。这种被称为儒学的东西，或被称为一种哲学，或被称为一种宗教，抑或被称作别的什么名称，就像玫瑰无论被称作什么都依然会那样的芬芳一样，永远散发着生命的意味和智慧的光芒。

我们并不急于给儒学下一个准确的定义。因为要回答这样一个问题似乎首先要解决所谓的儒学是否具有一个能够禁得起历史的考验与人们的推求的本质，甚至要先解决哪些是儒学的问题。或许还有更多的疑问悬而未决。一种简单可行的方法就是，先从常识开始。当然，从这种常识开始，就要一直保持着一种清醒且怀疑的态度，以避免作为常识所接受的种种成为最终确定的结论，从而失去判断的目的与方向。比如，一般所说的孔子是儒家学说的创始人，其中的疑问便有很多：此种说法是在何种意义上讲的？此种说法的目的何在？是否说明孔子之前并无儒家思想？又是否说明孔子之后的所标榜的儒家思想与孔子有一定的继承关系？这种判断是对历史的建构还是就其事实本身的判断？这样的问题无穷无尽。所以姑且在一定程度上，消弭这些分歧与疑义，遵从普遍的说法，特别是那些经过历史洗礼被普遍认可的判断。这样一来，儒学就大致有了一个模糊的形象。虽然其内涵仍然存在非亲历便不知的问题，但儒学中大致的人物、文献，甚至思想主张、核心理念似乎都是可以界定的了。由此，孔子大致是可以被称为儒家学说的代表人物。传统上讲的孔子"删《诗》《书》、作《易传》、作《春秋》"，是古代儒学文化的继承者与发扬者。传统上讲的"五经"——《易》、《书》、《诗》、《礼》(汉指《仪礼》，后世指《礼记》)、《春秋》就是这一传承的经典。一个非常有意义的思考就是，作为文化符号的孔子，同历史上确实存在过的孔丘到底有什么样的联系。时间的距离使得文献不足以征。即便历史的记载翔实可靠，通过了解一个人在外在世界的所作所为又能够在何种程度上认识这一个人。同样的，通过所谓孔子的著作又能够在何种程度上认识孔子。弟子的记录以及后代给孔子加上的种种光环又在何种程度上影响我们认识孔子。不同的角度决定了不同的认识方式。真正认识一个圣人是否就应该以圣人的方式来认识，真正认识一个思想家是否就应该以思想家的方式。认识的主体在一定意义上对认识对象做出了选择，而认识客体的多样性在很大程度上取决于认识主体的不同，也就是所谓的"见仁见智"。孔子到底是个什么样的人？在《论语》记载中，颜回、子贡等弟子眼中的孔子是各不相同的。假如真有时间机器，让今人穿越时空，来到孔子本人生活的时代，我们又如何认识这个人。一个已经戴着后世对孔子种种褒贬的眼镜的人与一个春秋时期的普通人看孔子显然会有很大的不同。这样，要认识一个对象，似乎首先要把握这个认识的主体。主体是谁，主体的经历，主体已有的知识，主体认识的背景和时代等等,甚至主体的气质、喜好都是影响认识的重要因素。对于现代学术研究者,禀有孔子不同弟子的气质的人对孔子的研究恐怕也会有很大的不同。在此并无意夸大认识主体的差异性,从而导出认识对象的不可知性,不过这样的差异确是切切实实的存在。不承认这一点便会有绝对主义或者主观主义的倾向。甚至对同一个人而言,不同的年龄阶段对同一认识对象也都存在种种差异。研究先哲的思想与个人认识水平的提高是息息相关的,最终认识的高度与深度等等受到认识主体的种种制约。特别对于中国的先哲,透彻地认识他们往往要花费一生的时间。

一、研究缘起与意义

儒家思想在历史上留下浩瀚的文献资料,为后人提供了十分丰富的赖以开发利用的资源。儒家思想关注人自身的成长,以期在人的道德修养方面塑造出"己立而立人"的内圣外王的圣人。从儒学发展的历程中可以看出,后代思想家不断地在前代经典的基础上开发出符合当时实际情况的思想。对经典的解释是重塑儒家思想价值的关键一步。因为只有在继承的基础上才能够开拓出具有时代性的新思想。

在中国历史上,儒家思想作为中国文化的主流曾受到各种各样的挑战,其中来自于外来文化的冲击,莫过于魏晋至隋唐的佛学以及近代的西学。一种成熟文化与另外一种成熟文化的激荡,自然会对双方都产生深刻的影响,从而引发各个层面的变革。两者之间既有冲突又有融合。任何一方在吸收对方思想的同时,也在不断地反省自身的本质。在吸取对方长处的同时,又要不断维持自身的规定性。佛教在中国几百年的发展过程中,不断地吸收中国本土的思想来为其所用,在探索其自身规定性的基础上,抛弃不能适应时代发展的教条,改造着自身,吸收了中国本土固有的道家思想与儒家思想,在中国形成了具有鲜明特色的多种宗派。特别是禅宗的大盛,对佛教教条的抛弃走向了一个高峰,纯粹以追求佛教的根本精神为目的,即佛的觉悟,对佛的概念的执着、偶像的崇拜等等一切都可以抛弃,还将佛教经典作为纯粹的"筏",渡过了河,

"筏"也是必须舍弃的。与佛教在隋唐时期的鼎盛相比,儒家则在唐朝一统儒家经典的形势下逐步走向僵化。儒家思想的本质是什么,与佛教的区别是什么,成为一代代儒家学者探索的起点。佛教的最终目的在于个人的觉悟与解脱,所以具有缜密的修行体系以及繁多的修炼方法,特别关注自身的心性问题。心性对佛教而言,不仅是一个可以切切实实在自身中体验到的实际,而且是各种心性修炼体系中富有思辨的玄理。对于儒家而言,传统的以"五经"为核心的经典则严重缺少对修养、心性的探讨。魏晋至隋唐为数众多的儒家学者在佛教强大的影响下弃儒归佛。那些在表面上仍可以保持儒家立场的学者对儒家自身的本质也稀里糊涂。儒学逐渐步入一个亟需变革的阶段。

儒家思想变革的拓荒者是唐朝的韩愈与李翱。实际上,这只是一种后代的追溯。二人皆与僧人有着广泛的交游,特别是李翱在佛学方面的研习成就甚至可以掩盖其儒学思想。然而随着佛教的逐渐泛滥与相对衰落,儒家思想也在经典的重构过程中逐渐发展。其中最为重要的就是《孟子》地位的提高,以及《中庸》《易传》等受到更多的重视。《论语》中鲜有心性,而《孟子》则大谈心性,对心性的重视成为儒家思想重新建构的重要补充。经过北宋儒家学者的不断努力,儒学开始崛起。

儒家思想在崛起的过程中受到佛教思想影响是一个不争的事实。很多儒家学者都有所谓的"泛滥佛老若干年,反求诸'五经'而后得"的人生经历。儒家学者到底在何种程度上吸收了佛教思想则是一个需要深入研究才可以了解的问题。很多的儒家学者并没有"辟佛老"的明确意识,以儒家思想为本,对佛教思想与道家思想采取一种兼收并蓄的态度。甚至有一些好佛的儒家学者完全采用佛教的思想来解释儒家经典。所有这些情况也都在一定意义上重构着儒家思想。

或许是时势造就了英雄。儒学发展到南宋,在一帮好佛佞老、软弱无能、丧权辱国的当权者的统治下,一代儒学巨匠横空出世。那就是历史上最富有争议的人物之一的朱熹。因朱熹对儒学建构的巨大贡献,后代尊为朱子,以为其影响力仅次于孔子。朱子出生在二程后学的家庭里,从小就接受了儒家《论语》《孟子》等基本教育。十三四岁后又在好佛的三君子等影响下泛滥佛老十多年。这些年里，朱子从南宋禅学巨匠大慧宗杲的弟子道谦学禅，对禅学的领悟也曾尽心竭力，后在二程三传弟子延平先生李侗的影响下最终又回归儒宗。从学的一开始就带着对自身佛老思想的批判。朱子从李侗处所受的儒释之辨的法宝就是“理一分殊”。李侗死后，朱子则与当时流行的各种儒学学派进行广泛论辩与交锋，并开始了自己独立地对儒学思想的探索。朱子在对儒学思想的探索过程中有着明确的经典建设的意识。对于儒家经典朱子特别注重本作为“五经”的传的《大学》《中庸》《论语》《孟子》等书，他以二程之学为中心对这些经典不断地消化，同时又不断地进行着体系的建设。朱子的探索是对《大学》《中庸》《论语》《孟子》等经典思想的重新改造。朱子一生不断论辩儒释之别，也就同时探索着儒学有别于佛老的本质规定性。朱子一生反复凝炼，不断地自我超越，形成了以其最经典的解释著作《四书章句集注》为核心的经学体系。朱子的经学体系以四书学为中心，而四书学又以《四书章句集注》为核心。朱子的《四书章句集注》凝聚了其一生学问的精神，体现了其对儒学思想在新时代的建构。朱子将儒学典籍打造成句句是真理的经典，其建构的经典解释中本末皆赅、逻辑严密、体系完备。在朱子之后，朱子的《四书章句集注》中对“四书”的注文又一度成为经典。英雄又反过来造就了时势。

朱子临死前其学曾被诬为“伪学”而遭到禁止。死了以后，弟子都不能为其公开送葬。然而昏庸的统治者很快从党争残杀中清醒过来，发现了朱子思想中超越历史的教化价值。朱子死后不久，统治阶级就开始了一场场把朱子偶像化的运动。朱子被赐谥曰“文”，《四书章句集注》被列为国学。到了元代，朱子被尊为大圣大贤，《四书章句集注》被元仁宗诏定为科举取士的标准，元惠宗诏建朱熹庙（文庙）。朱元璋建立的明朝，把朱子与孔子相提并论，称“孔子大圣，朱子大贤”。由此程朱理学成为官方哲学，朱子成为绝对权威，其《四书章句集注》成为儒家法典。这种对朱子无以复加的尊崇极大地禁锢了人们的思想，流弊深远，五四运动提出“打倒孔家店”，其实要打倒的是朱子所代表的程朱理学。新中国成立后很长一段时间，朱子成为为封建主义君主专制服务的客观唯心主义的哲学家，对之否定的多，肯定的少。特别是在“文革”时期，评法批儒，根据“法家爱国，儒家卖国”的标准，朱子被贬斥为无耻的投降派，大卖国贼,成为历史的罪人。粉碎“四人帮”以后,朱子研究呈现新的风貌,涌现出诸多新的研究成果。

朱子之所以在历史上引发种种不同的看法有其特殊的历史原因,但一个重要因素可以说还在于朱子本身。朱子通过对儒家经典的重新选择,对儒家思想进行了重新建构,从而建立了缜密宏伟的理学,整个北宋以来的儒家思想体系也是经由朱子而确立。朱子整理发明周敦颐的《太极图说》《通书》,张载的《西铭》,继承二程思想,使周张二程会归为一。朱子本身继承北宋理学的思想,并对之进一步完善,借以注释四书发明儒家思想。朱子的《四书章句集注》广采各家之言,实皆断以己意,屡创新见,展现出其一生所思的理学体系的建构。

作为西方显学的解释学带给了我们新的视野来审视这个问题。影响元明清六七百年的朱子正是运用对古代经典的重新解释来创立其哲学体系的。汤一介先生提出:“在中国有很长的解释经典的历史传统,并形成了若干不同的对经典注释的原则和方法,因此如果我们对中国注释经典作一番历史的梳理,能否创建不同于西方解释学的理论体系呢?”[①]朱子在《四书章句集注》中对“四书”的解释和其哲学体系的建构之间的相互关系正是这一类重要问题。此问题也是宋明时期儒家经典解释活动中的典型问题。由此,我们可以尝试以此问题为中心,探索“通过对中国经典注释的历史作一梳理,看看能否找到某些与西方解释经典相同或不同的原则和方法”?[②] 通过此种梳理,汤先生进而认为大致会出现两种情况:“一是在运用西方解释学的理论与方法对中国注释经典的历史(或中国一些学科的解释问题)作了充分的研究之后,我们发现用西方解释学的理论和方法基本上可以把中国对经典注释的问题弄清;另一是,我们在运用西方解释学理论与方法研究中国注释经典的历史(或解释问题)之后,可以把中国的某些并影响西方解释学的基本理论与方法吸收到西方解释学之中,使西方解释学有可以解释中国经典的效用,从而丰富西方解释学的理论与方法,当然同样也要把其他文化传统中的某些并不会影响西方解释学的

① 汤一介:《论创建中国解释学问题》,《社会科学战线》2001年第1期。
② 同上。

基本理论和方法吸收到西方解释学之中，使西方解释学有可以解释其他文化传统解释经典的效用，从而丰富西方解释学的理论和方法。”[①]本书对朱子在《四书章句集注》中四书解释和其哲学建构的关系的研究正是沿着这一思路所进行的尝试。

二、研究现状

本书涉及的研究领域大致有西方解释学的研究、中国的解释学思想研究、朱子哲学的研究、朱子解释思想的研究、四书学的研究、朱子四书学的研究、《四书章句集注》的研究等方面。其中所涉及的各个方面在目前学术界都是研究的热点内容。

西方解释学在中国的传播过程有何卫平的《西方解释学在中国的传播及效应(1979—2002年)》一文可参看。[②]

中国的解释学思想研究情况有黄俊杰的《东亚儒家经典诠释传统研究的现况及其展望》[③]，景海峰的《诠释学的研究现状及前景》[④]两文可参考，今不赘列。

朱子学研究情况有相关的专门的研究书目的汇编，如《朱子研究书目新编1900—2002》一书。

朱子哲学思想的研究有众多研究专著。主要有：牟宗三的《心体与性体(三)》(1968)、钱穆的《朱子新学案》(1971)、张立文的《朱熹思想研究》(1981)、杨天石的《朱熹及其哲学》(1982)、范寿康的《朱子及其哲学》(1983)、陈正夫，何植靖的《朱熹评传》(1984)、陈来的《朱子哲学研究》(1987)、陈荣捷的《朱子新探索》(1988)等，其外尚有众多专著、论文，今略。

四书学研究的专著主要有朱修春的《四书学史研究》(2003)、周春健的《元

---

① 汤一介：《论创建中国解释学问题》，《社会科学战线》2001年第1期。

② 何卫平：《解释学之维——问题与研究》，北京：人民出版社2009年版，第259—296页。

③ 黄俊杰：《东亚文明研究丛书68 东亚儒学：经典与诠释的辩证》，台北：台湾大学出版中心2008年版，第57—130页。

④ 北京大学《儒藏》编纂中心编：《儒家典籍与思想研究(第1辑)》，北京：北京大学出版社2009年版。

代四书学研究》(2007)等。朱修春的《四书学史研究》以《四书章句集注》的产生为四书学的起点,对宋元明清时期出现的大量对四书和《四书章句集注》进行诠疏笺注和整理阐发的研究之作进行了梳理,主要着力于对清代四书学的研究,考查了从清初政府的提倡以及学者的阐发与考辨,清中期学者的整理与阐发,一直到晚清的衰落的情况。周春健的《元代四书学研究》从元代四书学兴起的历史文化背景、官学地位的制度化及其影响、地域分布与学术师承、学派谱系及其特征等方面进行考察,从而认为元代四书学在学术史上的独特地位表现在:首次实现了四书学官学地位的制度化;"和会朱陆"的思想搭建了从宋代理学通往明代心学的桥梁。这两部著作主要侧重从历史的角度来梳理四书学的发展与演变情况。

朱子四书学的研究方面,周予同的《朱熹》小书在讨论朱子经学时涉及四书学。钱穆《朱子新学案》中特辟专门章节,搜罗众多的文献资料,对朱子四书学的发展演变过程进行了详细的论述与考辨。近年来,许家星的博士论文《朱子四书学研究》(2008)是专门研究的新成果,从道统论、道体论、工夫论、内圣外王等几个方面论述了朱子四书学的主要内容,旨在揭示出朱子四书学的形成过程、思想主旨、建构方式以及诠释特点等。此书注重对朱子四书学内容进行梳理,对其诠释特点的探讨则略显薄弱。另外,蔡方鹿的《朱熹经学与中国经学》、朱汉民、肖永明合著的《宋代四书学与理学》等书也对朱子的四书学进行了一定的梳理。前者是一部全面系统研究朱子经学思想的专著,全面分析了朱子四书学、易学、诗经学、尚书学、礼学、春秋学、孝经学等经学思想及其与中国经学的关系,论述了朱子经学的特征和时代意义,以及朱子经典诠释学等。在朱子四书学方面,简单探讨了朱子四书学的形成与结构以及其理论内涵,认为朱子在经典诠释学上采用哲学诠释与经学诠释相结合的方法,建构出本体论诠释学。《宋代四书学与理学》系统研究和论述了四书学的渊源以及在两宋时期的演变与发展,对濂学、关学、洛学、荆公新学、蜀学、湖湘学、象山学在四书学的诠释与理学建构方面的特色进行了详细的阐述,并阐发了朱子四书学的形成过程、治学特点、诠释方法,以及与儒家人文信仰、工夫论、理学体系等方面的关系。此书对于了解朱子四书学在整个宋代四书学发展演变过程中的地位多有裨益。此外还有诸多论文,不在此详列。

从西方解释学的视角下来专门讨论朱子整体解释思想的著作近年来则有吴展良《朱子研究》(未刊)、林维杰《朱熹与经典解释》(2008),以及尉利工的《朱子经典诠释思想研究》(2007)、曹海东的《朱熹经典解释学研究》(2007)两篇博士论文。吴展良执行台湾大学所推动的《东亚近世儒学中的经典诠释传统》研究计划中分项计划《理学的世界观与认知方式之基本特质:以朱子的经典诠释为中心》,[①]撰写了一系列论文,从朱子的心性论、鬼神论、理气论、世界观、认知方式等方面对朱子思想进行重新诠释,而且通过分析认为朱子以全生命投入的方式来解读经典,使自己的心与圣人的心达到完全一致的境界,对经典的解释则建立在经典是圣人之书这一前提假设基础之上。林维杰《朱熹与经典解释》从诠释学的观点来探讨朱子解经思想,分意义论、方法论、工夫论与转向论四部分,指出朱子的解经思想以《大学》格物穷理为基本架构,以文义诠释为义理诠释的前提,在具体诠释上则需要有效的原则与正确的态度,同时在掌握经典内容的过程中从事实践与修养。尉利工的《朱子经典诠释思想研究》指出朱子以天理论为标准诠释儒家经典,确立了经典诠释的形上依据,成功地实现了经典文本重心的转换,同时坚持了训诂与义理并重的经典诠释原则,形成了多种经典诠释方法。曹海东的《朱熹经典解释学研究》尝试重构朱子经典解释学的体系与框架,建立了朱子经典解释学的经典意义论与经典理解论,讨论了经典解释方法产生的原因与基础,并梳理出一些具体的解释方法与解释原则。此两书为同年的博士毕业论文,角度不同,方法略异,对朱子解释思想进行了有益的探索。

朱子《四书章句集注》为一代名著,学者自然多有关注,主要有邱汉生的《四书集注简论》(1980),顾歆艺的《〈四书章句集注〉研究》(1999),陆建猷的《四书集注与南宋四书学》(1999),柯玫妃的《朱熹〈四书章句集注〉研究——以诠释传意方法分析》(2006),高荻华的《朱熹〈四书章句集注〉解经研究》(2007),张国华的《朱子〈四书章句集注〉理学义理探微》(2009)。另外还有 K. Gardner

---

① 黄俊杰:《东亚文明研究丛书 68 东亚儒学:经典与诠释的辩证》,第 94 页。

Daniel 的 *Zhu Xi's Reading of the Analects: Canon, Commentary, and the Classical Tradition*(2003)、陈逢源的《朱熹与四书章句集注》(2006)等专著。邱汉生的《四书集注简论》重点对《四书章句集注》中理学思想进行系统梳理，同时对其编著，与佛道之学的关系以及其历史地位也进行了较为深入的研究。顾歆艺的《〈四书章句集注〉研究》是一部较为系统的研究《四书章句集注》的专著，从时代背景、朱子的学术志趣、四书的汇合情况、《四书章句集注》的成书、引述及注释特色、理学思想、后世影响等多个方面探讨了《四书章句集注》具有的一些特点。陆建猷的《〈四书集注〉与南宋四书学》选择《四书章句集注》与南宋四书学两个板块作研究探索，寻绎了汉唐经学章句训诂形式在两宋的新发展，阐述了《四书章句集注》与义理发挥的兼综关系，阐述了南宋四书学的发轫与演变气象，以及南宋四书学的学术机制，由此提示了经学形式与经典思想义理之关系。柯玫妃的《朱熹〈四书章句集注〉研究——以诠释传意方法分析》在西方诠释传意的视角下，由朱子诠释视域的改易与形成，乃至诠释方法的运用，进而探究其意义的生成及传意的目的。由经解体例的调整与安排，融会训诂与义理的情形，进而探究其生成的新义与建构的思想体系。高荻华的《朱熹〈四书章句集注〉解经研究》分别从《大学章句》对《礼记·大学》的改造、《论语集注》以“理”释“仁”、《孟子集注》的内转、《中庸章句》与“人道”四个方面进行分析，期在说明朱子透过重塑经典材料，重新诠释经典，将经典转变成一种与自我内心相关的指导，建立起一个超然的价值依归。张国华的《朱子〈四书章句集注〉理学义理探微》重新归纳《四书章句集注》中的理学思想，将之分为理、道、性理、理一分殊、体用、天理人欲、理气、心性情、穷理尽性、主敬等十个类目，并一一指陈注文的用意所在。K. Gardner Daniel 的 *Zhu Xi's Reading of the Analects: Canon, Commentary, and the Classical Tradition*，通过对朱子《论语集注》与何晏《论语集解》的比较，指出朱子对《论语》的解释采用了新的更为复杂的形而上语言，标志着其在儒学哲学化上的重要转向。陈逢源的《朱熹与〈四书章句集注〉》从历史价值、撰作历程、思想体系、注解体例、征引原则、义理思维等不同层面，揭示朱熹《四书章句集注》的价值。这些著作中，特别是近年来的一些论文、专著，学者们越来越有意识地将西方解释学作为审视《四书章句集注》的新视角。

有为数不少专门研究朱子"四书"或《四书章句集注》解释原则或方法的论文,对从西方解释学视野下审视以朱子为代表的古典解释学进行了可贵的探索。如蒙培元的《朱熹是怎样注释"四书"的——从方法的角度看》指出朱子在注释"四书"时的方法是:重视文字解释,揭示本来意义;拓展解释空间,确立普遍原理;运用分析方法,建立分层理论;转换解释向度,赋予新的意义;非建构的建构:形上学的重建及"限制";回到直觉体验,追求圣人境界。周光庆的《朱熹〈四书〉解释方法论》分析指出朱子的解释方法为三个层次:一、"四书"解释方法论的系统性;二、以逐层推捱为关键的语言解释;三、以唤醒体验为契机的心理解释。朱汉民的《朱熹四书学诠释的二重进路》分析得出朱子有"语言——文献"与"实践——体验"的两种诠释方法,从而将四书学与理学统一起来。朱汉民的《实践、体验——朱熹的〈四书〉诠释方法》认为朱子的"实践——体验"是其最重要的诠释方法。其《言、意、理——朱熹的〈四书〉诠释方法:语言——文献》认为朱子将"四书"诠释过程规定为先达之言→圣人之意→天地之理,就是希望通过"语言——文献"的诠释方法,来解决"四书"诠释中历史性与时代性的差别问题。陈良武的《中庸之道与经典诠释——朱熹经典诠释思想述略》认为朱子经典诠释是追求圣人"当来立言本意"和诠释者"自得言外之意"的统一。与这种追求相适应,朱子的经典诠释方法是融汉、宋于一炉,既重训诂考据,又重义理阐发。谢晓东的《经学与理学之间——朱熹之理学诠释学原则初探》认为绾经学诠释与理学诠释为一途。经学诠释是基础,理学诠释是核心。其《走向圆融——朱熹的理学诠释学原则探析》中分析提出了朱子的四种经学诠释原则与四种理学诠释原则。潘德荣的《经典与诠释——论朱熹的诠释思想》提出经文原义、圣贤原意与读者所悟之意是理解过程中三个依次递进的阶段,理解的目标就是这三种意义的整体圆融和谐之"理"。语言解释与心法理解是其诠释的基本方法。蔡方鹿的《朱熹经典诠释学之我见》指出经典诠释应以经典原文和原义作为经典诠释的依据,以义理为经典诠释的标准。李方泽的《重诠与开新——从经典诠释学视角看朱熹对〈大学〉文本的解读》认为朱子为传统儒学的发展开出了新的命题,实现了经学和礼学研究的范式转换。张锦枝的《对朱熹解释思想的再思考——以〈大学章句集注〉为例》认为朱子解释文本中存在解释目标与解释效果、文本情境与读者情境之间的紧张。朱松美与黄俊杰则特别关注到朱子的经典解释与哲学结构关系。朱松美的《经典诠释与体系建构——朱熹〈孟子集注〉的诠释特色及其时代性分析》认为朱子既借助经典诠释创新哲学体系,又尽量重视古注,追求本义;前者是对时代的呼应,后者是对经典的尊重。由此在诠释实践中弱化了"本体"与"方法"的紧张,强化了"原意"与"用心"的统一。黄俊杰的《论经典诠释与哲学建构之关系——以朱子对"四书"的解释为中心》分析了经典解释与哲学建构之间的紧张关系,认为经典解释对哲学建构有一定的制约,而哲学建构对经典解释则有一定的支配作用,最后还根据《孟子》中的两种理解方法,提出两种解释方法:一是尚友古人,与古人对话,进入古人的心魂,这是"对话的"经典诠释法;二是进入古人的时空情境,在古人的脉络中温故而知新,这是"历史的"解释方法。

本书在吸收古人及今人的研究成果的基础上,拓展出如话语体系、解释框架、概念诠释、文献征引、语文解读等多种分析思路,尝试解析出朱子"四书"原文解释与思想体系建构之间的一种错综复杂的关系。朱子《四书章句集注》之所以能够成为后代的新经典,就在于其能够坚决地站在全面继承前人思想的基础上,同时又怀着对富有时代性新思想的创造热情,在古老经典衰朽的躯体上注入新的鲜活血液,使之重新焕发出勃勃生机。所有的一切,朱子无不是站在继承与创新、解释与建构、反本与开新等不同的关节点上实现的。

三、解释方法与方法的解释

理解总是理解者自己的。对于古代文本,这一点更加明显。在没有反省的情况下,理解者会坚信自己所理解的就是文本本来的意义,殊不知一个人很难理解出自己不理解的意义。在对文本的合理发挥与过度诠释有时候也是很难明确划出一条泾渭分明的分界线。古老的文本记载着古老的思想,古老的思想背后蕴藏着古老的智慧。在发挥的过程中,理解者往往会认为文本可以不同,而思想是相同的,或者智慧层面是一致的。

朱子《四书章句集注》是对儒家典籍《论语》《孟子》《大学》《中庸》的解释。一般认为,朱子在对“四书”文本解释的同时,对原文本所包含的思想做了很大程度的改造。但是我们又如何知道存在这样的改造的呢?当我们面对《四书章句集注》时,面对着双重的理解:如何理解“四书”原文,又如何理解其解释。是否我们必须首先假定朱子的解释与“四书”本身存在着差异。这种差异是否又要首先假定“四书”本身存在着一种绝对的意义,而朱子的解释则是对这种绝对意义的解释。由此,我们又如何知道自己的解释就一定是相对更少受自己主观判断影响的呢?

当理解的透明性变得不再透明之后,我们在理解的时候通过反省知道自己对文本是存在着自己的理解的,我们对文本的理解本身也受到理解规律的制约。理解所需要的循环、反复等也都制约着我们的理解。在理解的局部与理解的整体存在着相互的影响与补充。不同次数的理解对理解的深度也是不同的。对文本作者时代背景、思想背景的掌握也都影响着理解本身。理解本身也是一个需要不断循环的过程。在具体的理解上,也同样受到理解方法的制约。就本书而言,笔者在理解的时候至少抱着这样一个观念,那就是要探究朱子解释与原文的关系,似乎也已经事先已经预设了这种差异一样。这样的探究性阅读与那种通过朱子注解寻求“四书”原义、那种通过朱子注解了解朱子注义、那种通过朱子注解应付科举等等先入之观念皆有不同。从心理学上来讲,研究的目标往往决定了研究的结果。我们在理解过程中甚至无意识地就投射着这种目标性指向。要想尽量消解这种确定性的理解,只有在理解过程中承认自己的预定性的心理假设,并且能够随时意识到这一点。对于这种心理预期,同时也不能抱着完全排斥的态度。

人们常说,在研究的时候要对文本怀着“同情”的态度是一个研究者所应当具有的。这种态度产生的理解显然优于一开始就戴着明确的有色的批判性眼镜从而对文本进行削足适履的框架性分析,但如果能怀着“以其人之道还治其人之身”的态度来理解原文则似乎要求要更高一些,所得出的结论似乎也会更准确一些。以朱子为例,朱子本人对于佛教曾经也是全身心的浸入,以力求

其所追求的目标为目标,如朱子曾说:

> 熹于释氏之说,盖尝师其人、尊其道,求之亦切至矣。然未能有得,其后以先君子之教,校夫先后缓急之序,于是暂置其说而从事于吾学,以为俟卒究吾说而后求之,未为甚晚耳。(《文集》卷三十,《答汪尚书》书二,《全书》廿一,1295 页)

正因为如此,朱子才能够从更深的层次上来批评佛教。

朱子本身对"四书"的理解就是一种解释。对这种解释的理解本身需要细致地对其中的解释进行体会。如一个看似简单的分经传、分章等形式上的调整则对其义理产生重大影响。实际上,特别重视某一方面内容本身就包含着对原义的重新构造。朱子对"四书"本文的解释中,也形成多种解释方法,如朱子自觉地运用了音读、训诂、义理三个层次的结合,离传解经等方法。

在对《四书章句集注》的研究过程中,笔者采用推崇式、浸入式的理解,希望能够以朱子之道还治朱子之身,即以朱子对待经典的方法对待朱子的著作,如朱子推崇的读书方法,对待经典所持的态度等等。同时,笔者明确意识到朱子所处的时代与环境、所用的话语体系等与今天已经差距甚大,只有从今天的视角出发才能更好地分析朱子的解释思想。由此可见,笔者所采用的态度实际是矛盾的,一方面力求达到对朱子彻底的、无间的理解,期望无穷地靠近朱子,一方面又力求尽可能地远离朱子,尽可能站在与之完全不相关的时间与空间上来审视。这种矛盾用一个形象的说法就是,做知情的旁观者。当然这种对方法的解释态度仍然是一种理想与尝试。

第一章 「四书」的升格

经典是文明的象征。古代经典有一个嬗变的过程，在一代代人的积累中沉淀与结集，又在一代代人的学习与研究中传递。之所以成为经典就在于其内容具有丰富的义涵，且能够在后代的传递当中得以不断地创新与改造。一个开放的解释模式给予经典无穷无尽的活力。旧有的模式受到了质疑或批判，新的模式则应运而生，这也就是经典生命的根本所在。

纵观一部儒学的历史，在一定程度上说，可以等同于对儒家经典诠释的历史。孔子"述而不作"的精神影响着后代学者，所以大多数儒家学者也都是在经典的基础上，做注解、梳理、分析的工作。即使是能够成就一代学问的大儒，他们的著作也离不开对儒家经典的解释。这一现象是符合思想的继承与发展规律的。一代人的思想总是在前代人思想的基础之上继续前进。当一种文明在一定意义上成熟，那么后代人则很难从根本上做出超越。后代学者在接触前代思想的过程中必定要包含着对前代思想的吸收。然而，时代总是在前进，后代人必定要遇到新的问题，需要新的解决办法，而这些办法则未必能够在经典中找到，这就需要通过对经典的重新解释来解决，特别是当这种文化受到一种外来的同等成熟的文化冲击时，则表现得更是如此。魏晋南北朝时期佛教传入与近代西方思想传入的时候，中国固有思想所表现出的反应可见一斑。

经典在一定意义上造就着一种权威，凡是不符合经典的思想就要被淘汰。古代中国作为一个以农业为主的宗法制社会，前辈的经验对于后代具有十分重要的借鉴价值，而且在实践当中也被证明是切实有效的，所以后代人的重要工作就是继承而不是发展。当然，为了适应新出现的不同情况，做出重新的理解与诠释则是合情合理的。然而这种改变也是在一定范围内进行的。文明的传承依赖于传承的人，有作为的传承者可以对前代的思想做出总结，从而使得思想得以更好地传播。孔子"信而好古"、"述而不作"，传统上被理解为一个古代文明的总结者与集大成者，他对古代经典重新进行了整理，从而为经典的定型做出了贡献。孔子作为文明的传递者，后代人对孔子有着不同的看法。最初孔子只是被看做文明的传递者，所以儒家学者接受的是孔子所教授的经典，而并没有把孔子在传授经典过程中产生的作品作为经典。在一定意义上说，孔子对于经典本身是透明的。仅仅经典的内容被学习与传播，作为经典的编撰者并没有被关注到。以创作者喻鸡和以经典喻蛋来说，一般来讲，起先只有蛋受到人的关注，随后鸡才会受到关注，而收集蛋的人是最后才会受到关注的。有的时候，收集蛋的人往往会对蛋进行一定的加工，使得蛋更加美味可口。经典的传播也有类似的情形。孔子没有树立自己的权威，只树立了"六经"的经典地位以及古圣人的权威地位。他使弟子们看到"六经"以及古圣人的价值，所以弟子们的任务主要是学习"六经"与古圣人。弟子们也同样是如其师一样继续传承孔子的意愿。在研读经典的过程中，孔子及其弟子又编撰出学习经典的体会性著作，这些著作显然被看做是辅翼"六经"的(由此称之为"传记")，其地位远不能同"六经"本身相比。随着时代的发展与外来思想的冲击，经的解释空间萎缩，儒家思想本身需要寻找新的出路，这个时候作为具有对经典消化加工过的传记则又富有了丰富的解释空间。

从"四书"在历史上发展演变的情况来看，"四书"这一名称是从朱子将《大学》《中庸》《论语》《孟子》作为一套书——《四书章句集注》刊行而流行起来的。如果追溯此四书在此之前的命运就可以发现此四书有着不断受到重视的倾向。在一定意义上说，"四书"已经在儒家经典的不断浮沉过程中发展为新的经典，由朱子编为"四书"从而与"五经"相对，有一定的历史必然性。儒家核心经典历来是被称为经的，儒家的经的范围从最初的"六经"开始，随着《乐经》的消亡，成为标准的"五经"，后来《尔雅》《孝经》《孟子》《论语》等又纷纷追为经。经的范围逐渐从"五经"扩展到"七经"、"九经"、"十三经"等。"四书"的升格首先即是伴随着这场经典的扩大运动展开的。"四书"中的《论语》因被认为主要记载了孔子的言行，所以历来受到重视，在东汉就被列为"七经"之一。《大学》《中庸》则只是《礼记》中的两篇，从韩愈(推崇《大学》)、李翱(推崇《中庸》)开始受到重视，二程则特别推崇《大学》《中庸》。特别值得一提的是《孟子》的升格。《孟子》原本只是子书，与诸子百家并列为"子"而已，至韩愈《原道》中推崇孟子，

《孟子》开始受到特别的重视，后经“宋初三先生”、欧阳修、二程、王安石等尊崇，由子入经，成为“四书”升格运动中一颗闪亮的新星。

一、“五经”与“四书”

“五经”的具体内容应该说不是完全固定的，主要体现在《礼经》上，唐代的《五经正义》中的礼经以及后代元明清官方取士钦定的“四书五经”中的礼经皆为《礼记》。而因“六经”中缺少《乐经》而成的“五经”中的礼经则应指《仪礼》。如果以《礼记》为“五经”之一，而“四书”中《大学》《中庸》本又皆出自《礼记》，这样“五经”与“四书”是有重叠的。唐代的《礼记正义》中有《大学》《中庸》，而后代的官方科举取士的钦定教材《礼记》(陈澔《礼记集说》)中，《大学》《中庸》则仅存目而已。

“五经”与“四书”相对而言，其目的在于体现经与传的不同。与“四书”相对的“五经”是一个泛泛的说法，所以一般来讲，“五经”大致应当为不包括传的。

“五经”与“四书”在内容上代表不同时代的经典。“五经”是通过孔子的整理而形成的，而“四书”则被认定为孔子后学的作品。在朱子所述的道统上，“五经”体现了孔子之前道统传播的情况，以《尚书》为中心，特别是其中的“十六字心传”被认为是“尧舜禹传授心法”。而“四书”则是孔子后学的传承，《论语》记载孔子的言论，《大学》为曾子述孔子之意并加传而成，《中庸》为子思的作品，《孟子》记载孟子的言论，从而形成道统的传承，其中以《中庸》为“孔门传授心法”。从广义上说，“四书”所承载的就是孔门道统传授的主要内容。“五经”所传授的道，与“四书”传授的道是相通的。

“五经”与“四书”的关系其实是经与传的关系。经与传是相对的。相对传来说，经才成为经。如《太极图说》《西铭》等被朱子尊奉为经。而传又有不同，有注解性质的，有义理发挥性质的。

传在一定意义上说是具有注解性质的。如《易传》是《易经》的传，而《左传》《公羊》《穀梁》又是《春秋》的传。然而又有对《易传》《左传》等的注疏等，又可以称为“传之传”。

传在一定意义上是对经的义理的发挥。如《论语》《孟子》《礼记》等在一定意义上都是通过对“六经”思想吸收、消化后形成的儒家思想。

相对于经，传的价值在于：一、传是经思想的进一步发挥，是对经内容的阐发与补充。由于时间的距离，语言、环境发生了变化，不同时代的人不可能直接对经的文本进行完全理解。后代人就要对经的语词、背景等进行解释，才能达到让同时代人理解的目的。二、传体现着对经思想的继承与发展，体现了时代性。经的文本已经成形，不能对之进行随意的删削。若要让经的思想体现时代性，则必须赋予经新的意蕴，也就是要通过对经的重新解释来实现。传则承担了此项功能。

“四书”作为“五经”在春秋战国时期思想的新阐发，在内容上大量引用“五经”，特别是《诗经》《尚书》的内容。从“四书”的引用来看，《诗经》《尚书》乃是儒家学者学习的重要内容，所以经常被引用来发挥自己的思想。主要有以下一些情况：

其一，“四书”是研习“五经”的过程中产生的，其中不乏对“五经”思想的各种评价。比如对《诗经》有“思无邪”的总体评价。如：

> **子曰：“《诗》三百，一言以蔽之，曰‘思无邪’。”(2.2)**
>
> **子曰：“兴于《诗》，立于礼，成于乐。”(8.8)**
>
> **子曰：“小子！何莫学夫诗？《诗》，可以兴，可以观，可以群，可以怨。迩之事父，远之事君。多识于鸟兽草木之名。”(17.9)**

以及对个别篇章的评价，如：

> **子曰：“《关雎》，乐而不淫，哀而不伤。”(3.20)**
>
> **子谓伯鱼曰：“女为《周南》《召南》矣乎？人而不为《周南》《召南》，其犹正墙面而立也与？”(17.10)**

《孟子》中有对《诗》“以意逆志”的判断。另外还有“尽信《书》，则不如无

《书》”的说法，表达出对“五经”思想灵活的理解。如：

孟子曰：“尽信《书》，则不如无《书》。吾于武成，取二三策而已矣。仁人无敌于天下。以至仁伐至不仁，而何其‘血之流杵’也？”(7B.3)

其二，引用“五经”作为史料。如《论语》20.1 章对《尚书》的引用。《孟子》在涉及汤、武王等历史事件时多引用到“五经”。

其三，引用“五经”阐发义理。《孟子》一书中存在大量此类的情况。

其四，文字上也有化用“五经”的情况。如：

子曰：“譬如为山，未成一篑，止，吾止也；譬如平地，虽覆一篑，进，吾往也。”(9.18)

朱子对“四书”引“五经”内容有总的看法，即认为“四书“对“五经”的引用多是“断章取义”。如：

《鲁颂·閟官》之篇也。膺，击也。荆，楚本号也。舒，国名，近楚者也。惩，艾也。按今此诗为僖公之颂，而孟子以周公言之，亦断章取义也。(3A.4 注)

二、“四书”升格的过程[①]

1. 上古文明的遗产

孔子之前的“六经”作为远古流传下来的文明遗产，其最初的起源与作者

① 此节的观点采自景海峰《中国哲学的现代诠释》(北京：人民出版社 2004 年版)中第一章“儒家经典诠释的三个时代”。景海峰将儒家经典解释分为三个时代，即：一、以经为本的时代，主要指汉唐的经学；二、以传记为中心的时代，主要指北宋以来至朱子完成《四书章句集注》之间的经典解释；三、走向多元的时代，指朱子之后，朱子学、心学、实学、考据学、今文经学等对经典的多元解释。本节因只阐述朱子之前的“四书”升格过程，故对最后一个时代没有涉及。

已经很难追溯,我们对之仅有的了解也只能借助后人已经对之重新解释与改造的材料。后人对这种似乎取之不竭、用之不尽的思想宝库的来源做出了种种猜想与假设,各种猜想与假设也不可能不带有后人的重新的解释与构造,所以真实的情况则可能永远是一个谜。然而,即使是透过后人的猜想与假设也可以看出其中所包含的可能的一些真实成分。这些成分对于我们进一步理解思想的发展与演变有重要意义。根据后人的说法,儒家的经典在孔子之前被称作六经,《庄子·天运》篇:

> 孔子谓老聃曰:丘治《诗》《书》《礼》《乐》《易》《春秋》"六经",自以为久矣,孰知其故矣。

汉代一般都把"六经"称作"六艺",而"六艺"之名应当早于"六经"。如《周礼·地官·大司徒》云:

> 六艺:礼、乐、射、御、书、数。

此"六艺"在内容上虽无法与"六经"一一对应,但礼、乐、书等已经是与"六经"的部分内容相同。所以"六艺"的进一步发展有可能基于一定的文本,即是所谓的"六经"。现在所谓的"六经"是早于孔子的古代文献。具体来讲,《诗》是古代的歌谣选集,作为教学的内容,应当是出于当时社会的需要。各诸侯在政治上及外交上的来往,包括贵族们平时的社交活动,都往往是用诗来应对的。如《左传》《国语》中屡屡见到的在朝聘、会盟、酒宴等场合,人们引诗述怀、赋诗喻意,有所谓"赋诗断章"(《左传·襄公二十八年》)。《书》是历史文献的选编。早在殷商时代就有典籍,周公在训"殷顽民"时说:"惟殷先人,有册有典"(《尚书·多士》),周公或见过殷人的典册。"礼"的意义在古代相当广泛,其起源和核心可能与尊祖、祭祖等有一定的关系,经历了历代的演化,从而汇集了一整套典章、制度、规矩和仪式。如三代就有"夏礼"、"殷礼"、"周礼"的不同。在长期的运用过程中,可能会将内容记录下来,从而形成了《礼》。《乐》与《诗》

《礼》的关系较为密切。《乐》的教育不在于单纯的娱乐性情，更有很大的社会效应和政治效应。当时，从天子、诸侯、大夫到士，用乐都有规定，这包括乐队的规模、舞队的人数、演奏的乐章、歌唱的诗篇等，这也就是礼的一种体现，即权力、地位、等级的象征。《易》原为上古筮书的泛称。《周礼·春官》曰：大卜“掌三《易》之法：一曰《连山》，二曰《归藏》，三曰《周易》。”《连山》《归藏》内容皆不可见，但《周易》在周代已有却是事实。《春秋》泛指编年史书。而编年史著作的起源是很古老的，如殷周时代，设有史官，按年按月地记录国家大事。所谓“左史记事，事在春秋”，多少反映了这其中的一些情况。春秋时期各国都有“春秋”，“春秋”泛指各种编年史。至于后世儒家经典《春秋》，原为鲁国编年史中的一种。①

所以说，以《诗》《书》《礼》《乐》《易》《春秋》作为“六艺”或“六经”，在孔子以前就存在了，其内容是由于教育需要而编集的，本身并不具有经典与神圣的意义。然而由于它们是在大量更古的文献中选取出来的，所以被认为是上古文明的结晶，具有了成为经典的可能性。

2. 先秦儒家与古代文明的创造

一般来说，“六经”并非是孔子所作，而是通过孔子继承与整理发扬光大的，从而具有了经典的价值。作为华夏上古文明的结晶，孔子的思想正是通过“六经”而逐步成熟与光大的。而孔子用来教授的，亦是此六经，所以孔子就在对“六经”的传授过程中，对之加以重编与整理。具体孔子对“六经”做了什么样的工作，后代有种种不同的说法。古文经学家说孔子是编不是作，今文经学家说是作不是编，现代古史辨派学者则认为既没有编更没有作。然而，作为古代文明承前启后的孔子，“六经”的编纂与孔子应当有一定的关系，因为孔子出于研习与教学的需要，对“六经”作一定的编纂显然是合情合理的。朱子就认可这一点：

> 孔子删《诗》《书》，定《礼》《乐》，赞《周易》，修《春秋》，皆传先王之旧，而未尝有所作也。(7.1 注)

---

① 此部分内容参考了许道勋，徐洪兴：《中国经学史》，上海：上海人民出版社 2006 年版，第 11—28 页。

在研究“六经”的过程中，以孔子为代表的儒家对六经做出了一定的改造。在传习“六经”的过程中，对“六经”的精神思想予以吸收，并在融会贯通的基础上，发展了“六经”思想，从而形成了后世影响巨大的儒家学派。景海峰指出：

> 但儒家没有创作“六经”并不妨碍它对于“六经”的独占权，这就是在古代文明向古典文明过渡的过程中，儒家占得了先机，通过整理、编纂、删削、加工远古遗典，将自己的价值理念融入到了这项事业当中去，形成了一种话语权的优势。[①]

相比先秦的其他学派，儒家特别重视对上古文献的继承，特别重视对“六经”的研习。其他诸子也有上古文献的继承，但远不如儒家系统而全面。儒家逐渐形成了对“六经”解释与解释的独占。

然而，儒家对于上古文献如果仅仅是一种收藏性质，也不会在随后长达二千年的历史中占据重要地位。儒家对上古文献是有其突破的。如景海峰指出：

> 儒家对古代文明的承接绝对不是简单的收集和保存而已，而是确有自己的“突破”，这个“突破”在相当层面上是通过对典册孑遗的清理和重新解释来完成的，这在某种意义上，实可以理解为是诠释学所特有的效应。[②]

儒家围绕着对“六经”的研习，产生了自己的研究著作，如《论语》《孟子》《荀子》等就是对这一过程的重要记载。这些著作在很大程度上是对上古文献的创造性解释。更为重要的是对上古文明进行符合当时时代的重构。

3. 以经为中心的时代

孔子整理“六经”，成为对“六经”解释的起点。孔子弟子子游、子夏以“文

---

① 景海峰：《中国哲学的现代诠释》，第38页。
② 同上，第40页。

学”名，主要涉及的就是对上古文献的研习，即对《诗》《书》等“六经”的研习。孔子整理“六经”，并没有树立自己的权威，只是树立了“六经”的权威。所以孔子后学在经典解释上是围绕着“六经”展开的。就这样，作为上古文明代表的“六经”就主要在儒家学者当中传习。

儒家典籍在秦汉之际遭受重大散失，“六经”本身出现了残缺、重现等多种情况。经典的解释遭受了前所未有的变革，又重新经历了一场整理的洗礼。特别是古文经学学者围绕文本本身真实性、可靠性展开一场场考据论辩。同时随着儒家思想地位的提高，《乐经》亡佚之后的“五经”立于官学，给经的解释等带来了前所未有的契机。因为解释的需要，逐步形成了成熟的解经体例与范式，对经典做出种种不同层次、方式的解释。

在汉代经学的解经层次中，作为上古文献的代表的“五经”等才有资格称为经，而《论语》等春秋末年至西汉初年产生的儒家作品则只能是传、记。这样在经典层次上形成了以“五经”为中心，传记为辅翼，注疏为解释的环形结构。

在体例与范式上，则涌现出种种不同的解经方式，有传、记、注、解、章句、笺、论、疏等等，名目繁多，在解经的内容与侧重上也各不相同。有注重解题发挥的，有注重解字释词的，有注重串讲大意的，然多注重经典的表层，就义理的深层终究具有一定的局限性。

唐代经学适应政治上的大一统，《五经正义》及相关注疏又将前代经学之种种异说统而为一。随着这种经学上的独断，加上科举不重明经，唐代经学完全处在一种保守的状态，很少有新的开创，从而使得以经为本的经典解释走向了山穷水尽。

4. 以传记为中心的时代的到来

经学内部独断与保守带来的在思想创新上的枯竭实际上只是以经为本的经典解释的末路的一个方面，而另一方面则主要来自同样成熟文化的冲击，其中包括佛道二教，特别是佛教对儒家思想带来的是义理本根上的冲击。

佛教作为一种迥异于华夏文明的印度文明的代表，在传入中国后，经过了不断的创新与发展，以适应其在中国的生存。佛教大量吸收儒家、道家等有利于其在中国扎根的思想，在义理建构上更加符合中土的思维与理解习惯。就其精英的僧侣集团而言，其中不乏精通儒道的高僧。相比之下，儒家经学趋于保守，缺乏开阔的视野，相比佛教、道教，在义理思辨、理论建构等方面明显处于劣势。

儒家作为古代文明继承者的优势已经不足以弥补其义理体系等方面的劣势，经的地位逐渐开始动摇。从中唐开始，疑经风气逐渐冒出端倪，其目的皆在打破经书的神圣性。以“五经”为中心的解释难以持续。

经的权威的衰落，则凸显出传、记的地位。《易传》《论语》《孟子》《大学》《中庸》等传记也可以成为权威的代表，其重要性悄悄地超过了经，成为新经典解释关注的中心。从唐韩愈、李翱等表彰传、记开始，宋代周敦颐、二程、张载等特别注重以传、记为中心建立自己的学说体系。特别是大谈心性等问题的《孟子》《中庸》等传记成为学者以之建构其心性理论的文献依据。

经过数代儒家学者的努力，儒家经典中的传记成为经典解释的中心。作为经的“五经”退隐到传记的幕后，从而显示出以传、记为中心的时代的到来。如果说在二程等人身上已经明确现出经与传记地位的不同，那么在朱子身上则彻底确立的传记的权威地位，那就是“四书”概念的出现，从而与“五经”形成了鲜明的对比。

朱子究其一生，孜孜不倦于四书的解释，熔铸汉唐章句训诂与宋代义理辨析于一炉，将对经典的解释与自己的哲学建构紧密地结合起来，构造了一个以《四书章句集注》为中心、“五经”学为辅的庞大的经学体系。

朱子认为“《语》《孟》功夫少，得效多，“六经”功夫多，得效少”(《语类》卷十九，《全书》十四，644 页)，由此，朱子所讨论的核心问题，如出自“五经”中《尚书》的“人心道心”，《礼记》中的“天理人欲”等都是为了进一步阐发《中庸》的思想，从而论证了“四书”阐扬的还是“五经”的思想。由于“四书”中多处引用“五经”，特别是对《尚书》《诗经》的引用，朱子在注释四书的时候势必要协调“四书”和“五经”的关系。因为在“四书”中引用“五经”本身就含“六经注我”的意蕴。如朱子重新编订旧本《大学》，认为其中有经传之分，依据之一就是认为“经”是“孔子之言，而曾子述之”，而“传文杂引经传”，也就是所谓的《大学》的“传”多引《尚书》《诗经》的语句来解释《大学》的“经”。朱子经常把“六经”与《论》《孟》并列，作为儒家的基本经典。然而朱子对两者的态度显然是不同的。

首先，重视传记的《论》《孟》等，而不重视“五经”是一个时代的大风气。朱子只能看作是这个潮流的弄潮儿。唐代“五经”思想的一统天下与官方化，在一定程度造成了经学思想的僵化。而作为传记的《论》《孟》等书却较少有人涉及，是一块相对来讲尚未开垦的土地。然而在佛学思想的刺激下，《孟子》《易传》《中庸》等书就逐渐受到了极大的重视。很多阳儒阴佛的士大夫即以这些典籍作为发挥其和会儒释道三教思想的基本文本，如佞佛的张九成有《中庸说》。朱子的父亲朱松是程门后学，在教育少年朱子的时候也自然会用二程最关注的典籍作为朱子的启蒙。二程的思想主要是通过传记，如《易传》《论》《孟》等发挥的。所以这些书自然也就在朱子学习的过程中潜移默化地形成了一定权威的地位。朱子没有成为单纯五经学某一方面的专家，与其所处的社会环境与家庭氛围是息息相关的。

其次，在这样的影响下，朱子自然也就更为重视传记。从朱子对“四书”与“五经”的研习来看，朱子的四书学最先成熟，五经学相对较晚。朱子《四书章句集注》经学体系已经形成，而其五经学建构的步伐还尚未迈开。朱子在少年时代就主要关注《论》《孟》等书，在从学李侗的时候又重点精读了《论》《孟》。李侗死后，朱子在探索儒家思想的过程当中，最为重要的就是形成了中和说和仁说。中和说、仁说应该说是分别代表了《中庸》《论语》中最为重要的思想。乾道八年，朱子率先编出了《论孟精义》，而此书是主要汇集二程及二程弟子关于《论》《孟》的相关解释与讨论。取舍的标准自然是朱子对《论》《孟》的体会。朱子大部分精力花在后来被称之为“四书”的传记上，但并没有完全忽略对“五经”的研习。然而朱子的五经学则显得非常不成熟，远远没有形成自己独立的体系。[①] 直到丁酉年朱子的《四书章句集注》体系诞生后，朱子的五经学思想才上了一个台阶。而最早形成的作品也只是《诗经》《易经》的相关注解。之后，朱子的五经学才又扩展到《仪礼》。朱子一生并没有关于《尚书》与《春秋》的专门著作。《尚书》的著作是委托蔡沈完成的，对于《春秋》，朱子只是看做是史，

---

① 束景南：《朱子大传》，福州：福建教育出版社 1992 年版，第 301 页。

而不是经，所以编出了一部类似于《春秋》的《资治通鉴纲目》。

再次，朱子在学习的顺序上特别强调在学习“六经”之前，要先学习“四书”。朱子的《读〈论语〉〈孟子〉法》前特别引用二程的说法认为：“学者当以《论语》《孟子》为本。《论语》《孟子》既治，则六经可不治而明矣。”这种说法特别强调了《论》《孟》的重要性。朱子将之置于《读〈论语〉〈孟子〉法》之首，对于学者影响甚大。根据朱子自己对弟子的教导，这样的倾向是显然的。如朱子说“《语》《孟》工夫少，得效多，‘六经’工夫多，得效少”（《语类》卷十九，《全书》十四，644页），“《论语》易晓，《孟子》有难晓处，《语》《孟》《中庸》《大学》是熟饭看，其他经是打禾为饭”（《语类》卷十九，《全书》十四，645页）。

三、经典嬗变的意义

经典的嬗变是复杂与漫长的，不亚于一场革命。从以经为中心到以传记为中心，经过多代学者的努力，其中特别体现出时代的需求。在以“五经”为核心的经学思想逐步僵化的情况下，要想对儒家思想做出巨大革新显然困难重重。思想创新之所以从经典的嬗变开始是有一定历史必然性的。“五经”文本庞大而复杂，文字古奥，内容多样，实际内容上多为古代文学、史学、卜筮学等的记录，本身在哲学义理方面是相对贫乏的。在佛教兴盛的时代，佛教在本体论、心性论等方面是完备而缜密的，儒家学者要在“五经”的基础上重新构造出同样严密的理论体系则是十分困难的。而传记则本来就是在“五经”基础上消化吸收而改造过的，而且也是佛教吸收儒家思想的重要来源。如《孟子》《中庸》等书中本来就有深奥的本体论、心性论等内容，所以以传记为中心对儒家思想进行重新构造则显得相对容易。

经典的意义就在于其能够不断给人提供新的启示，其思想是每一时代的人都需要的。然而不同时代的人又面对不同的现实问题，所以对不同时代的人也自然有其不同的内涵。

“四书”在先秦作为通过对“五经”等思想吸收融汇之后的产物，本身就体现出儒家思想的时代性，体现出对“五经”思想的继承与革新。不同思想家也是立足于自身做出对宇宙、对人生的思考，归根结底上要解答一个人生存意义与价值方面的问题。古代文明提供了诸多的借鉴，在此基础上，思想家提出自己的体会与领悟。真正的思想不会完全脱离历史，但也不会离开现实。也就是说，思想家的思考总是要借鉴前人的成果，而更为重要的则是自己面对真实的生命与存在，而不是以文本为中心，却不能够深入其中的义理，而只是在做表面文字的雕琢。一个真正的思想家必须亲身去体验。只有从自身体验出发的思想，才能具有不朽的价值，才能真正地继承与发展前人的成果。孔子特别强调“述而不作”，其中的“述”正是要深入文本对之进行重新的体验才能达到，这样的“述”本身就是一种发展，是符合现实与时代的发展。

传记是经的思想的重构，其意义是多重的。首先是创新性意义。一般来讲，传是在经的基础上形成的。传中包含了对经的思想的继承与发展。为了更加符合时代等因素的要求，传在内容上必定包含着对经的一定的创新。这些创新的成分则是对原有意义的完善与补充。其次是时代性意义。传不仅能够传达经的意义，而且更能根据时代的要求做出新的回应。传的思想与经一样也不可能脱离历史而存在。传不仅在语言等方面是对经做出符合时代性的解释，而且能够在义理等方面发明出符合时代变化的新意义。再次是针对性意义。随着时间的变化，经所处的历史背景自然发生了改变。经本身已经定型，不能做出进一步的变化。为了能够使经继续适应于新的历史背景，通过传，经的意义得到一定的扩展，从而使得经具有了更广泛的针对性，能够替经回答那些经本身可能并不能回答的问题。

文本并不是真理，只有一个人用自己的生命检验之后才可能成为真理。真理永远都是鲜活的，而文本永远都是死的。只有用鲜活的生命才可以将之激活。真理只有自己去探索，对文本的信仰只能造成思想的僵化，用僵化的思想来禁锢鲜活的生命是可耻的。通过鲜活生命的体验，真理才可能是真理。

第二章　朱子「四书」思想的形成

朱子究其一生研究“四书”，建立了以《四书章句集注》为中心的经学体系。从其发展演变来看，有着一个受多种影响又逐步趋于完善的过程。[①] 朱子从幼年就开始辛苦研读“四书”，到临死前尚在修改《大学章句》，可以说朱子对“四书”的理解与解释贯穿于朱子一生。朱子的“四书”思想不仅吸收了理学祖师周张二程及其后来人的思想，而且充分吸收同时代人的智慧。朱子“四书”思想不仅受到朱子父亲朱松、三君子、道谦、李侗的巨大影响，而且更是在与同道的相互切磋中，对佛老以及儒学各学派（如苏学、王学、湖湘学、浙东学派、陆学等）的批判中逐渐形成的。可以说朱子的“四书”思想是对北宋以来思想的一种重新整合以及最终的集大成。

朱子一生中如下一些事件可以称为朱子“四书”思想发展的标志性事件：

一、朱子父亲去世之后，朱子受学于三君子，十五岁的时候（约绍兴十四年，1144 年）在刘子翚处见宗杲弟子道谦禅师，泛滥佛老时期自此始。

二、绍兴二十七年（1157 年），朱子始有书致延平李侗，六月二十六日，李侗有答书，朱子从学延平李侗、逃禅归儒自此始。

三、李侗卒后，朱子于隆兴二年（1164 年）九月赴豫章哭祭张浚，与张栻面论湖湘“中和”之说，参究“中和”问题自此始。

四、乾道八年（1172 年）春，朱子编订《论孟精义》，锓版建阳，前《四书章句集注》经学体系由此形成。

五、淳熙四年（1177 年）六月，朱子著成《论语集注或问》《孟子集注或问》《大学章句或问》《中庸章句或问》《中庸辑略》，序定之，《四书章句集注》经学体

---

① 关于朱子“四书”思想的发展演变，学者已多加关注，最有代表性的就是束景南的《朱子大传》。《朱子大传》根据朱子经学发展的脉络，将朱子“四书”思想的发展分为“前四书集注的经学体系”、“四书集注经学体系的诞生”、“人本主义的四书学体系”等几个阶段，其分析透彻详细，资料翔实，有很强的说服力。今即依此结合《朱子年谱长编》等对朱子“四书”思想的发展演变做一简单梳理，以求对朱子“四书”思想有一个更为宏观的了解。此外，论述到朱子“四书”思想形成的还有钱穆《朱子新学案》（四）“朱子之四书学”，陈逢源《朱熹与〈四书章句集注〉》第二章，许家星《朱子四书学研究》“导言”等。

系由此诞生。淳熙九年(1182 年)将《章句》《集注》合刻于婺州,史上首次出现"四书"之名,为《四书章句集注》最早的版本。

六、淳熙十六年(1189 年)二月,正式序定《大学章句》《中庸章句》,《四书章句集注》经学体系由此确立。绍熙三年(1192 年)将《四书章句集注》刻于南康,为朱子生前最为流行的版本。

七、庆元五年(1199 年),朱子去世前一年,《四书章句集注》晚年定本刻于建阳。

我们即据这些标志性的事件将朱子一生前后划分为八个阶段来分析朱子"四书"思想的发展演变过程。

一、准备阶段

1. 家庭启蒙时期①

朱子在四五岁的时候就对"天之上何物","天地四边之外是什么物事"一类问题感兴趣,并对之苦苦思索。这虽然是传说或自我溢美之词,但也可能并非夸大。广阔宇宙的无限性在朱子小时候就激发着他对宇宙神秘的好奇与探索。即使至今,无限与有限的矛盾仍然是困扰科学家与哲学家的一个重要问题。有限与无限无论在客观上还是主观上仍然有着诸多亟待探索的神秘。此见朱子从小就具有独立思考判断的能力,不是全然从长辈人那里接受知识与教条。能够亲自直面哲思的问题本身是激发人创新能力的一个重要方面。他的这种能力可以看做其一生能够坚持独立思考的一个最初苗头,这一点与那种纯然的记诵之学显然是截然不同的。

传说朱子六岁的时候,曾"独端坐以指画沙",其所画乃是八卦符号。八卦是《易经》的基本卦象,是《易经》展开卦象结构的根本。这个传说固然有后人附会的嫌疑,但由此可见朱子在学习过程中,逐渐接受了以一定结构来解释世界的方式,此传说即体现了抽象的八卦结构在潜移默化地型塑着朱子的思维

---

① 详参《朱子大传》,第一章,第 1—32 页。

模式。以《易经》为根基的八卦代表了一种东方的整体性的思维结构，整体各个要素即独立又相互依赖，并能够在一定条件下相互转换，各个要素变化万端，共同构造出异彩纷呈的世界。

正如整棵大树的秘密根本上都蕴藏在最初的种子里一样，朱子一生的重要走向也体现在他最初的童蒙教育上。他的父亲朱松曾游学于二程二传弟子罗从彦之门，是忠实的理学信徒。朱松期望通过严格的道学家教将他培养成一个标准的道学儒士。从绍兴七年起，朱子开始接受正规的儒家"六经"训蒙教育。训蒙教育中特别重视儒家的孝道思想，所以朱子八岁的时候学习了《孝经》，据传说朱子一读便通，并在书上题字说，"不若是，非人也。"人的社会性扎根于其所受的教育中。朱子幼年就接受了儒家孝道的教导，并体现出全然的接受。他对孝道的思想也显然不是一种教条的记诵，而是表现出对孝道跃跃欲试地身体力行精神。甚至可以大胆假设，他最终能够逃禅归儒的一个心理内因就是其孝道思想。他坚持继承其父所未尽的使命，借李侗为契机，承其父之关洛之学而发扬光大。

绍兴八年朱子开始读《孟子》，受其感染，立下要成为圣人的志向。据朱子自称，

> 某十数岁时，读《孟子》言"圣人与我同类者"，喜不可言，以为圣人亦易做，今方觉得难。（《语类》卷104，《全书》十七，3427页）

在朱子所言为了启迪弟子要有做圣人的志向的因素之外，此条也显示出他在阅读《孟子》的过程中，是将孟子的思想贴近自己，也就是切己体察的精神。可以说孟子的思想在朱子身上发生了共鸣，达到了孟子文义要达到的目的。如果仅仅将孟子此言作为一场文字看过，自然不会激起朱子的此类志向。可以想象，这种情形也是朱松言传身教的结果，体现了朱松在践履关洛之学对他的直接影响。朱子曾说，

> 以先君子之余诲，颇知有意于为己之学，而未得其处。（《文集》卷三

十八《答江元适》书一,《全书》廿一,1700页)

实际上,朱松对朱子的教育主要是全面的"四书"教育。他一再提及,

某少时读四书,甚辛苦。(《语类》卷一百零四,《全书》十七,3427页)

某自丱角读《论》《孟》。自后欲一本文字高似《论》《孟》者,竟无之。(《语类》卷一百零四,《全书》十七,3427页)

朱子说少时读"四书"辛苦(当时实际上并无"四书"一名),其意在于勉力弟子要苦读"四书",第二条亦意在称赞《论》《孟》文字高,然而从中可以看出,朱子在很小的时候就已经开始学习《论》《孟》等书。《论》《孟》作为先秦儒家的经典,与朱子所处的时代的语言自然有很大的距离,他在小小年纪自然不能够独立穿透其义理,所以在接受"四书"教育的过程中其实也就是接受二程理学的教育。朱松本人继承的是程颢—杨时—罗从彦一脉的理学思想,所以朱松对朱子的"四书"教育也主要体现"以《中庸》为本,注重思孟派的内心自我修养工夫"的此一脉的思想特点。[①] 对于《论语》,朱子也是着重通过了二程的《论语》说以及二程弟子的《论语》著作来接受的。

在"五经"方面上,朱松重视《春秋》一经,特别喜好《左传》,认为其中的"尊王攘夷"、"君臣父子大伦大法"可以有补于时政,所以日日读之,以至于朱子"自幼未受学时,已耳熟焉"。由此可见朱松重视《春秋》的义理对他也起了潜移默化的影响。

在这种严格的理学和经学启蒙教育之外,朱松还使朱子受到了佛老思想的熏陶。朱松所继承的一脉的理学思想本身就渗透着较多的佛说,而且朱松一生广交僧道。朱子曾称,

先君子少日喜与物外高人往还。(《文集》卷八十四《书先吏部与净悟

① 束景南:《朱子大传》,第23页。

书后》,《全书》廿四,3970 页)

这些都影响了朱子后来出入老佛的历程。朱子早年留下的对佛教的印象也形成后来朱子既排佛又取于佛的思想依据。[①]

虽然,朱松在朱子十四岁时就离开了人世,但他为朱子设计的童蒙教育却为朱子以后的发展准备了种种最初的条件。

2. 泛滥佛老时期[②]

朱松临死前,将朱子的教育托付给胡宪(籍溪胡原仲)、刘勉之(白水刘致中)、刘子翚(屏山刘彦冲)。于是朱子入刘氏家塾,接受了更正规全面的儒家教育。[③] 然而三君子与朱松一样,也是二程理学家,亦注重用二程及其门人的著作来向朱子灌输理学思想,其教育重点主要是四书学,特别是《大学》《中庸》之书。在三君子的指导下,朱子十五六岁时就研究了二程的格物说,同时也精研了吕大临的《中庸解》。[④] 吕大临的《中庸解》给朱子留下了深刻的印象。如:

> 某年十五六时,读《中庸》“人一己百,人十己千”一章,因见吕与叔解得此段痛快,读之未尝不竦然警厉奋发。(《语类》卷四,《全书》十四,194 页)

与朱子其父朱松对之进行的童蒙教育相比,朱子在从学三君子时期具有明显的自觉性。朱子自觉地接受儒家全面的教育,逐渐从句读训诂、讽诵词章的小学工夫转向了格物致知、正心诚意的大学工夫。[⑤] 朱子在二程理学的熏陶下,树立了长大以后做当代大儒的志向。朱子将二程所强调的“为己之学”树立为一生追求的目标。朱子在学习的一开始就端正了学习的目的在于修己为

---

① 束景南:《朱子大传》,第 26 页。

② 详参《朱子大传》第二章,第三章,第四章,第 38—72 页,第 77—111 页,第 116—152 页。需要特别说明的是,笔者认同《朱子大传》中对朱子“四书”思想形成的分析,本章以下主体部分有不少内容与文字直接删略或改编自《朱子大传》,为避免繁琐,不列为引文,也不一一出注,特此说明。

③ 束景南:《朱子大传》,第 43 页。

④ 束景南:《朱子大传》,第 47 页。

⑤ 束景南:《朱子大传》,第 46 页。

人的成圣工夫。

三君子又都是好佛老的理学家，所以他们又把渗透着浓重的佛老气味的理学思想传授给了朱子。如三君子在《易》《大学》《中庸》三学最具释老气息，而后来朱子却恰依据此三书建立自己的理学体系的逻辑构架。① 而且三君子与禅僧交往密切，一个偶然的机会，朱子认识了道谦禅师，与道谦的相识成为朱子后来出入佛老十余年的契机。②

绍兴十八年的礼部试，朱子援用了道谦的禅说，标奇立异，大被考官赏识，竟成为他这次登进士第的决定原因。道谦的禅说可以使朱子一举金榜高中，也就成为他师事道谦的直接契机，决定了他十余年的出入老佛。之后朱子在临安等待放榜的一个多月中，有充分时间在都下丛林四处访禅。后朱子中进士，少年高中，春风得意，从而解脱了举业的烦恼，得以任意泛览博观，开始了他全面读书的狂热时期。一些对朱子思想有重要影响的佛经，如《圆觉经》《楞严经》《坛经》、华严宗与天台宗的主要经论、宗杲新派禅宗的著作和《道藏》中的道图、道说，朱子就是从这时起开始潜心阅读的。

朱子绍兴二十一年入都，参加了铨试。这次在临安，他结识了庐山道士虚谷子刘烈，同他论易学，问金液还丹修炼之法，细读了虚谷子的《还丹百篇》，完全拜倒在了这个名噪一时的道士脚下。从此开始朱子出入佛老高潮的牧斋时期。

朱子手订的第一部诗集《牧斋净稿》，记录朱子师事道谦的全过程。③ 朱子师事道谦主要学两个方面：一学内心参悟，二学融贯儒佛老。宗杲、道谦都是用玄妙“话头”、“机锋”启示僧徒豁然顿悟的大师。朱子从道谦处领受的禅悟是要摈绝一切闻见知觉，语言思虑，摈绝一切向外的追求，纯是一种内里体认的工夫，正是李侗所说的年轻朱子“初从谦开善处下工夫来，故皆就里面体认”的工夫。④

---

① 束景南：《朱子大传》，第 50 页。

② “道谦考”，见《长编》，第 88 页。

③ 据束景南考证，书斋名“牧”和禅师名“谦”同出于《周易·谦卦》。“牧”和“谦”的意义相同，表明斋名同师事道谦之间有一种联系：朱熹的牧斋自谦也就是师事道谦。参见《朱子大传》，第 105 页。

④ 束景南：《朱子大传》，第 105 页。

这一段时间，朱子在“五经”学习方面有明确记载的是曾经研读《周礼》一书。①

3. 师事李侗时期②

绍兴二十七年(1157年)春天，朱子回到同安，居住在畏垒庵里，向李侗寄去了第一封问学书。李侗六月回信勉力朱子于涵养处用力，并用《孟子》“存心养性”、“集夜气”思想启迪朱子：

> 但常存此心，勿为他事所胜，即欲虑非僻之念自不作矣。孟子有夜气之说，更熟味之，当见涵养用力处也。于涵养处着力，正是学者之要，若不如此存养，终不为己物也。(《延平李先生师弟子答问》，《全书》十三，309页)

绍兴二十八年春天，朱子徒步往见李侗，问《论语》忠恕一贯之旨，至三月而返。后又专门研读《论语》，与胡宪、范如圭书札往返讨论忠恕一贯之旨，与李侗理一分殊思想相合，作忠恕说。

朱子在畏垒庵里穷研儒经，主要是精读了《论语》和《孟子》二书，从《论语》的“一贯”说和《孟子》的“夜气”说与“养气”说两条线上确立和展开了他早期的理学思想。朱子所以注重《论语》，除了因为它是孔子专言“为己”之学的圣训外，更因为《论语》的“一贯”章同他这时弃佛崇儒的思想变化发生了共鸣。

但是在畏垒庵中，谢良佐的《上蔡语录》和《论语解》对朱子研求《论语》《孟子》起着更为重要的作用。他把寻访到的两种《上蔡语录》本子拿来潜心细读，用朱笔一一做出批注。谢良佐的《论语解》作为湖湘派的经典，是胡宪早就要朱子奉为圭皋的，而在这时，谢良佐在书中揭示的“理一分殊”的《论语》大旨：“天道本末一以贯之”，才开始对弃佛崇儒的朱子发生决定影响，从他对“一贯”章的解说中领悟了“理一分殊”。在修养方法上谢良佐也提倡主静，默识静坐的说法记在他的《语录》中，正是李侗最根本的理学主张之一。

---

① 《长编》，第97页。

② 详参《朱子大传》第五章，第156—185页。

受李侗、谢良佐思想的启发，朱子对从学李侗以前编定的一本辑集古今诸儒之说的《论语集解》[1]，开始感到“穿凿支离”而不足取，转而另撰写一部专门发明“精义”的《论语》学著作，而这部“精义”、“要义”之作正是以领悟“忠恕一贯”章的“精义”为起点的。隆兴元年上半年朱子便写出了《论语要义》。朱子这本书有两个特点：一是由训诂而入于义理，二是由高妙而入于平易。他把自己删除的章句训诂另外编成一本《论语训蒙口义》，供童蒙习读。《论语要义》专本二程之说阐述义理，成了他的《论语精义》和《论语集注》最早的思想源头。

《孟子》方面，“养气”章和“夜气”章都是讲操存的涵养工夫，朱子还在泉州候批时贯通了“养气”一章的语脉，作了详细笺注；在畏垒庵中他又涵养用力有得，李侗特别要他熟读“夜气”一章，所以他还要继续笺注。他在绍兴三十年便完成了《孟子集解》，接着又撰成了《孟子精义》(《要义》)。

朱子就这样在读《论语》和《孟子》中，从理一分殊和操存涵养两个方面跨出了他逃禅归儒历程的最初几步。朱子最初从读《论语》和上蔡《论语解》中开始领悟到佛老之非，因此写成《论语要义》就成了其人生的一个标志，此书标志出他在逃禅归儒道路上从主悟的心学转变为主静的理学。[2]

这一时期，朱子曾精研《春秋》，而且还编订《毛诗集解》一书。

4. 参究中和时期[3]

朱子逃禅归儒之后，同汪应辰等展开了一场儒释之辩。在辩论中，朱子一方面是对当时泛滥的宗杲—无垢禅学的批判，另一方面也是对自己逃禅归儒思想剧变的总结。朱子进而作《杂学辨》全面清算宗杲—无垢禅学。《杂学辨》由辩苏轼《易解》、苏辙《老子解》、张九成《中庸解》、吕本中《大学解》四篇组成，四人著作都杂引老佛之说以解儒，故称为“杂学”。[4]

延平去世之后，朱子开始接触湖湘学派，与张栻等人书信往来，从而引发了中和的两次顿悟，确立了其中庸的大纲，也间接为其整个“四书”体系奠定了基调。

---

① 此据束景南考证。朱子在编订《论语要义》一书之前就曾经草成《论语集解》，见《长编》，第 248 页。
② 束景南：《朱子大传》，第 185 页。
③ 详参《朱子大传》第七章“中和旧说的历程”、“中和新说的诞生”两节，第 233—240 页，第 257—267 页。
④ 朱子论辩讨论儒释之异，作《杂学辨》，见《长编》，第 328 页。

乾道二年，因为受李侗求喜怒哀乐未发之大本之教，以及湖湘派学者中和说的影响，朱子形成了中和旧说。朱子在旧说中认为心体流行作用不息，从体用关系来看待心性关系，认为性为未发，心为已发，在工夫上，特别主张察识端倪，再涵养本体。①

之后，朱子修订了《孟子集解》一书②，又编订了《通书》《张载集》等。③ 最重要的是通过对二程著作的研究整理，逐步发现自己中和旧说所存在的问题。④

朱子在中和新说中，以心之体用来解释未发已发，认为未发是心之体，是性，已发是心之用，是情。中是性的根本特质，指一种不偏不倚的未发状态，而和是情的本然状态，指无过无及的合宜。⑤

这段时期，朱子曾修订《祭仪》一书。⑥

二、前体系的形成⑦

形成中和新说之后，朱子奠定了其一生的学问大旨，学习准备时期也就结束了。二十余年驰心于理一，最终拉回到儒家具体的分殊中来。接下来的短短几年之内，朱子创作了一系列著作，建构了理本体论的宇宙观，追溯出儒家道统的基本体系，从而形成了前四书章句集注经学体系。

朱子通过对周敦颐的《太极图说》与张载的《西铭》的解释为其未来的理学体系建构了敦实的哲学根基，其成果就是著作了《太极图说解》⑧、《西铭解》⑨。朱子的解释表现出推崇二程的明显倾向。比如，《太极图说》中明确讲“主静”，朱子则明确会通为“主敬”。张载《西铭》讲“天地之塞，吾其体，天地之帅，吾其

---

① 朱子形成“中和”旧说，见《长编》，第330页、第355页。

② 朱子修订《孟子集解》，见《长编》，第359页。

③ 朱子编订《通书》（见《长编》，第348页、第412页）、《张载集》（见《长编》，第363页）。

④ 编订二程《语录》，见《长编》，第360页。编订《二程文集》，见《长编》，第364页。编订《程氏易传》，见《长编》，第420页，修订《上蔡语录》第389页，编订《程氏遗书》，刻板泉州，见《长编》，第390页。

⑤ 见《长编》，第406页。

⑥ 见《长编》，第422页。

⑦ 此节详参《朱子大传》第八章，特别是“前四书集注的经学体系”一节，第295—309页。

⑧ 见《长编》，第426页。

⑨ 见《长编》，第429页、第439页、第472页。

性”，是一种万物一体的思想（类似气一分殊），朱子以程颐“明理一分殊”的定案作为权威，以理本体论来进行解释。

朱子在形成其中和新说之后，他与湖湘学派的分歧全面暴露出来了。他的“四书”思想在对湖湘学派的清算过程中发展着。乾道六年开始，他与湖湘学派围绕性说、仁说、心说展开了论战。在这个过程中逐渐形成着他以四书为核心的经学体系。[①] 伴随着这场论战，朱子完成了一系列四书学著述，如《知言疑义》[②]、《中庸首章说》[③]、《尽心说》[④]、《论性答稿》[⑤]、《仁说》[⑥]、《巧言令色说》[⑦]等。

朱子成熟的经学四书学体系是以《四书章句集注》为核心的，在其序定之前的一段时间可谓前《四书章句集注》经学体系的确立时期。这段时间里，“四书”在大旨上都有一定的确立。其经历了一个漫长的形成过程。

朱子绍兴中写成的《论语集解》，在隆兴元年分定成《论语要义》和《论语训蒙口义》后，后来在乾道二年曾将《论语要义》刻板于武阳，之后又与张栻、吕祖谦、蔡元定等人进行了反复讨论，在乾道七年作了一次较为全面的修订。

《孟子集解》最初在同安任上开始撰写，到绍兴三十年完成初稿，其内容主要是集诸家《孟子》说为一书，因对其中论养气、论性两章的义理尚有疑义，所以没有示人。之后在乾道二年和三年中，他又作了全面修改，仍然没有出示于人。乾道五年中和新说确立后，他又对《孟子集解》进行了全面的修改，于乾道七年完成。

乾道八年正月，他把全面修订之后的《孟子集解》与《论语要义》并为一书，名为《论孟精义》，正式刻板于建阳。《论孟精义》汇集以二程为中心，皆及其弟子的九家之说。在《论孟精义序》中，他明确说明自己的经学思想是上承二程。同时他认为汉魏诸儒之说也不能偏废，从而体现出他经学思想兼取融会汉魏

---

① 详参《朱子大传》第八章“清算湖湘派的论战”一节，第 285—295 页。
② 见《长编》，第 456 页。
③ 见《长编》，第 431 页。
④ 见《长编》，第 450 页。
⑤ 见《长编》，第 465 页。
⑥ 见《长编》，第 475 页。
⑦ 见《长编》，第 475 页。

训诂之学与两宋义理之学的特点。《论孟精义》还建立道统思想，并确立了二程在道统中的承先启后地位。在《论孟精义序》中，他首次对道统作了明确表述，指出二程所以能独得千载不传之道而成为继孟子以后的圣人，就是因为他们独窥到“体用一源，显微无间”这个求道之要。①

朱子的《大学》学与《中庸》学也进行着类似的进程。朱子早在绍兴年间就编辑过一本《大学集解》，曾经以抄本的形式少量流传。乾道二年，他对这本书作了一次全面修订，《大学集解》辑集诸儒之说，务在求多，有两册之厚。后来他在淳熙十二年再次修订成新本。朱子作这本集解的目的也是在搜众家资料而作详说，少有发明。在乾道五年以后，随着其敬知双修学问大旨的确立，他把小学工夫与大学工夫统一成了一个体系，以洒扫应对进退为用敬，以格物穷理为致知，这种大学思想的新认识促使他在《大学集解》的基础上写出一本阐发要旨、别出己意的新书。乾道七年，他去取诸家之说定为《大学章句》初稿，大致与《中庸章句》相似，此初稿对《大学》一书还没有形成分经传的解释模式。

早在师事李侗的时候，朱子就开始撰写一本《中庸》集说之类的书，主要辑集诸家之说，选择不精，没有能超越章句训诂之学。乾道五年，他反复研究《中庸》首章，促成了中和旧说向中和新说的转变。乾道六年，他全面修订了《中庸》集说的旧稿，定名为《中庸集解》（又名《中庸详说》），寄给了吕祖谦进行商讨，这本书因同吕祖谦论说不合而没有立即刻版传世。不久之后在乾道八年，石𡼖同朱子共同编成一本《中庸集解》。朱子在乾道九年写的《中庸集解序》中，虚构出一个《中庸》的传授系统。朱子对《中庸》的解释与其“四书”解释的整体思路相似，一方面反对秦汉以来经师俗儒的“惟知章句训诂之为事，而不知复求圣人之意”，另一方面也反对近世理学家的“脱略章句，陵籍训诂，坐谈空妙”。这样他就想另作一本集章句训诂与义理微旨为一体的略解。乾道八年秋，他在收编中和旧说总结中和思想历程的同时，写出了《中庸章句》的初稿。朱子在《中庸章句》的初稿中对《中庸》重新分章

① 朱子编订《论孟精义》，见《长编》，第458页。

次，表现了他要重建自己《中庸》学思想体系的意图和尝试，此书主要就原作《中庸集解》以己意去取诸家而成，也没有形成之后分经传的诠释模式。

在“五经”方面，朱子又修订《祭仪》[①]，开始撰写《资治通鉴纲目》[②]一书。

三、体系的诞生[③]

在寒泉之会和鹅湖之会前后，朱子逐渐向《四书章句集注》经学时期开始过渡，到淳熙四年，序定成《四书章句集注》，标志着四书章句集注的经学体系正式诞生。

在正式写成《四书章句集注》之前，朱子通过修改《仁说》[④]、《观心说》[⑤]等进一步确定了自己的性说、仁说、心说等思想。

淳熙元年，朱子重新定《大学》本和《中庸》本，并在这一年印刻了新定本《大学》与《中庸》。《大学》定本分经一篇，传十章，而且将《大学》文句章次作了新的调整。具体来讲，他按自己的理解把全文分为经、传，补写了格物致知一章，增附了释音，这样就形成了一个更适于发挥他的理学思想体系的《大学》本子。《中庸》新定本则将原郑本重新分为三十三章，特别突出了首章的地位，作为一篇之体要，具有经的意义。而且他还根据《孔子家语》把郑本分为六章的一大段合并为一章，补了“公曰”以下几句。这一章受到他的特别重视，将之作为《中庸》全篇的枢纽。[⑥] 就在印刻改定新本《大学》《中庸》的同时，朱子开始依此新本重新改写初稿的《大学章句》和《中庸章句》。他把新修定的《大学章句》和《中庸章句》寄给了吕祖谦和张栻。

淳熙二年鹅湖之会归来之后，朱子意识到生平学问有“支离”之病，于是着手对自己的全部经学著作进行一次全面的修改。他首先全力删改了《论孟精义》以及新修订的《大学章句》《中庸章句》，到年末他完成了对《大学章

---

① 见《长编》，第 505 页。
② 见《长编》，第 460 页。
③ 此节详参《朱子大传》第十章，特别是“四书集注经学体系的诞生”一节，第 374—385 页。
④ 见《长编》，第 506 页。
⑤ 见《长编》，第 519 页。
⑥ 编订《大学》《中庸》新本，分经传，见《长编》，第 510 页。

句》和《中庸章句》的修订，把两书寄给了张栻。他在信中说明，自己这次删改重写《大学章句》和《中庸章句》，抛弃了历来"将注与经作两项功夫做了，下稍看得支离，至于本旨，全不相照"的方法，而采用汉儒的"只说训诂，使人以此训诂玩索经文，训诂、经文不相离"的方法。（《文集》卷三十一《答张敬夫》书十八，《全书》廿一，1349页）从离经衍义的解经方法转变为依经训诂的解经方法，就使他从以传说经转为就经解经。这是对自己学问著述实现的一次由博返约的深化。

在淳熙三年三衢之会以后，他自信有了一种"顿进之功"，对自己的著作又深觉不满，于是对自己著作进行了一次更大的有总结意义的全面修订。这次修订的宗旨就是要清除"涵养功夫全少，而讲说又多，强探必取，寻流逐末之弊，推类以求"等众病。在如此全面修订之后，他才第一次对自己的著作感到了一种前所未有的满意，于是在淳熙四年序定了《大学章句》和《中庸章句》。

朱子在《论语》学和《孟子》学上也走了一个大致相仿的演进过程，在淳熙四年也完成了同样的总结。鹅湖之会以后，朱子决心粹取《论孟精义》的精髓浓缩一本由博返约的《论孟集注》。《孟子集注》的写作主要在淳熙三年，三衢之会直接影响到他在这一年中《论语集注》的修改与《孟子集注》的撰写。在《答敬夫孟子说疑义》中，朱子谈到了他修改《章句》和写作《集注》的指导思想和方法原则。他说：

> 此解之体，不为章解句释，气象高远，然全不略说文义，便以己意立论，又或别用外字体贴，而无脉络连缀，使不晓者展转迷惑，粗晓者一向支离……然必先释字义，次释文义，然后推本而索言之，其浅深近远详密有序，不如是之匆遽而繁杂也。大抵解经，但可略释文义名物，而使学者自求之，乃为有益耳。（《文集》卷三十一《答张敬夫》书二十，《全书》廿一，1352页）

在这里，朱子反对两种流行的解经方法：一种是"不为章解句释，气象高远，然全不略说文义，便以己意立论”，也就是离开经文本身，依自己的意思自作一段文字；一种是“别用外字体贴，而无脉络连缀，使不晓者展转迷惑，粗晓者一向支离”，也就是根据经文的字词旁征博引，义理上全不连贯。这两种方法在形式上看似相反，但实际上都使读者只见传而不见经，用传在读者与经文之间筑起了一堵高高的厚墙，使得读者无从知晓经文原义。朱子则主张解经训诂与义理兼顾，“先释字义，次释文义，然后推本而索言之”，更重视训诂，也就是依据经文原义来阐发其义理，最好是“略释文义名物，而使学者自求之”。解经的目的是指引读者从经文原义出发，使其自己领悟出经文的义理。

在这里，《四书章句集注》经学体系的方法论原则树立起来了，他的《四书章句集注》就是要成为“略释文义名物，而使学者自求之”的著作。他取《论孟要义》的精髓分写的《论孟集注》与《或问》，就体现了这一方法论原则。

淳熙四年上半年，朱子继续修改着《论语集注》，张栻也把自己的《癸巳论语说》十章寄给他。他同张栻研究具体解经之法，同时也将《癸巳论语说》的一些看法吸取进了《论语集注》。六月，他在序定《大学中庸章句或问》的同时，也把《论语孟子集注或问》定稿，构成了一个新体制的《四书章句集注》经学体系，显然是有总结自己四书学的鲜明目的。

这一年，朱子根据张栻的建议只印刻了《论孟集注》。《论孟或问》也被书肆偷偷刻版于建阳。对《大学章句或问》和《中庸章句或问》，朱子因为还想精益求精故没有付梓。[①]

在五经学方面，朱子序定了《诗集解》[②]、并且据王弼本《易经》而作了《易传》[③]。这一时期，朱子编订了《二程外书》[④]，雠校了《说文解字》[⑤]，草成了《伊洛渊源录》[⑥]，而且还与吕祖谦一起编订了《近思录》，[⑦]不久又进行了修

---

① 《大学章句》《中庸章句》草成，见《长编》，第479页；《中庸集解》，见《长编》，第496页；《四书章句集注》《或问》等成，见《长编》，第585页。

② 见《长编》，第591页。

③ 见《长编》，第594页。

④ 见《长编》，第491页。

⑤ 见《长编》，第495页。

⑥ 见《长编》，第503页。

⑦ 见《长编》，第527页。

订，刻板于婺州。[①]

四、体系的确立[②]

淳熙四年刊刻《论孟集注》之后，朱子在不断的修改过程中发现，他的四书学体系上还不完善，那就是在大学之前缺少小学的工夫。淳熙十四年，朱子序定《小学》，将小学也纳入到《四书章句集注》的经学体系当中。[③]《四书章句集注》的四书学体系也就体现了用敬与致知、尊德性与道问学、敬以直内与义以方外统一的精神。

淳熙四年以来，朱子从没有停止过对《大学章句》《中庸章句》《论语集注》与《孟子集注》的修改，到淳熙八年从南康军任归后有一次大的修订。这次全面修订的结果就是淳熙九年在浙东提举任上首次刊印《四书章句集注》（即宝婺刻本）。这次刊刻，朱子把《大学章句》《中庸章句》《论语集注》与《孟子集注》集为一编合刻。经学史上与“五经”相对的“四书”之名第一次出现，由此标志着《大学》《中庸》《论语》《孟子》“四经”在五经学之外作为独立的四书学体系在经学文化史上的出现与确立。[④] 淳熙十一年由广东帅潘畤和广西帅詹仪之在德庆印刻的《四书章句集注》，用的就是这个宝婺本。

然而朱子很快又否定了宝婺本，淳熙十二年又进行了一次大的修订。淳熙十三年，他又作了一次更大的修订，这次修订主要集中在《大学》与《中庸》上。这两次大修改后的定本，便在同一年由詹仪之印刻于广西静江，由赵汝愚印刻于四川成都。[⑤] 朱子是按照涵养当用敬、进学则在致知的学问大旨来修订《四书章句集注》的。他在理一分殊的基础上把理学的世界观与方法论统一了起来。《大学》在他认为是学问的大纲，其中他补写的《格物章》又是纲中之纲。在这一章中，他强调的是即物穷理，反对离物穷理。与此相

---

① 见《长编》，第537页。

② 此节详参《朱子大传》第十七章，特别是“人本主义的四书学体系”一节，第761—775页，以及《朱子大传》第二十三章，特别是“经学大师与经学弟子们”一节，第1009—1023页。

③ 编小学之书，见《长编》，第773页。编订《小学》，见《长编》，第860页。

④ 刻《四书章句集注》于婺州“四书”之名始出，见《长编》，第731页。

⑤ 见《长编》，第846页。

对应的对《中庸章句序》的修改，则加入对道心、人心的论述。

然而这两个本子在他的《四书章句集注》的思想体系的演进中的意义并不重要，朱子在不断自我否定的反思中很快又超越了它们。淳熙十五年，他对《四书章句集注》又作了一次决定性的大修定，蔡元定、黄榦、程端蒙等都参与了这次修订。这次大修改他把淳熙四年以来发展成熟的理学思想都融入四书学体系中。对这一定本，他又一次感到了前所未有的满意，于是他在淳熙十六年二月与三月正式序定了《大学章句》和《中庸章句》。[①]

朱子在当年没有能够印刻序定本《四书章句集注》，甚至后来在漳州任上也仅印刻了四经四子，一直到从漳州任归来后，他才将序定本《四书章句集注》稍加修改，在绍熙三年由曾集印刻于南康。[②] 这个南康本基本上与淳熙十六年的序定本相同。这个本子在朱子生前流行最广，成了朱子弟子传习的最主要的本子。

这一时期，朱子再刻《龟山语录》[③]，撰成《通书解》[④]，并正式出《太极图说》《西铭解》授学者[⑤]，同时还编订了《孟子要略》[⑥]，作《读余隐之尊孟辨》[⑦]。

在"五经"方面，朱子作《读吕氏诗记桑中篇》黜毛诗序，[⑧]撰成了《易学启蒙》[⑨]、《蓍卦考误》[⑩]、《孝经刊误》[⑪]、《诗集传》[⑫]、《周易本义》[⑬]等书。

朱子在正式序定《四书章句集注》之后，将其主要精力从"四书"转向了"五经"。朱子补订《祭仪》[⑭]，草定了《仪礼集传集注》一书[⑮]，作《礼记解》[⑯]，修撰《尚

① 据束景南考证，《大学章句序》和《中庸章句序》本是他在丁酉年写的，这一年他把二序加以修改署为淳熙十六年作。由此就充分表明他是有意把淳熙十六年序定本作为《四书章句集注》的正式本子。

② 修订《四书章句集注》，刻于南康。见《长编》，第 1064 页。

③ 见《长编》，第 855 页。

④ 见《长编》，第 871 页。

⑤ 见《长编》，第 886 页。

⑥ 见《长编》，第 1192 页。

⑦ 见《长编》，第 1085 页。

⑧ 见《长编》，第 791 页。

⑨ 见《长编》，第 837 页。

⑩ 见《长编》，第 839 页。

⑪ 见《长编》，第 850 页。

⑫ 见《长编》，第 851 页。

⑬ 见《长编》，第 911 页。

⑭ 见《长编》，第 1107 页。

⑮ 见《长编》，第 1287 页。

⑯ 见《长编》，第 1009 页。

书》集注，并委命蔡沈作《书集传》、委命赵师渊修补《资治通鉴纲目》。而且这一时期也展现出朱子的一个重要兴趣，即韩愈诗文与《楚辞》。朱子修订《韩文考异》，刻于潮州，[①]又著成《楚辞集注》《楚辞辨证》《楚辞音考》等。另外，朱子还对道教文献产生极大兴趣，著成《周易参同契考异》，刊于建阳。[②]

朱子晚年，有两件事成了他完成生平学问著述总结的标志：庆元五年，他在建阳印刻了最后一次他修定成的《四书章句集注》；弟子王晋辅在广南印刻了他的文集。[③]

小结

朱子究其一生皆是在二程理学思想与“四书”思想的巨大影响下对“四书”进行解读的。朱子是一个真理的真诚探索者，对“四书”原文、二程思想的吸收都不是一种机械性的记诵，而是与自己丰富的体验结合起来。凡是不能够通过自己亲自思考或体验可以确证的，皆不予吸收。二程思想对于朱子来说是探索真理海洋的明灯，但绝不是简单地代替他自己的探索本身。朱子一生不断更新自己的“四书”思想，在正式序定其《四书章句集注》之后，虽然学问重心转向五经学，但仍然没有停止其探索的旅程。朱子在临终前不久仍然在修改《大学》诚意章，表明其“四书”体系是一个开放的系统，仍然可以随着理学义理的深入而不断完善。朱子卒时年七十岁余，假使更增数岁，《四书章句集注》也一定会再出现新的面目。

朱子“四书”思想形成的过程是“六经注我”与“我注六经”的循环过程。朱子在二程及其后学理学思想影响下，在继承历代经学的基础上，理解着“四书”原文，结合着自身的体会，不断进行着理解的循环。朱子早年主要是不求甚解地对“四书”原文进行诵读，同时接受着以二程为主的理学解释。这时朱子自己的体会是较为初级的、次要的。在逃禅归儒的过程中，二程及其后学的理学

① 见《长编》，第1305页。
② 见《长编》，第1247页。
③ 束景南：《朱子大传》，第1023页。

思想又起着重要的指导作用，朱子逐渐形成自己独有的体会。在深入“四书”原文的过程中，朱子又借助历代经学成果，期望从自己的体验出发将“四书”原义与理学义理圆融地统一起来。在形成《四书章句集注》经学体系的过程中，朱子不断在理学、经学、“四书”原文之间权衡与反复着。一方面，理学、经学、“四书”原文在朱子自己的体会下形成朱子对真理的认识。另一方面，朱子又用自己对真理的认识，用理学、经学的素材重构着对“四书”原文的解释。

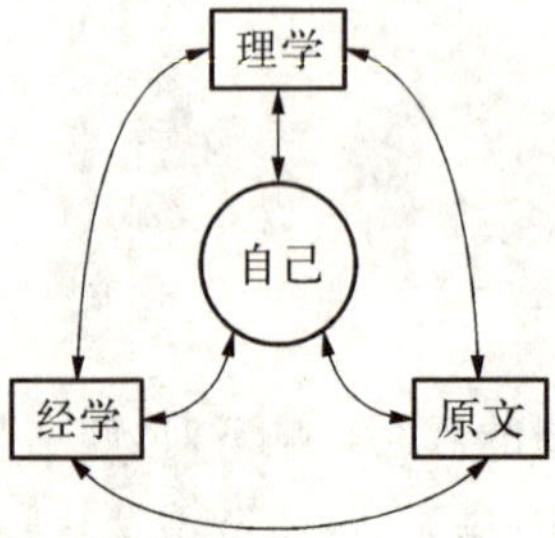

朱子“四书”思想的形成过程体现着其理学思想与四书思想的水乳交融。对于其理学思想与“四书”思想，很难做出绝对的区分。因为朱子的理学思想也是基于“四书”文本的发挥。为了便于分析，根据其话语来源将朱子重点从二程、张载接受的思想，如主敬、心统性情等作为理学思想，而将重点从“四书”阐发的中和思想、仁思想等作为“四书”思想。

朱子在研读“四书”的过程当中，至始至终受着北宋以来理学思想的指导。朱子对“四书”思想的研习过程也是理学思想研习的过程。对“四书”的理解在很大程度上受到理学思想的支配。朱子在少年时代就在三君子的引导下学习二程、张载等人的著作。后来在逃禅归儒过程中，谢良佐《论语解》成为朱子学习《论语》的指路明灯，发挥了巨大的作用。朱子在《论孟精义》之前编订的有关《论》《孟》著作也都是对二程及二程弟子有关解释的汇集，与《论孟精义》相比，只是搜集的内容广度与精度的不同。奠定朱子一生学问大旨的中和新说之悟也是在编订《二程遗书》的过程中引发出来的。朱子的经典之作《四书章句集注》虽然博采众家，在音读、训诂、义理等多方面继承诸家之说，但以二程为代表的理学在其中则具有不可动摇的地位。所以可以说，在朱子研读“四书”的过程中，以二程为中心的理学思想对朱子的理解具有决定性的支配作用。

从《四书或问》等书可以看出，朱子并不是完全以二程之说为圭皋，并非对二程之说完全信服而不加怀疑，但这种怀疑和拣择只是针对一些具体词句的理解而已，对“四书”解释的大旨则完全以二程之说为标准。在《四书或问》中，每每见到朱子对二程之说至为推崇之辞。朱子在天理论、心性论等多方面虽然有其自身探索的成分，但其主旨大要则无不以二程为标准。朱子之所以以二程理学作为其解释《四书章句集注》的标准有其客观和主观方面的原因的。二程理学本身具有新型儒学的形态，在义理思维的体系性、缜密性等方面相比苏学、王学等具有很大优势。朱子出生在一个理学家庭当中，朱子父亲曾入二程二传弟子罗从彦之门，与李侗同学。朱子少年时代从学的三君子又都是二程理学的信奉者，更为重要的是，朱子从二程三传弟子李侗受学，从而真正逃禅归儒，实现了思想上的巨变。

朱子是理学思想的信仰者，但不是茫然信从者。朱子将理学思想切己，凡是不能通过自己的体验认可的思想，则采取存疑的态度。所以在朱子对二程为代表的理学思想的吸收过程中，虽然二程为代表的理学思想对他理解“四书”具有明显的支配性，但事实上在具体文句的理解上朱子又不得不回到“四书”原文本身。朱子在解经上，不否定汉唐诸儒对经文的章句训诂成就，从《四书或问》中还可以看出朱子对宋儒不通训诂章句之学所造成的错误进行了严厉的批评，朱子甚至赞叹汉唐诸儒单纯解义而不作义理发挥，认为只作训诂能让读者更专注于经文本身。[①] 过多的注解淹没了经文本身，使学者不以经文为本，而只就注解上揣摩语气。这一点与朱子经传相分、离传解经的理想有一定关系。朱子解经的理想就是通过注解让人明了经文大意，以经文大意为本，不使注解歪曲了经文的原义。当然这只是朱子的方法论：在理解上，企图脱离传的影响直接把握经文原义；在注释上，注解的目的是烘托出经文的原意但不能喧宾夺主取代经文的地位。

朱子在具体解释的过程中，不断地从原文本义出发。甚至因为版本不同造成的文字差异也坚持以所见文本为本，而对不符合文本的意思不予选择。如“君子耻其言而过其行”(14.29)，有的版本“而”字作“之”字，《精义》诸家皆以“之”来理解，朱子则硬是以“而”字理解，从而形成迥异于诸家的解说。依此可见，朱子的解释力求依据“四书”原文，不作无根据的解释。

---

① “汉儒可谓善说经者，不过只说训诂。使人以此训诂玩索经文，训诂经文不相离异，只做一道看了，直是意味深长也”，见《文集》卷31《答张敬夫》书十八，《全书》廿一，第1349页。

第三章 《四书章句集注》的话语体系

经典的解释过程会受到多种因素的影响，其中一个非常重要而显著的影响就是时代所赋予的。当经典的作者与解释者处在完全不同的历史时代，他们所面对的主要问题就不同了，语言风格也可能不同。解释者要跨越时代对经典进行解释就不能忽略这些差异。特别是在一个新的时代，理解结构已经发生巨大的变化，完全按照经典中所蕴含的理解结构去理解是异常困难的。为了适应新的时代，符合当时人的理解结构，从而更好地将经典中的意涵进行阐发，就要采用新的话语体系。

朱子所处的时代，佛老流行，儒学刚刚复兴。儒学依据旧有的理解结构已经很难与佛老并立。时代要求儒学在哲学层次上进行创新。这种创新要求在保持儒学精神的基本内核的前提下，同时在理解结构上具有一种开放的形态，能够吸纳各种有利于儒学精神更易为时代所接受的思想。这种创新要求适应当时人的心灵，那种长期浸入在佛老土壤中的心灵。有着儒家情怀的人们深切地期望出现一种能够吸收佛老长处的新思想。这种思想要求发明出儒家本身所具有的包容性，那就是佛老所拥有的那种看起来最为神秘的东西在儒家仍然是具有的，而儒家所具有的本质内容恰恰又是佛老所不具有的，并且是高明于佛老的。这样的包容性体现出一种思想的创新与进步。这种思想要适合那种深入了解佛老思想的心灵，能够给人以更深的心灵归宿。与此相适应就是需要建构一种新的话语体系。新的话语体系一方面要吸收旧有的词汇，另一方面则要开拓新的话语来容纳新的思想。因为随着人的理解结构的不同，很多旧有的概念已经无法激起人对事物鲜活的理解。也就是说，旧的话语不断地重复在耳朵上已经生了茧，已经成为一种熟视无睹的东西，激不起心灵的一丝丝激动。新的话语可能在内涵上表达的与旧有概念相同，但能够直接触动人们的心灵，所以具有了鲜活的生命。

朱子的道学话语代表了宋代道学话语的成熟形态。朱子的话语体系是在总结、思考、发展前人的成果，特别是二程及其弟子的话语基础上形成的。如陈来指出：

> 宋代道学从北宋到南宋经历了一个发展的过程，如果从话语的角度来看，宋代道学话语的定型是在朱熹手上完成的。①
>
> 比较北宋道学家群内部的论述，周敦颐、张载、邵雍更多地从《周易》和《易传》出发，故其话语带明显的易学色彩。……而二程的论述明显地突出了四书的重要性，心性和功夫的讨论比较多。由于二程兄弟的影响最大，从北宋到南宋前期，道学的话语以四书为中心，以二程及其后学对四书的阐发为主流。②

朱子在二程及其弟子的基础上，从自身出发，重塑理学思想，从而形成一套成熟的话语体系。朱子所接受的话语体系对于朱子来说是具有很强的亲和力的。朱子从小就从父亲朱松以及三君子那里接受了儒家的基本思想，特别是接受了二程等作为后来贤者的地位。朱子对"四书"的理解也就从小就浸入到这种理学的话语体系当中，学会了用"理"、"敬"等概念来思考和理解"四书"著作。朱松与三君子的理学都是富有浓厚佛学气味的。朱子更浸入佛学数十年，全面接受了佛学的思维方式和思维逻辑。后来在李侗的影响下由释归儒，用渗透佛学气味的理学话语深入审视儒家四书等经典，逐渐完善着其理学思想。后来，朱子的话语重心集中于"中和说"和"仁说"。朱子在李侗去世之后有两次对中和思想的顿悟，而且与湖南学者进行了"中和说"与"仁说"的两次大论辩。朱子通过全面消化二程的思想，深化了理学创立以来在这两大问题上的思考。在综合了理学各派的讨论的基础上，朱子提出了既能溯源于二程又能针对于当时的偏病的"中和说"与"仁说"。后来在与张栻、吕祖谦等人的讨论中形成一整套话语，其内在逻辑严密，结构完整，《四书章句集注》则是这种话语的结晶。朱子一生都不断地修改《四书章句集注》，使得用语更加准确、凝炼，从而整合了理学话语，形成了代表宋代学术的话语体系。这一套由朱子

---

① 陈来：《宋代理学话语的形成》，《河北学刊》2008年第1期，第33页。

② 同上，第34页。

所代表的话语体系，经过数量众多的弟子门人的传播，在思想界形成了巨大的影响，加上后来各代王朝的推崇，成为了官方意识形态，由此朱子的话语体系成为之后理学的主导话语，从而型塑了后来儒学学者的问题意识，历经元、明、清成为儒学的主流话语形态。①

朱子在《四书章句集注》中运用了北宋以来的新话语，构造了新的话语体系。在这种新的话语体系下，"四书"原文中的思想得以挖掘。朱子所用的话语体系离不开其理学思想，在一定意义上构成了朱子思想的义理结构。朱子的新话语是在总结北宋以来理学思想的主要议题上形成的，其主要内容同时也是对"四书"原有义理的挖掘。

下面从道统、心性、本体、境界等几个方面来分析朱子在《四书章句集注》中所建构的话语体系。

一、"孔门传授心法"——道统的建构

"道统"一词是朱子率先使用的。② 朱子将抽象的道具体出来，不仅明确了道统的谱系，更重要的是赋予道统实质的理论内容。朱子在《四书章句集注》中将道统与中庸的思想(包含了"中和说")与"仁说"打通一气。将"五经"中的"道心人心"、"天理人欲"与"四书"中"中庸"、"仁"贯通起来，形成了意义贯通、圆融互通的体系。③

1. 道统的新谱系

一般认为儒家道统论最早是由韩愈在《原道》中提出的，其中还提出了道统的谱系。《原道》称：

---

① 陈来：《宋代理学话语的形成》，《河北学刊》2008 年第 1 期，第 34 页。

② 此据陈荣捷《新道统》考证，载陈荣捷：《朱子新探索》，台北：学生书局 1988 年版，第 429 页。

③ 朱子的道统论思想以及道统论对于朱子的重要意义受到学界的充分关注，如钱穆《朱子新学案》(二)、陈荣捷《朱子新探索》"新道统"、张亨《朱子的志业——建立道统意义之探讨》、蔡方鹿《中华道统思想发展史》、钱逊《〈四书集注〉与中国文化传统——兼谈"道统"的实际内容与意义》、余英时《朱熹的历史世界：宋代士大夫政治文化的研究》(上册)"绪说"等。特别是金春峰《朱熹哲学思想》从朱子哲学思想为"心学"的独特诠释视角出发，明确指出道统论在朱子思想中居于核心与纲领的地位。其《朱熹道统说的建立与完成》一文梳理了朱子道统论的发展过程，认定《中庸章句序》是朱子道统论的真正确立、完成及经典表述。其《〈中庸章句〉的诠释思想及其方法论》一文又进一步指出朱子《四书章句集注》的纲领和指导思想是《中庸章句序》"十六字心传"之"道统说"。

尧以是传之舜，舜以是传之禹，禹以是传之汤，汤以是传之文、武、周公，文、武、周公传之孔子，孔子传之孟轲，轲之死，不得其传焉。荀与扬也，择焉而不精，语焉而不详。由周公而上，上而为君，故其事行。由周公而下，下而为臣，故其说长。

可见，韩愈眼中的道统谱系为：

尧→舜→禹→汤→文王→武王→周公→孔子→孟子

朱子《中庸章句序》称：

夫尧、舜、禹，天下之大圣也。以天下相传，天下之大事也。……自是以来，圣圣相承：若成汤、文、武之为君，皋陶、伊、傅、周、召之为臣，既皆以此而接夫道统之传，若吾夫子，则虽不得其位，而所以继往圣、开来学，其功反有贤于尧舜者。然当是时，见而知之者，惟颜氏、曾氏之传得其宗。及曾氏之再传，而复得夫子之孙子思……自是而又再传以得孟氏，为能推明是书，以承先圣之统，及其没而遂失其传焉。……程夫子兄弟者出，得有所考，以续夫千载不传之绪。……熹自蚤岁即尝受读而窃疑之，沈潜反复，盖亦有年，一旦恍然似有以得其要领者。

由此可见，朱子的道统传承的人物谱系（圆括号内为臣）为：

尧→舜（皋陶）→禹→成汤（伊尹）→（傅说）→文王→武王→（周公、召公）→孔子→颜子、曾子→子思→孟子→二程→朱子

与韩愈相比，可以看出，朱子道统谱系有如下几方面的特色：

一、于孔子之前补充了传道的臣。皋陶为舜之臣，伊尹为汤之臣，傅说为武丁之臣，周公、召公为周成王之臣。在朱子的道统谱系中，有君臣皆为圣人的，如舜与皋陶、汤与伊尹，也有只有臣为圣人的，如傅说、周公、召公。朱子所列孔子之前的圣贤的事迹和言说，多见于《尚书》的记载，[①]由此使道统作为“五

① 如《尧典》《舜典》《大禹谟》《皋陶谟》《汤誓》《伊训》《说命》《泰誓》《召诰》《洛诰》等篇。

经”(以《尚书》为代表,记载孔子之前的圣贤事迹和言说)与“四书”(记载孔子至孟子之间的圣贤事迹和言说)之间的桥梁。

二、朱子道统谱系以孔子为界。韩愈道统谱系中是以周公为界的:之前的圣贤为君,由此道得以实践;之后的圣贤为臣,道多为言论。而在朱子那里,孔子之前,传道的是君或臣。孔子则是“不得其位”,然而其传道之功甚至贤于尧舜。由此可见,朱子以孔子为界,相对于孔子之前的得位的君臣,孔子及其之后的圣贤均是不得其位。从朱子对《孟子》的解释中也可以窥见一斑。《孟子》中有“匹夫而有天下者,德必若舜禹,而又有天子荐之者,故仲尼不有天下。”朱子注谓:

> 言仲尼之德,虽无愧于舜禹,而无天子荐之者,故不有天下。(5A.6 注)

孔子作为一介匹夫,德行虽不亚于尧舜,但是没有天子的推荐,所以也就不能处在天子的位置上统治天下。[①]

三、明确了孔子至孟子之间的道统传承。韩愈曾言:

> 孔子之道大而能博,门弟子不能遍观而尽识也,故学焉而皆得其性之所近。其后离散,分处诸侯之国,又各以其所能授弟子,源远而末益分。惟孟轲师子思,而子思之学出于曾子。自孔子没,独孟轲氏之传得其宗。故求观圣人之道者,必自孟子始。(《孟子序说》)

韩愈此处所言孟子承子思、子思承曾子,目的在于推崇孟子能上承孔子,然而其道统谱系中并没有曾子、子思的位置(部分原因可能是在韩愈看来曾子、子思之学并不明朗)。朱子则在孔子至孟子之间明确加上曾子、颜子、子思作为道统的传承,特别是加上了韩愈所未曾提及的颜子。朱子进而以曾子为

---

① 有人认为朱子将周公前称为“道统”时代,之后乃为孔子开创的“道学”时代。然根据《中庸章句序》,孟子“承先圣之统”,二程“续夫千载不传之绪”,孟子所承的“统”当是道统,二程所续的“绪”(与“统”近义)当亦是道统。若以子思作《中庸》“忧道学之失其传”是传道学,以孔子“继往圣、开来学”是开道学,则说明道学乃是道统的一部分。

《大学》的作者，子思为《中庸》的作者，使得这个道统传承更具有思想内涵。从而使《论语》《大学》《中庸》《孟子》四书分别代表孔子、曾子、子思、孟子“四子”的学说。朱子之所以将其对“四子”之书的注释编辑在一起而成《四书章句集注》，其重要原因之一便是为了体现对孔子至孟子之间的道统传承。朱子在对《论语》的解释中，特别表彰颜子的“克己复礼”以及曾子的“忠恕一贯”，以之作为其传道的重要标志。朱子对于孔子的弟子中自颜子、曾子以下皆采用否定的态度，也是基于其道统的建构。① 另外，关于子思与孟子之间的传承，朱子隐然倾向于孟子直接承子思而来的说法，使得孔子至孟子之间的道统传承皆为亲传。②

2.《中庸》与“十六字心传”

韩愈在《原道》一篇提出道统内容乃是“博爱之谓仁，行而宜之之谓义。由是而之焉之谓道。足乎己无待于外之谓德。”可见，韩愈对道统内容的认识还较浅，仅限于儒家通常所说的“仁义道德”，其思想内涵远没有提升到哲学高度，对于道统谱系中人物之间所传的内容则未加涉及。朱子则明确了尧舜禹所传以及孔门所传的“心法”内容，并将之会通起来，赋予丰富的理论内容和哲学内涵。

朱子《中庸章句序》中指出尧传授给舜的口诀——“允执厥中”(20.1)以及舜传授给禹的口诀——“人心惟危，道心惟微，惟精惟一，允执厥中”③。其中后十六字(被后人称为“虞廷十六字”或“十六字心传”等)又被朱子称为“尧舜禹所传心法”(《语类》卷七十八，《全书》，2673页)。朱子在《中庸章句》的题解中又特别引程子之言说明：“此篇(即《中庸》)乃孔门传授心法，子思恐其久而差

---

① 参见陈逢源：《朱熹论孔门弟子——以〈四书章句集注〉征引为范围》，载《文与哲》第八期2006年6月；许家星：《“贬抑圣门”还是“察病救失”——论朱子孔门弟子之评的诠释意义》，载《哲学动态》2010年第6期。

② 朱子在《中庸章句》题解引程子的说法称：“子思恐其久而差也，故笔之于书，以授孟子。”《孟子序说》解释《史记》“(孟子)受业子思之门人”称“子思，孔子之孙，名伋。索隐云：‘王劭以人为衍字。’而赵氏注及《孔丛子》等书亦皆云：‘孟子亲受业于子思。’未知是否？”隐然有孟子亲受学于子思的倾向。

③ 出自《尚书·大禹谟》。此十六字清代阎若璩《尚书古文疏证》辨为制作伪《古文》的证据，认为其出《荀子·解蔽》所引《道经》(“人心之危，道心之微。危微之几，唯明君子而后能知之。”)，并将篇前“精于道”、“一于道”等语隐括为四字，然后续以《论语》“允执厥中”而成。今人对此多有辩论，怀疑其辨伪成果，甚至指出此说抄自梅鷟《尚书考异》卷二，乃“由作伪者缉拿作伪者”。(张岩：《审核古文〈尚书〉案》，北京：中华书局，2006年，209—214页)

也，故笔之于书，以授孟子。”[1]由此可见，朱子用“心法”将《中庸》与《尚书》中的“十六字心传”联系起来。

《中庸章句序》还指出《中庸》与“十六字心传”的相通之处在于：

> 其曰：“天命率性”，则道心之谓也；其曰：“择善固执”，则精一之谓也；其曰：“君子时中”，则“执中”之谓也。（《中庸章句序》）

即以《中庸》中“天命之谓性，率性之谓道”、“诚之者，择善而固执之者也”、“君子之中庸也，君子而时中”分别对应于十六字中的“道心惟微”、“惟精惟一”、“允执厥中”。

对于“道心”、“人心”，朱子称：

> 心之虚灵知觉，一而已矣，而以为有人心、道心之异者，则以其或生于形气之私，或原于性命之正，而所以为知觉者不同，是以或危殆而不安，或微妙而难见耳。然人莫不有是形，故虽上智不能无人心，亦莫不有是性，故虽下愚不能无道心。二者杂于方寸之间，而不知所以治之，则危者愈危，微者愈微，而天理之公卒无以胜夫人欲之私矣。（《中庸章句序》）

朱子以“生于形气之私”之“形”、“原于性命之正”之“性”来分别人心、道心，人皆有此形，亦皆有此性，二者混杂在心中，如果不知区别而加以对治，则人心愈加危殆不安，道心愈加微妙难见，人欲之私则战胜天理之公，人心汩没于人欲之私，不见天理之大公。由此可见，道心根源于性命之正，而可以达成天理之公，人心生于形气之私，而可以沦为人欲之私。朱子将道心对应于“天命之谓性，率性之谓道”正在于此道心即是原于性命，而“天命之谓性，率性之谓道”正谓“性”、“道”之本然。朱子章句称：

---

① 《中庸章句》。称《中庸》为“孔门传授心法”乃来自程颐的说法。据《二程外书》记载：“尹子曰：伊川先生尝言《中庸》乃孔门传授心法。”（《二程集》，北京：中华书局 1981 年版，第 411 页）值得一提的是，《论语集注》克己复礼章朱子也提到“传授心法”（12.1 注）。

天以阴阳五行化生万物，气以成形，而理亦赋焉，犹命令也。于是人物之生，因各得其所赋之理，以为健顺五常之德，所谓性也。(Z1 注)

人物各循其性之自然，则其日用事物之间，莫不各有当行之路，是则所谓道也。(Z1 注)

天地气化生成万物，同时理赋予其中，则其所生的人与物一方面即有形气之私于其中，另一方面又有天理之公与之俱在。其天理之所禀赋的阴阳健顺、仁义礼智信等“五常”就是人与物的本性，而人与物能够因循自身的本性而行即是道。从朱子对道心、人心以及对“天命之谓性，率性之谓道”的解释中，可以看出两者的一贯性：形气与性命皆与生俱来，故人皆有人心、道心，心顺乎性命则见天理之公，溺于形气则为人欲之私。顺乎性命之自然而行乃为道，存乎此心即为道心。

对于“精一”，朱子称：

精则察夫二者之间而不杂也，一则守其本心之正而不离也。(《中庸章句序》)

可见，精一在于精察人心、道心之间的分别，人心不是道心，道心不是人心，从而守一于道心之正，不容人心杂染于其中。此即是之所以能够达到“允执厥中”的工夫。朱子将之对应于“诚之者，择善而固执之者也”。朱子章句称：

未至于圣，则不能无人欲之私，而其为德不能皆实。故未能不思而得，则必择善，然后可以明善；未能不勉而中，则必固执，然后可以诚身，此则所谓人之道也。(Z20 注)

以诚为天理之本然，若未至于诚，则当选择善，明察善为何物，也即分别善与不善，则当固守于善而不失。从朱子对“精一”与“诚之者，择善而固执之者也”的解释中，可以看出两者的一贯性：分别道心之善与人心之不善，从而固守善心之正。

对于“执中”，朱子称：

从事于斯，无少间断，必使道心常为一身之主，而人心每听命焉，则危者安、微者着，而动静云为自无过不及之差矣。(《中庸章句序》)

通过“精一”的功夫，时时刻刻不间断，以人心时时听命于道心，从而一切行为举止都符合“中”的要求，不偏不倚、无过无不及。朱子强调此处的“中”，不是“喜怒哀乐之未发谓之中”之“中”，而是“时中”。朱子《文集》中有“答赵致道”一信，其中引赵致道的来信曰：

“人心道心”一章，其上三句，只循《中庸章句》叙说看，未有所疑。所谓‘允执厥中’之中，不知指何者而言？若言时中，恐于提纲挈领处未遽及此，若言未发之中，则所谓人心道心正是因已发而言，兼未发之时，亦难以言执，今欲于人受天地之中上看，未知可否？(《文集》卷五十九，《全书》，2866页)

赵致道对用“时中”、“未发之中”来会通“允执厥中”的“中”产生怀疑，并认为“允执厥中”的“中”乃为“人受天地之中”的“中”[①]。朱子虽没有明确否定用“未发之中”“天地之中”来会通“允执厥中”的“中”的说法，但却特别强调：

程子曰：“惟精惟一，所以至之；允执厥中，所以行之。”如此则所谓“允执厥中”，正“时中”之中矣。“惟精惟一”，正是提纲絜领处，此句乃言其效

① “天地之中”是刘子的说法。刘子即刘康公，名季子，周顷王的儿子，周匡王、周定王的弟弟，为东周诸侯国刘国开国君主。据《左传》记载，鲁成公十三年(周简王九年，公元前578年)，鲁成公及诸侯到王城洛邑朝见天子周简王，遂跟随刘康公、成肃公会晋侯晋厉公伐秦。成子在社坛受脤，不敬王室。刘子遂说出“吾闻之，民受天地之中以生，所谓命也。是以有动作礼义威仪之则，以定命也……今成子惰，弃其命矣，其不反乎”一番话。

耳。(《文集》卷五十九,《全书》,2866页)

朱子引程子所言说明了“惟精惟一”与“允执厥中”之间的关系是知与行的关系,而“中”则特别是通过精察、守一之后的效果,即是做到时时处在无过无不及的状态当中。朱子此处的“中”即是“中庸”之义。朱子解释“君子中庸”曰:

中庸者,不偏不倚、无过不及,而平常之理,乃天命所当然,精微之极致也。惟君子为能体之。(《中庸章句》题注)

解释“君子之中庸也,君子而时中”曰:

君子之所以为中庸者,以其有君子之德,而又能随时以处中也。……盖中无定体,随时而在,是乃平常之理也。君子知其在我,故能戒谨不睹、恐惧不闻,而无时不中。(Z2注)

从朱子对“执中”与“君子之中庸也,君子而时中”的解释中,可以看出两者的一贯性:时时处在不偏不倚、无过无不及的状态当中。“时中”相比“执中”特别包含了权的因素,可以说是对“执中”的更确切的表达。①

“十六字心传”与《中庸》之间的关系涉及到道心、人心与中和的关系问题。如李明辉认为,宋代道统论(主要指朱子)的文献根据之一是“《中庸》(尤其是首章‘中和’之说)”。② 陈良中追溯了“虞廷十六字”与《中庸》“中和”思想会通的历史,发现这种沟通最早见于司马光的《中和论》。其后,苏轼在《东坡书传》卷三中解释《尚书》中“虞廷十六字”时亦与《中庸》的“中和”思想联系起来。而林之奇在《尚书全解》卷四以《中庸》已发、未发对应人心、道心来论述执中之

---

① 《孟子》中有“子莫执中,执中为近之,执中无权,犹执一也。所恶执一者,为其贼道也,举一而废百也。”(7A.26)朱子解释称:“执中而无权,则胶于一定之中而不知变,是亦执一而已矣。”“为我害仁,兼爱害义,执中者害于时中,皆举一而废百者也。此章言道之所贵者中,中之所贵者权。”(7A.26注)

② 李明辉:《朱子对“道心”、“人心”的诠释》,蔡振丰编:《东亚儒学研究丛书3 东亚朱子学的诠释与发展》,台北:台湾大学出版中心2009年版,第75页。

道。陈良中还认为,朱子"《中庸章句序》会通了'虞廷十六字'与《中庸》'中和'思想,建构起一个圣圣传心的道统理论和儒学新的道统体系"。[①]

检朱子的《文集》《朱子语类》,只有一处讨论到这一问题。《朱子语类》中廖德明记录的窦从周与朱子之间的一段对话,其中有:

> 窦曰:人心者,喜怒哀乐之已发,未发者,道心也。曰:然则已发者不谓之道心乎?(《朱子语类》卷七十八,《全书》,2673页)

据此似乎可以确定,已发的不独人心,也可以是道心,未发、已发不能用来区别道心、人心。此段对话窦从周本人的记录为:

> 某(窦)说:道心者,喜怒哀乐未发之时,所谓"寂然不动"者也;人心者,喜怒哀乐已发之时,所谓"感而遂通"者也。人当精审专一,无过不及,则中矣。(朱子)曰:恁地,则人心、道心不明白。人心者,人欲也;危者,危殆也。道心者,天理也;微者,精微也。物物上有个天理人欲。(《朱子语类》卷七十八,《全书》,2673页)

据此可见,朱子不赞同通过"寂然不动"与"感而遂通"的对立来分别道心、人心(如此"则人心、道心不明白"),而赞同从天理与人欲对立的角度来分别。据此并不能完全确定朱子反对"未发"与"已发"对立来分别道心、人心。朱子在其他场合说:

> "寂然不动",众人皆有是心;至"感而遂通",惟圣人能之,众人却不然。(《朱子语类》卷九十五,《全书》,3179页)

可见,朱子的看法和通过"寂然不动"与"感而遂通"的对立来分别道心、人

① 陈良中:《"十六字心传"理论的形成及内蕴》,《兰州学刊》2007年第4期。

心的看法恰好相反，即“寂然不动”似是人心，而“感而遂通”似是道心。

朱子以《中庸》的思想会通“十六字心传”，从而使尧舜禹所传心法与孔门传授心法贯通起来，一方面指出了道统的具体内容，另一方面，使《中庸》成为更具“时中”性的新经典。

朱子在《四书章句集注》中提出的道统论，相比韩愈的道统论而言，不仅在道统谱系上更加明确化，而且对道统内容作了极大的丰富，更重要的是在哲学的高度上将尧舜禹所传心法与孔门传授心法会通起来。

二、“心统性情”——心性的发明

“心统性情”是朱子心性论的大纲。“心统性情”四字，是张载最先提出的，而其中蕴含的思想则是朱子所赋予的。朱子对此四字的体会是经过一场翻天覆地的思考战斗的，也就是朱子对“中和”说的探讨。对“中和”说的思考孕育了朱子哲学中心性论的体系。

> 喜、怒、哀、乐，情也。其未发，则性也，无所偏倚，故谓之中。发皆中节，情之正也，无所乖戾，故谓之和。(Z1 注)
>
> 恻隐、羞恶、辞让、是非，情也。仁、义、礼、智，性也。心，统性情者也。端，绪也。因其情之发，而性之本然可得而见，犹有物在中而绪见于外也。(2A.6 注)

“性”字在“四书”当中分布并不均匀。《论语》中记载子贡说孔子罕言性与天道。朱子自从确立了“心统性情”的心性论大纲，就以这种话语结构来对四书当中的有关内容进行了深入而详尽的分析。

在朱子的话语体系当中，心具有两个层面，也就是朱子所理解的“心统性情”中“性”的层面和“情”的层面。就对于“心”的不同表述，道心、圣人之心、本心等属于性的层次，人心、私心、利心等属于情的层面。心是一心，溺于情、欲、私、利则是人心；发明出其本心、圣人之心则为道心。

性	道 心	本 心	公 心	
情	人 心		私 心	利 心

下面就以本心、私心为例说明其中所蕴含的新的义涵。

1. 本心

“本心”的表述在四书中仅一见，即《孟子》6A.10章“失其本心”一词，而“本心”二字并不像“不忍人之心”、“良心”等是孟子的基本话语。“本心”在《孟子》中只是偶然的连接在一起，表达的是类似于初心一样的东西。孟子在上下文要说明“舍生取义”的道理。本来宁肯身亡都不接受，现在为了住宅、妻妾等却接受了，这样就失掉了“本心”。这种“本心”，朱子解释为“羞恶之心”，即孟子所说的“羞恶之心，义之端也”。

然而，“本心”在朱子的话语体系当中则成为一个固定词汇，指人本来所具有的善心。朱子还用“本心”来解释“仁”的内涵，如“仁者，本心之全德”。

巧言令色，鲜矣仁！(1.3)

好其言，善其色，致饰于外，务以悦人，则人欲肆而本心之德亡矣。(1.3注)

在朱子的话语体系当中，仁乃人本性所固有，又是本心之全德，即是天理的体现。由此可以判断，“巧言令色”则与仁相反，必为“人欲”。仁作为本心之德回归到自身，那么巧言令色则修饰于外，专门取悦别人。

《论语》有：

里仁为美。择不处仁，焉得知？(4.1)

里有仁厚之俗为美。择里而不居于是焉，则失其是非之本心，而不得为知矣。(4.1注)

此处暗以本心为仁，可以说是朱子在串讲过程中用新的话语来代替的一种方式。“仁”的涵义非常丰富，不能够切身体会则很难准确把握。所以朱子采用“本心”一词来对应仁的涵义。这也是对孟子以心训仁的继承与发展，将仁理解为一种心的全德是朱子在概念诠释上的特色。以本心为新话语成为朱子解释当中的特色。又如：

不仁者不可以久处约，不可以长处乐。(4.2)

不仁之人，失其本心，久约必滥，久乐必淫。惟仁者则安其仁而无适不然，知者则利于仁而不易所守，盖虽深浅之不同，然皆非外物所能夺矣。(4.2 注)

仁的人保有其本心，不仁的人则自然丧失其本心。本心是爱人之心，是大公无私之心。一个能够从自私之心当中解放出来的人才可以称之为具有仁。无自私之心，做事就能够全然大公，符合天理道义的要求。如果计较厉害得失，也就自然不是仁人志士了。在一定的语境下，即使没有仁，朱子也以本心解释。如：

人少，则慕父母；知好色，则慕少艾；有妻子，则慕妻子；仕则慕君，不得于君则热中。大孝终身慕父母。五十而慕者，予于大舜见之矣。”(5A.1)

言常人之情，因物有迁，惟圣人为能不失其本心也。(5A.1 注)

此本心并非即是仁，指不以外境的不同而转移之心。

2. 私心

仁的境界从正面来说是“心之德”或者“本心之全德”，那么从反面来说就是“无私心”，即

仁者，无私心而合天理之谓。(6B.6 注)

据说这种看法是来自朱子的业师李侗：

> 愚闻之师曰："当理而无私心，则仁矣。"(5.18 注)

仁的境界并不容易说清道明，特别从正面很难表明仁是什么。到底仁是什么，更多是一种体验，对于那种达到心的体验的人来说并不是什么困难的事。在理解的意义上说，正面的传达总是藉由着传达者与接收者之间一定的共识。对于本身属于经典中的"心"、"德"来说，也是需要进一步定义与理解的。"无私心"的说法朱子是从李侗处耳闻所得，其中蕴含着朱子的深切的体会。在一定意义上讲，"无私心"比"心之德"的说法更容易让人理解，更能符合当时人的话语结构。"无私心"的讲法在反面否定的意义上说明"仁"的道理，其中蕴含着深刻的解释价值。"仁"的境界是一种心理体验，是一种心不受私欲束缚而无不合乎当然之理的状态。这种境界既看不到，也摸不到，并不能像传达一个具体的东西一样非常容易地传达给别人。比如，说"苹果"，只要是见到、吃过苹果的人都知道什么是苹果。虽然语言与所指之间还是有距离的，但是所指毕竟是一种明确的东西。然而抽象的东西，特别是像"仁"这样一种需要人不断从事生命修炼才能够达到的境界，所指就无法十分明了。不同人所见不同，看法自然会有异。为了能够较为准确地传达出这种难以明确化的心理体验，朱子基于自己对"仁"的体会，以不同的话语体系传达经典中的本来意蕴。"无私心"正是表达了这样一种情况。"私心"说法，古已有之。① 但在朱子的话语体系中，"私心"是心的一种显现，为私欲所遮蔽而怀有利己之心即是私心，是"本心"的反面。"无私心"就是说明没有这种私心，那么判断是不是"仁"，就有了一个反面的标准，那就是判断有没有"私心"。学者在生命修炼的过程当中，可以自己审查自身，在面对是非、义利等时候，是不是有所谓的"私心"。这种反求诸己当然也是朱子在《四书章句集注》中不断强调的，从另外一个方面为学者提供了一种可以自我反省而能够达到"仁"的境界的方法。

---

① 《列子·天瑞》："国氏之盗，公道也，故亡殃；若之盗，私心也，故得罪。"

朱子一生对于“仁”的意义与别的学者进行了长久的辩论。一方面是因为不同的人对“仁”的体会不同，看法自然各异，另一方面还说明对“仁”的体会有一定的层次。朱子相信，“四书”背后的孔、颜、曾、思、孟等人是达到了仁的境界的。在他们身上，仁的看法是统一的，朱子在《四书章句集注》中追求了对“仁”的境界理解的一贯性。朱子协调了不同的“仁”的概念后面的矛盾，使之具有一贯性与统一性。

《论语》5.18 中讲了两个人的情况：一个是楚国的令尹子文，在令尹的位子上三起三落，三次出任没有喜悦，三次罢免也没有恼怒，罢免之后，仍然尽职尽责将过去任职的情况告诉了接任他的新令尹。另一个是齐国的大夫陈文子，因为齐国大夫崔杼谋杀了齐庄公，陈文子放弃了他在齐国拥有的十辆马车，离开了齐国，来到别的国家，看到别的国家也如齐国一样，有类似齐国崔杼一样的人，就又离开了，又到别的国家，又因为同样的原因离开了。子张觉得这两个人都已经达到仁的境界，而孔子则否定他们两人达到了“仁”的境界。子文只是忠诚，而陈文子只是清廉罢了。这里的字面意义到此为止，但是如果探究其深层涵义，那么就会有这样的问题：为什么两个人没有达到仁的境界，到底什么是仁的境界呢？就文本的意义上，孔子已经说明“忠”、“清”不是仁。朱子在注释当中则更要说明什么是仁，而为什么两个人没有达到呢？前者“未知其皆出于天理而无人欲之私也”，后者“未知其心果见义理之当然，而能脱然无所累乎？抑不得已于利害之私，而犹未免于怨悔也。”朱子使用“天理”（义理之当然）、“人欲”（利害之私）的解释框架来说明，说明两个人的心并没有都符合道义本身，不是没有自己的私欲夹杂在其中。所以朱子引用李侗的话“当理而无私心，则仁矣”，作为判断是否达到仁的境界的标准。

> 今以是而观二子之事，虽其制行之高若不可及，然皆未有以见其必当于理，而真无私心也。（6B.6 注）

两个人的行为看似高不可攀，难以做到，但是仁的标准则不是“忠”、“清”。仁者无私心，仁者能够“忠”、“清”，但能忠、能清则未必能仁。朱子进而考证出

“子文之相楚，所谋者无非僭王猾夏之事。文子之仕齐，既失正君讨贼之义，又不数岁而复反于齐焉”来说明子文有“僭王猾夏”之私心，而陈文子所为不能当于“正君讨贼”之理。朱子正是通过说明两个人有私心的反面判断来说明两个人没有达到仁的境界。

三、“天理流行”——本体的树立

不难发现，《四书章句集注》中“天理”一概念具有绝对的统摄力。例如，对“四书”原文中的概念，每每以“天理”来诠释。比如，解释“道”：

道者，天理之自然。(2A.2 注)。

道者，天理之当然，中而已矣。(Z4 注)。

解释“性”：

性者，人生所禀之天理也。(6A.1 注)。

性者，人所受之天理。(5.12 注)。

解释“礼”：

礼者，天理之节文，人事之仪则也。(1.12 注)。

礼者，天理之节文也。(12.1 注)。

解释“义”：

义者，天理之所宜。(4.16 注)。

解释“诚”：

诚者,真实无妄之谓,天理之本然也。(Z20 注)。

解释"天道":

天道者,天理自然之本体,其实一理也。(5.12 注)。

解释"法":

法者,天理之当然者也。(7B.33 注)。

从这些简单的罗列就可以看出天理是概念诠释中最为活跃而重要的一个概念。实际上,天理在朱子的话语体系中是用来代替原文话语的一个万能话语。天理这一概念之所以重要,就在于它代表了新话语体系的一个核心话语。通过这一话语,四书原文的内涵不仅得到了深刻的理解,而且更是将各种思想有条理地统一起来。

不难发现,《四书章句集注》所出现的天理,往往与人欲或私欲对举,表现出天理与人欲对立的解释框架。这一点在下章专门讨论。此处仅试分析一下天理与其所诠释的对象之间的关系。

不必讳言,天理在思维内涵上是借鉴自华严宗中理的概念。华严宗中并没有天理这一概念,只有理事两个概念,以及由此形成的四法界:事法界、理法界、理事无碍法界、事事无碍法界。华严宗理事概念的目的在于论证出事事无碍的境界来。以金狮子为喻,事法界说明从世俗的角度来看,不同的事物之间都是有差别的,相互之间并没有统一性,就好比看到金狮子有眼耳鼻舌身等,眼与耳鼻舌身个个不同。理法界说明从实相的角度来看,虽然看似有着不同的差别事物,在本质上则是统一的,并没有种种差别,一切差别事物都是真如实在的显现,就好比金狮子是用金子打造的,眼耳鼻舌身等虽看似不同,但本质上都是金子。理事无碍法界说明从世俗与实相两个角度同时来看,虽然存在一切差别事物,但本质上又都是真如实在,两者之间并不相妨碍,就好比金狮子虽然是金子,但是也同时显现为眼耳鼻舌身等相,金体与狮子相共存无碍。事事无碍法界说明带着事事无碍的理解重新回归世俗的角度,那么这里就有一个否定之否定的看法,看法又更进了一层,也就是既然一切差别事物都是真如实在的显现,一切差别事物也可以与真如实在等同起来,这样一切差别事物之间也就可以相通了,一差别事物也进而就是一切差别事物,就好比金狮子的眼是金子,鼻也是金子,舌也是金子……眼就是鼻,眼就是舌……从而金狮子也是金子,那么金狮子的眼也就是金狮子,耳鼻舌身也是如此,进而金狮子一一毛孔皆有无量无边金狮子。这种大中有小,小能函大,一即一切,一切即一的境界就是华严宗所追求的最高境界。

理学的理的目的并不是要抹杀一切具体事物之间的差别,而是根据儒家的“有差等”的基本原则,只是强调理的至上性以及其所具有统摄一切的属性。华严宗的理是统一的,无差别的理。而理学的理则是事事物物皆有其理,这样统一的、无差别的理就成为天理。在《四书章句集注》当中,理与天理的使用是有严格的区分的,只有在最高意义层面上才是天理。一般的理只是在事事物物皆有其道理的意义上使用。理是《四书章句集注》中最富时代性的新话语之一。比如,朱子以理来解释天,以爱之理来解释仁等,体现出明显的具有时代特征的概念替换。

无人欲之私。在朱子看来,天理与人欲截然相反相对。在天理的地盘上容不得半点人欲,相反在人欲的领地中也不可能找到半点天理。所以要达到天理就不能容半点人欲,只有人欲尽处方是天理。朱子特意用存天理灭人欲的解释模式来解释克己复礼为仁是有深意的。如:

克去己私以复乎礼,则私欲不留,而天理之本然者得矣。(14.2注)

在朱子看来,仁的境界就是至大至公的境界,在这种境界中,己私是不容许存在的。一旦容许己私的存在就没有做到天理的要求。朱子特别强调:

盖必其有以尽夫天理之极,而无一毫人欲之私也。(D0注)

要尽到天理之极，也就是人欲尽处。己私总是与利益关系密切，天理与人欲是君子与小人，义与利等的判断标准。所以利益也与天理截然相反。如：

> 然所谓利者，岂必殖货财之谓？以私灭公，适己自便，凡可以害天理者皆利也。（6.11 注）

为人处事，大公无私就是天理，凡是捏着掖着为了自己就都是为了利益，也就是以己私之欲灭天理之公。《孟子》中说孔子作《春秋》，朱子亦特别强调孔子作《春秋》的目的在于存天理灭人欲：

> 知孔子者，谓此书之作，遏人欲于横流，存天理于既灭，为后世虑，至深远也。（3B.9 注）

存天理灭人欲其实就是仁的境界，所以孔子作《春秋》自然也是为了体现仁的根本精神。朱子指出，天理与人欲虽然截然相反，但实际上是同一条道路的两头。如：

> 盖钟鼓、苑囿、游观之乐，与夫好勇、好货、好色之心，皆天理之所有，而人情之所不能无者。然天理人欲，同行异情。循理而公于天下者，圣贤之所以尽其性也；纵欲而私于一己者，众人之所以灭其天也。二者之间，不能以发，而其是非得失之归，相去远矣。故孟子因时君之问，而剖析于几微之际，皆所以遏人欲而存天理。其法似疏而实密，其事似易而实难。学者以身体之，则有以识其非曲学阿世之言，而知所以克己复礼之端矣。（1B.5 注）

无论是圣人还是一般人，都是具有天理的，关键是能不能复归天理而不落于人欲。在朱子看来，以音乐、美景、游玩为乐，并且喜好勇敢、财货、美色本身并没有任何错误，也是符合天理的，这也是人之常情，没有必要加上什么价值判断，即使是圣人也可以这样的。这些乐趣与喜好如果出于已私,其性质就是人欲;如果是出于大公之心,那就符合天理。两者之间区别甚微,但实际上则相去甚远。

天理之本然。从朱子的话语来看,天理还有自然、当然、本然等不同区分。实际上自然、当然、本然之间并没有明确的区分。比如朱子将道称之为天理之自然,但同时也称为天理之当然。既然将道作为天理之当然,也将法作为天理之当然。如果说道的概念用更具时代性的话语理来界定,那么对于诚这一概念则可以说,用诚这一概念来规定理的内涵,并不完全是一种界定关系。朱子指出:

> 诚者,真实无妄之谓,天理之本然也。诚之者,未能真实无妄,而欲其真实无妄之谓,人事之当然也。圣人之德,浑然天理,真实无妄,不待思勉而从容中道,则亦天之道也。未至于圣,则不能无人欲之私,而其为德不能皆实。故未能不思而得,则必择善,然后可以明善;未能不勉而中,则必固执,然后可以诚身,此则所谓人之道也。不思而得,生知也。不勉而中,安行也。择善,学知以下之事。固执,利行以下之事也。(Z20注)

《中庸》的核心思想中除未发已发、时中等外,诚也是一个至为重要的概念。在道统的建构之下,《中庸》的思想在时中精神的引领下皆与天理人欲的新话语发生了密切的联系。在一些理学家的话语中,诚具有更为本体的地位,这一点显然不是空穴来风。在朱子的话语体系当中,诚的地位显然没有高过理的地位,但是诚的确也是一个不折不扣的本体性概念。朱子特别用诚的思想来对天理进行了规定。朱子采用二程对诚概念的界定,将之理解为“真实无妄”。这样,天理的状态就是真实无妄的状态。圣人的境界就处在完全都是天理的状态,彻底地真实无妄,不掺杂一丝虚假。这样的境界是一种自然的真实无妄的状态,没有通过刻意的努力就达到了自发无为的时中状态。如果还没有达到诚的状态,也就是还处在“诚之”的过程当中,天理便会有时而灭,不可能脱离了人欲的束缚,这样就要发挥存天理灭人欲的工夫,要选择善道,要坚持不懈地进行努力，逐步达到真实无妄的境地。

存天理。天理是本体的，无时不在，无所不在的。要认识天理，其方法就是一个“存”字。朱子曾讲到要“存天理之本然”，“遏人欲而存天理”等。《孟子》中有言：

人之所以异于禽于兽者几希，庶民去之，君子存之。舜明于庶物，察于人伦，由仁义行，非行仁义也。(4B.19)

朱子注为：

尹氏曰：“存之者，君子也；存者，圣人也。君子所存，存天理也。由仁义行，存者能之。”(4B.19 注)

朱子借尹焞之口在此特别说明存的是天理。这显然是对《孟子》原文做出富有时代性、创造性的解释。这里分别是存与存之的不同，分别对应于君子与圣人。圣人的境界是与天理为一，圣人之心即完全是天理了，但作为仍然需要用工夫的君子来说，虽知天理为本来就具有的，但是仍然需要用存的工夫才能够使得天理常存。朱子还指出：

此承上章言舜，因历叙群圣以继之；而各举其一事，以见其忧勤惕厉之意。盖天理之所以常存，而人心之所以不死也。(4B.20 注)

圣人之所以为圣人也是通过工夫才成就的，所以圣人个个发挥其所能而成就之，如：

禹恶旨酒而好善言。汤执中，立贤无方。文王视民如伤，望道而未之见。武王不泄迩，不忘远。周公思兼三王，以施四事；其有不合者，仰而思之，夜以继日；幸而得之，坐以待旦。(4B.20)

正是通过这些工夫，圣人们才能使天理常存。也正因为普通人没有这些工夫，所以人心不死，而常有人欲。

性与天理。在朱子看来，性与天理是相通的。如，朱子将性定义为“人生所禀之天理”(6A.1注)或“人所受之天理”(5.12注)。在这个角度上，朱子将人物之性与天地之理沟通起来。性具有仁义礼智四德，无有不善，这是由天所禀赋的。由此推出了性善之论。如：

言水诚不分东西矣，然岂不分上下乎？性即天理，未有不善者也。(6A.2注)

天理至善，赋予人则为性，人性从而亦无有不善。

人伦与天理。人与天本不相同，朱子则用天人合一的框架将两者沟通起来，从而使得人伦即是天理。儒家特别重视人伦的重要性，朱子亦将之推及到天理的地位上来讨论。

此章言为士者，但知有法，而不知天子父之为尊；为子者，但知有父，而不知天下之为大。盖其所以为心者，莫非天理之极，人伦之至。(7A.35注)

孟子弟子给孟子出了一个二难的假设：舜的父亲如果杀了人，那么作为执法官的皋陶该怎么办呢？舜以大孝著称，贵为天子，虽然喜爱他的父亲，但是却不可以以私害公，皋陶作为执法官，虽然公正严明，但是却不可以缉拿天子的父亲。孟子的回答说明了舜与皋陶皆为圣人，则处事皆要符合天理。对于皋陶，以秉公执法为天理，即便是舜的父亲，亦要缉拿归案。对于舜，以孝之人伦为天理，故背负其父亲逃之，抛弃天下就好像抛弃草芥一样。朱子据此分析认为，两个人的用心都是符合天理的法则的。

故君子不可以不修身；思修身，不可以不事亲；思事亲，不可以不知

人；思知人，不可以不知天。(Z20)

为政在人，取人以身，故不可以不修身。修身以道，修道以仁，故思修身不可以不事亲。欲尽亲亲之仁，必由尊贤之义，故又当知人。亲亲之杀，尊贤之等，皆天理也，故又当知天。(Z20 注)

朱子在这里根据《中庸》的原文将为政到知天的内在逻辑展现出来。为政——修身的内在逻辑为"为政在人，取人以身"；修身——事亲的内在逻辑为"修身以道，修道以仁"；事亲——知人的内在逻辑为"欲尽亲亲之仁，必由尊贤之义"；知人——知天的内在逻辑为"亲亲之杀，尊贤之等，皆天理也"。实际上，其中后两节的逻辑并不严密，事亲——知人的逻辑终点应该为知人，而非尊贤之义，知人——知天的逻辑起点应为知人，而非由事亲引出的亲亲之仁。朱子将事亲与仁义等同起来，事亲之人伦皆上通天理。由此显见朱子将人伦即是天理的解释前提，其中用具有本体地位的天理抬高了人伦的地位。

天理流行。在朱子的设想中，理想的圣人境界就是人欲尽处，天理流行。如：

曾点之学，盖有以见夫人欲尽处，天理流行，随处充满，无少欠阙。故其动静之际，从容如此。而其言志，则又不过即其所居之位，乐其日用之常，初无舍己为人之意。而其胸次悠然，直与天地万物上下同流，各得其所之妙，隐然自见于言外。(11.25 注)

孔子赞成曾点，就是因为曾点看到了圣人的境界，那种灭除了人欲，唯有天理流行的至大至广的仁的境界。在《论语》克己复礼章，朱子指出：

私胜，则动容周旋无不中礼，而日用之间，莫非天理之流行矣。(12.1 注)

要做到克己复礼，那么就要非礼勿视听言动，人心是之所以能克己复礼的关键。朱子将克己解释为胜私，那么战胜私欲就能够使得自己的行为从心所欲无不符合礼的要求。礼在朱子看来是天理之节文，礼就是天理的一种表现，所以战胜私欲就能够实现天理的流行。天理的流行就是达到大公无私、光明磊落的状态，处事为人皆出于无私。天理的流行使得天理无所不在而人欲无所在。人们在日常行为当中，没有违反礼所要求的任何规范，一切所作所为都摆脱了私欲的束缚，这样理想的社会就是人人都符合天理的要求。

子曰："天何言哉？四时行焉，百物生焉，天何言哉？"(17.19)

四时行，百物生，莫非天理发见流行之实，不待言而可见。圣人一动一静，莫非妙道精义之发，亦天而已，岂待言而显哉？(17.19注)

由此可见，在朱子看来，天理的流行是一种自然而然的状态，与言语并没有很大的关系。一般人往往执着于言语，通过言语来体察圣人的境界，实际上，圣人的境界与天理的流行并无区别，圣人的境界就是处在天理流行的状态当中。天理流行并不依赖于语言，如果仅仅得到了他的语言，对天理并没有体察，这可以说是舍本逐末。朱子在这里将四时的变化运行、百物的生长发育都看作是天理流行的产物，其中都可以看到天理流行的实际之处。这些四时的变化运行、百物的生长发育都不是靠语言来显现的，圣人的动静举止与大自然的变化一样，都是自然而然的。

依于仁。(7.6)

依者，不违之谓。仁，则私欲尽去而心德之全也。功夫至此而无终食之违，则存养之熟，无适而非天理之流行矣。(7.6注)

不违于仁，达到一种纯熟的地步，没有片刻违反仁所要求的，那么就可以达到天理流行的境界了。天理流行的境界是一种处在自发的无私状态，是朱子所设想的一种纯然的圣人境界。

四、“圣人之心”——境界的体察

圣人是儒家追求的理想人格。对什么样的人是圣人自然会有多种方式的描述。在朱子看来，圣人能够将仁义礼智四端彻底光大出来，完全解脱了私欲的束缚，达到了天理的大公无私。然而圣人具体在应对各种情形的时候又是如何呢？这就是要对圣人境界做出体察。朱子《四书章句集注》中特别注重体察圣人之心，可以说企图通过对圣人之心的体察，从而了解圣人在言行上的深层道理。对圣人之心的体察形成了一种明显区别于之前儒家的新的话语体系。不必讳言，这种对圣人之心的体察与禅宗对开悟境界的描述有着一定的相似性。当然，圣人之心自然不同于开悟境界，是经过儒家内圣外王，大公无私等思想的重新打造的。其内容与儒家思想的其他方面关系密切，形成一个有机的整体。

朱子对圣人之心有一个大概的描述，如：

> 盖圣人之心，至虚至明，浑然之中，万理毕具。一有感触，则其应甚速，而无所不通。(7A.16 注)

在朱子看来，圣人之心具有三个特性：其一，虚明之体；其二，具足万理；其三，随感而应。

虚明之体。心体至虚至明，譬如明镜止水，可以原原本本反映出其面前的一切事物，不加以修改歪曲。颜回之所以能够“不迁怒”，朱子引二程之言注为：

> 又曰：“喜怒在事，则理之当喜怒者也，不在血气则不迁。若舜之诛四凶也，可怒在彼，己何与焉。如鉴之照物，妍媸在彼，随物应之而已，何迁之有？”(6.2 注)

一般来讲，喜怒是个人的心理状态，这里则将喜怒赋予事物，以为事物据理本身就具有了喜怒。这样，于理当喜则喜，当怒则怒，完全表现出一种不动于中的喜怒。之所以能够达到这样的不动心状态，就是要心如明镜，所反映的对象或美或丑都是对象自身所具有的，对于镜子而言，如果是美的就反映其美，如果是丑就反映出其丑。什么是美是一个非常复杂的问题，是纯粹客观的，还是客观与主观的结合不是我们这里要讨论的话题。此处的引文显然表达出美作为一种客观的存在，是否是美完全是符合理的，圣人之心就是完完全全地对之做出不加修饰改造的反映。之所以能够这样是因为圣人之心本身是虚明之体，虚才能够接纳，明才能够反映。

具足万理。圣人之心就是天理。天理是什么样子的，圣人之心就是什么样子。理是圣人之心随感而应的标准。如果说圣人之心在至虚至明以及能感能应方面与禅宗所言有一定的相似性，那么在具足众理上则显然具有其自身的独特性。孔子曾说“吾道一以貫之”，朱子注为：

> 圣人之心，浑然一理，而泛应曲当，用各不同。(4.15 注)

实际上，从此处可以明显看出，朱子对圣人之心的体察实际上也是理一分殊的解释格局。圣人之心本身是一理，反映到各种事物之上则是用各不同。

> **子曰：“饭疏食饮水，曲肱而枕之，乐亦在其中矣。不义而富且贵，于我如浮云。”(7.15)**
>
> 圣人之心，浑然天理，虽处困极，而乐亦无不在焉。其视不义之富贵，如浮云之无有，漠然无所动于其中也。(7.15 注)

这里将圣人之心与天理等同起来，将圣人的境界与天理沟通起来，以为圣人之心就是完全透彻地认识到天理。

随感而应。《易经》中的“寂然不动，感而遂通”常常用来形容圣人的境界，其实就与圣人之心的关系密切。“寂然不动”形容至虚至明的心之体，“感而遂通”形容随感而应的心之用。前面提到，朱子认为“寂然不动”类似人心，普通人也具有，而“感而遂通”则类似道心，非圣人不能。比如：

圣贤之心无所偏倚，随感而应，各尽其道。(4B. 29 注)

圣人之心贵在能够在处理事情的时候“无所偏倚”，也就是保持中庸的尺度，“随感而应”，也就是要时中，“各尽其道”，也就是符合事物自身的规律性。此处可以看出朱子在道统体系下，以中庸的思想统摄了一切相关思想，心性、天理、工夫、境界等都可以与时中的思想结合起来。

此章言圣贤心无不同，事则所遭或异；然处之各当其理，是乃所以为同也。(4B. 29 注)

圣人之心无有不同，但是所处的环境则必然有所不同，这样就要把握随感而应的时中精神，所处皆要符合天理的法则。圣人们在这一点上都是相同的。

孟子曰：“舜之饭糗茹草也，若将终身焉；及其为天子也，被袗衣，鼓琴，二女果，若固有之。”(7B. 6)

言圣人之心，不以贫贱而有慕于外，不以富贵而有动于中，随遇而安，无预于己，所性分定故也。(7B. 6 注)

舜的境界正是一种时中而随感而应的状态，贫贱的时候，吃很差的饭，也不羡慕别人，终身如此也欣欣然。后来成为天子，穿的用的丰足，亦有闲情逸致，并且有两位妻子陪侍，也没有洋洋得意，仿佛本来就应该如此。

小结

朱子建构的话语体系结构严谨，以天理作为其核心话语。本章分道统、心性、本体、境界等四个方面来分析论述，可见朱子在解释的各个方面都采用了新的话语形式。总的来说，又皆可以统摄在“天理”这一最富时代特征的话语之下。

“道统”一词为朱子率先使用，其思想内容亦是朱子赋予的。道统内容具体来说有三个方面：一是尧舜禹所传的“十六字心传”；二是作为孔门传授心法的《中庸》；三是肇始于二程的存天理灭人欲的思想。这三方面都贯穿了天理。“十六字心传”所传的“道心”即是天理。《中庸》中“天命”、“择善”、“时中”也都与天理有关。[①] 简单来说，道统所传的道就是天理。朱子在心性上亦使用了新话语，如朱子用本心、私心等来解释仁。仁是本心的全德。仁的境界即是“人欲灭尽，天理流行”的境界。达到仁的境界，就不会有私心，而处处皆符合天理的要求。在本体上，朱子更树立了天理的绝对地位。四书中的重要概念，如道、性、礼、义、诚、天道、法等皆被置于天理的统摄下来诠释。在圣人境界的体察上，朱子重点体会圣人之心。圣人之心可以完全透彻地认识到天理，随处感应，亦无不符合天理的要求。

朱子建构的话语体系符合时代的要求，是儒家思想“时中”的体现。朱子继承北宋以来形成的新话语，并使之更加完善与体系化。新的话语体系适应儒学思想的发展需要，将更多更新的思想吸收到儒学当中来，丰富了旧有的思想。新的话语更能够符合当时人理解的结构与习惯，能够较深地触及当时人的心灵。当旧有的话语在人们心中仅仅作为一种干瘪的语词存在时，用人们熟知或能够轻易理解的新话语对之进行解释是必要的。特别是当一种理论被僵化与教条化之后，要突破这种理论的局限性，引入与创造更新的话语则能够使旧有的理论焕发新的活力。新的话语就好像一个新的瓶子，重新装了原来的旧酒。旧的瓶子有了裂缝，不仅不能勾起人们啜饮的期望，而且有旧酒洒落的危险。重新换一个新的瓶子来装，或许能够重新唤起人们狂饮的饥渴。用新的瓶子装旧酒的时候，或许还可以往旧酒里加入一些新的味道，使得品尝起来口味迥异。

---

① 参见本书第四章“解释框架”中“天理—人欲”一节。

朱子建构话语新体系来解释“四书”原文，是儒家思想的新发展。朱子话语体系使用的话语亦是其理学思想使用的话语。朱子是在其理学思想的支配之下对“四书”原文进行解释的。朱子的话语体系是综合“四书”原文、“四书”的历代解释，特别是宋儒对“四书”义理的发挥基础之上形成的。朱子在长期对这些话语的揣摩当中发展出其严密的理学体系，也同时赋予这些话语精确的义涵。朱子对“四书”原文的解释即是通过这些新的话语对“四书”原义进行重构。朱子对“四书”的解释不仅要传达出“四书”文本的原义，而且要用新话语对其中所蕴含的真理内容进行重构，从而揭露出文本皮肤下面再次涌动着鲜活的真理血液。

朱子的话语体系具有极强的融贯性，在整个《四书章句集注》中是“一以贯之”的。朱子对《四书章句集注》中的话语进行了高度的凝炼，形成了一整套结构严谨的体系。“四书”文本本身不是统一融贯的，各有各的侧重，义理上也不是完全没有分歧的。朱子则以融贯的思想将之熔为一炉，彼此之间相互融通。在具体解释上，相互渗透。如解释《大学》的“大学”为“大人之学”，即以《孟子》中“大人”来解说。《论语》1.1章中的“先觉后觉”也用《孟子》中伊尹的说法。而《孟子》中的“尽心知性”则又用《大学》“格物致知”来解说。朱子在《四书章句集注》中贯穿了其道统思想、心性思想、天理思想等。朱子站在一个义理统一的高度上来审视对所有具体“四书”文本的理解。朱子用来实现这种融贯性与其打造的话语体系又息息相关。朱子承袭北宋儒学发展所形成的新话语(其中部分也是在打造“四书”概念中形成的)，同时也将“四书”中的话语进行改造，将此种新旧话语合二为一。如“仁”概念就是朱子要解释的对象，不是朱子话语体系的一部分，而朱子在解释“仁”概念时则用了一系列新的话语，如“本心”、“私心”、“全德”、“天理”、“人欲”等等。

朱子对“四书”的解释虽然力求文本的本义，但却特别体现了其理学思想。朱子站在义理统一的角度对“四书”进行解释，朱子的解释不仅要融通“四书”之间的差异，而且要融通“四书”与二程及其后学思想之间的差异。当然朱子是站在自己的立场上，通过自己对一切的理解而达到这种一贯性的。朱子对“五经”的解释与对“四书”的解释是不同，他在五经学上力求能够抛弃传的影响而力求其原本意义，虽然也是基于其理学立场，但是在理学色彩上则显然不若四书学浓重。也就是说，朱子对“五经”的解释个个不同，对不同经的解释追求也不尽相同。虽然朱子有较为完整的五经思想，但并没有对“五经”都作出注解（《书》委任蔡沈完成，《纲目》在五经学中起着《春秋》学的特殊作用。[①]）朱子在“五经”上显然没有像其“四书”一样融贯理学思想而具有高度的一贯性与统一性。

① 束景南：《朱子大传》，第1022页。

第四章 《四书章句集注》的解释框架

在经典的解释过程中，对文本的解释往往会根据主体的思维结构进行组织。主体的思维结构成为解释文本的潜在分析手段。分析与认识世界的思维结构往往是二元结构。二元结构本身是思维所具有的，又是为语言所具有的。语言成为思维的外化形式。思维对事物的认识首先是通过分析的方法来认识的，其最高的抽象就是二分法。在现实世界中，本难以找到彻底对立的二元事物。如，白与黑是两种似乎是势不两立的抽象，白天与黑夜却并非是截然的割裂。从一个人的实际体验就可以知道，无法划出一个截然的时间线，从而此前即为白天，此后即为黑夜。然而二分对立的分析方法可以说是一切分析方法的根本。人的思维的这种二元结构决定了人在解释文本的过程中也不可避免渗透着这样的解释框架。解释框架就是在解释经典过程中所使用的分析框架。①

在解释的过程中，二元分别不仅是解释者所具有的解释框架，本身亦体现在被解释的文本当中。解释就像是一个解剖的过程，把一个看似整体的文本用某种手段进行分解。分解的手段本身可能就是取自文本的，以此体现出解释过程与解释对象的统一。作为分析手段的解释框架往往就像一把尺子，以此度量出解读对象的真正长短，又好像密码，以此可以解密出解读对象的真实内容。解释框架往往蕴涵着解读者的核心思想。

朱子在《四书章句集注》解释的过程中，有意识或无意识地使用了多种解释框架。其中最鲜明的当然是其“天理—人欲”的解释框架，其中蕴含着其道统义涵，从而成为渗透在“四书”解释中关键部位的基本框架。天理—人欲的框架是一种二元对立的框架，包含着一切道德修行当中去此取彼的截然二元

---

① 此处的解释框架与历史学家K.亨佩尔提出的一个术语“explanation sketch”（译为“说明框架”或“解释模型”）所指并不相同。亨佩尔认为历史说明与科学说明一样，也可以根据覆盖律模型，把某一特定事件纳入一个一般覆盖律下来解释它。

原理。

已有学者看出朱子在解释《四书章句集注》时即采用了一定的解释框架。如陈来在分析《论语》12.1章曾经指出：

> 关于克己复礼之目，朱子把非礼解释为心中的私欲，可见朱子始终把“天理—人欲”的对立作为儒家道德思想的基础，也作为《论语》解释的基本分析框架。[①]

朱子对“克己复礼”四字的解释首先即是从“天理—人欲”对立的框架中去分析的，以此种框架出发，从而使得“己”为己私，主要即是私欲，“礼”即“天理之节文”，终极可以上推至天理。“天理—人欲”的对立实际上成为解释“克己复礼”的先在的解释框架。在《四书章句集注》的具体解释中，朱子还广泛运用了体用、本末、人己、内外、公私等解释框架，这些框架一方面有一定的经典依据，另一方面则与其理学思想紧密相关，彼此贯通，从而形成一个缜密的解释网络。

朱子通过诸多的解释框架分析“四书”的原文，发掘出原文中所具有的义理结构，从而使得看似散乱的甚至矛盾的原文在解释框架下形成一个完整、圆融的体系。

一、天理—人欲

天理、人欲最早出自《礼记》，然而经过二程等的打造，具有了新的内涵，从而成为新时代最具特色的话语。由此而来的“存天理，灭人欲”六字口号在朱子《四书章句集注》之后更成为时代的最强音。个中原因也许就在于天理与人欲是朱子在解释“四书”时重要的解释框架。天理与人欲本身不仅是道统的内容，而且也成为对仁与不仁、君子与小人，义与利等进行解释的框架。

---

① 陈来：《朱子〈论语集注〉的儒学思想》，见《中国近世思想史研究》（增订版），北京：三联出版社2010年版，第146页。

1. 作为道统内容

朱子以《中庸》会通"十六字心传"，进而使儒家道统内容变得明确而具体。这种会通也是朱子对道统内容"时中"的一个体现，即以天理与人欲的对立作为两者的解释框架。

朱子在《孟子》末章引程颐之言曰：

> 周公殁，圣人之道不行；孟轲死，圣人之学不传。道不行，百世无善治；学不传，千载无真儒。无善治，士犹得以明夫善治之道，以淑诸人，以传诸后；无真儒，则天下贸贸焉莫知所之，人欲肆而天理灭矣。(7B.38 注)

此段文字出自程颐为其兄程颢所作的《墓表》，朱子引此，其目的在于说明程颢能够"续夫千载不传之绪"，乃是道统的传人。其中朱子借程颐之口说明孟子之后千载没有真儒，从而使得天下之人无所适从，"人欲肆而天理灭"，这也就是道统不得而传的结果。反之则说明，如果有道统所传，则天理存而人欲灭。此处隐然显示出天理、人欲的变化与道统之间存在一定的关系。

天理与人欲对立的解释框架也被用来解释"十六字心传"以及与之会通的《中庸》相应语句。朱子在解释道心、人心的时候特别强调如果不对道心、人心加以区别而对治，则"天理之公卒无以胜夫人欲之私矣"。朱子也经常引用程子对"十六字心传"的解说：

> 人心人欲，故危殆；道心天理，故精微。[①]

即以天理、人欲对应道心、人心。上章道统一节所引朱子对窦从周的回答即是引程子此言来分别道心、人心。

由此，朱子章句在解释"君子时中"时称：

---

① 《二程集·河南程氏遗书》卷24，北京：中华书局1981年版，第312页。

盖中无定体，随时而在，是乃平常之理也。君子知其在我，故能戒谨不睹、恐惧不闻，而无时不中。小人不知有此，则肆欲妄行，而无所忌惮矣。（Z2 注）

解释“择善固执”时称：

圣人之德，浑然天理，真实无妄，不待思勉而从容中道，则亦天之道也。未至于圣，则不能无人欲之私，而其为德不能皆实。（Z20 注）

其中都贯彻了天理与人欲的对立。

道心乃原于性命之正，对应于“天命之谓性，率性之谓道”，朱子解释“天命之谓性”称：

于是人物之生，因各得其所赋之理，以为健顺五常之德，所谓性也。（Z1 注）

其中即以“五常”（仁义礼智信）作为性的内容。《四书章句集注》其他地方也说“仁义礼智，性也。”

“天理”、“人欲”本见于《礼记·乐记》（“人化物也者，灭天理而穷人欲者也”），以二程为代表的宋代儒学则赋予其新的内涵。[1] 朱子继承二程的相关思想，在《四书章句集注》中，赋予天理、人欲以重要的解释框架地位。天理、人欲这对具有鲜明时代性的解释范畴沟通了尧舜禹所传的“十六字心传”与孔门所授心法的《中庸》，成为当时朱子建构的道统承继前两者而来的新的道统内容，在朱子看来，这亦体现了《中庸》所强调的“时中”内涵。“存天理，灭人欲”六字也曾作为理学最嘹亮的口号响彻一时。[2]

---

① 《外书》卷十二记程颢语：“吾学虽有所受，天理二字却是自家体贴出来。”（《二程集》，北京：中华书局2004年版，第424页。）

② 朱子曾言：“圣人千言万语，只是教人存天理，灭人欲。”（《宋元学案》卷48，北京：中华书局1986年版，第1544页。）

在朱子之后，随着理学的官方化，《四书章句集注》成为科举取士的官方教材，“存天理，灭人欲”的合理思想被歪曲、被利用，逐步走向僵化，无怪乎戴震大声疾呼“以理杀人”。天理、人欲的对立已经难以唤起人们对其合理内核的领悟，也就逐渐失去了其“时中”的内涵。

2. 释仁

在朱子看来，“仁”是《论语》中最为核心的概念。朱子在其学问大旨确立的过程中，对仁的内涵进行过深入的探索。在仁的概念诠释上，朱子恢复到传统以“爱”训“仁”的模式上，但做了更大的修正。因为在二程等人看来，爱属于情，自然不能与仁等同。所以朱子即以“爱之理”来训，而且继承孟子以“心”训“仁”的思想，将仁作为心之德。对于仁的概念诠释问题，我们在下章专门讨论。朱子在对仁的内涵探讨，并非仅仅停留在概念本身，而是通过义理分析，用天理与人欲的解释框架，特别将《论语》“克己复礼”理解为一个“存天理，灭人欲”的修养过程。对“仁”的解释采用天理、人欲的解释框架集中体现在《论语》“克己复礼”章：

颜渊问仁。子曰:“克己复礼为仁。一日克己复礼，天下归仁焉。为仁由己，而由人乎哉?”(12.1)

仁者，本心之全德。克，胜也。己，谓身之私欲也。复，反也。礼者，天理之节文也。为仁者，所以全其心之德也。盖心之全德，莫非天理，而亦不能不坏于人欲。故为仁者必有以胜私欲而复于礼，则事皆天理，而本心之德复全于我矣。归，犹与也。又言一日克己复礼，则天下之人皆与其仁，极言其效之甚速而至大也。又言为仁由己而非他人所能预，又见其机之在我而无难也。日日克之，不以为难，则私欲净尽，天理流行，而仁不可胜用矣。(12.1注)

朱子以天理、人欲的对立的模式来解释仁的内涵。《论语》中仁的内涵是不容易明确的，孔子在回答颜回问仁时，提出了“克己复礼为仁”的论断。从《论语》自身的语境中，我们知道颜回是孔子甚为在意的高徒，颜回之问，以因材施教著称的孔子也必然正面尽力回答。与孔子对其他弟子问仁的回答可见此一点。朱子从时中的精神出发，对克己复礼进行了富有时代性的新解释。在道统思维的框架之内，《论语》中颜回的“克己复礼”以及曾子的“一以贯之”都是继承道统的关键对答，所以克己复礼自然与仁为“存天理，灭人欲”的新解释关联起来。朱子秉持从文义出发来进行义理阐发的原则，将天理—人欲的解释框架与克己复礼对应起来。在训诂上，朱子根据故训对克己复礼做出如下训诂：

克	克，胜也。	胜	灭人欲
己	己，谓身之私欲也。	私欲	
复	复，反也。	反	存天理
礼	礼者，天理之节文也。	天理	

由此，朱子间接地说明了“克己复礼”即是“胜私欲而复于礼”，礼又是“天理之节文”，致意思即接近于“存天理，灭人欲”。在朱子看来，作为心之全德的仁，本身与天理为一，并无差别，由于受到了气质所拘，也就不能不为人欲所缚，本心之全德的仁就无法得到光明。期望本心之德的仁再次显现的人必须要做到“胜私欲而复于礼”。一旦事事都符合天理的要求，本心之德的仁就会再次具足于人自身。如果一日能够做到克己复礼，那么天下的人都会认可他已经具有了本心之德的仁。为仁的关键则完全在于自身的道德实践，不能希冀别人的帮助能替自己实现仁的境界。只有通过自身的坚持不懈的努力，每天都去克己，不以克己为难，总有一天可以做到“私欲净尽，天理流行”，那个时候仁的殊胜之用就不可限量了。

此一章朱子有按语：

此章问答，乃传授心法切要之言。非至明不能察其几，非至健不能致其决。故惟颜子得闻之，而凡学者亦不可以不勉也。(12.1注)

由此显示出此心法从孔子传到了颜渊，其内容就是孔子对颜子关于“仁”

的回答。由此朱子又将“仁”的“克己复礼”——“为仁者必有以胜私欲而复于礼，则事皆天理”的工夫与道统内容贯通了起来。

不仅如此，“四书”原文中的仁，朱子往往动用天理——人欲的解释框架，如：

夫仁，天之尊爵也，人之安宅也。莫之御而不仁，是不智也。(2A.7)

仁、义、礼、智，皆天所与之良贵。而仁者天地生物之心，得之最先，而兼统四者，所谓元者善之长也，故曰尊爵。在人则为本心全体之德，有天理自然之安，无人欲陷溺之危。人当常在其中，而不可须臾离者也，故曰安宅。(2A.7注)

《孟子》原文将仁比作“尊爵”、“安宅”，在人的角度上，朱子用仁的通用定义“本心之全德”来说明仁，并指出仁的境界中“有天理自然之安，无人欲陷溺之危”，显然是朱子一贯将仁理解为“存天理灭人欲”的解释框架在发挥作用。又如，

能近取譬，可谓仁之方也已。(6.28)

近取诸身，以己所欲譬之他人，知其所欲亦犹是也。然后推其所欲以及於人，则恕之事而仁之术也。於此勉焉，则有以胜其人欲之私，而全其天理之公矣。(6.28注)

孔子提到“夫仁者，己欲立而立人，己欲达而达人”(6.28)，朱子认为“尽己之谓忠，推己之谓恕”(4.15注)，所以“己欲立而立人，己欲达而达人”，“己所不欲，勿施于人”(12.2、15.23)都是恕的思想。恕的方法也就是仁的方法，也就是能够达到“胜其人欲之私，而全其天理之公”。显然，天理与人欲对立的解释框架是说明仁到底为何物的重要武器。

又如，

王亦曰仁义而已矣,何必曰利?(1A.1)

此章言仁义根於人心之固有,天理之公也。利心生於物我之相形,人欲之私也。循天理,则不求利而自无不利;殉人欲,则求利未得而害已随之。所谓毫厘之差,千里之缪。(1A.1注)

朱子特别指出,《孟子》首篇首章即提出仁义,可见仁义在其中的重要地位。在此注中,朱子将仁义与利心对立,以天理与人欲的对立来对应,显然在朱子看来仁义就是能够全天理之公而无人欲之私的。

3. 判君子与小人

天理与人欲的解释框架也是用来判别君子与小人的根本标准。君子与小人的分别,在《论语》中本来是用“义”、“利”来区分的:

子曰:“君子喻于义,小人喻于利。”(4.16)

喻,犹晓也。义者,天理之所宜。利者,人情之所欲。(4.16注)

以义与利作为判别君子与小人的标准可以说已经是一种对两者定性式的说明。君子在为人处事当中,追求的乃是事物本身的道义,而小人在做事为人当中则追求是否能够给自己带来一定的利益。宋明以来的儒学重点发展儒学当中道德理想的层面。在君子与小人之间的取舍是一分为二的。非君子即是小人,非小人方为君子。朱子推崇董仲舒“正其谊不谋其利”一语。在道义与利益面前,君子是丝毫不考虑利益的,惟道义是从。此中体现出一种纯粹的极端的道德理想,一种看似脱离现实的道德主张。显而易见,这样的道德主张显然不是对现实的一种认同。这样的道德主张是一种需要通过个人的思想领悟与道德觉醒才能够达到的,需要个人认识到利益的渺小与道义的伟大。个人只有从自我中解脱出来,克去己私,达到大公无私的境界才能够做到这一点。儒学作为一种人文主张在这一点上并不向流俗的功利倾向妥协,从而提出一种看似极端的时中主张。所谓矫枉必过正,通过一种对现实的否定从而达到一种道德上的进步,而不是单纯对义与利之间的一种折衷。朱子正是从这个角度对以义与利来区别君子与小人做出更深一步的解释——即放在天理与人欲的普遍解释框架中来解释。

朱子以“天理之所宜”为“义”，以“人情之所欲”为“利”，由此揭开披在义与利上的面纱，显露出更为根本的天理与人欲的对立的真实面目。以天理与人欲分别作为君子与小人分别的最终标准。以天理来解释四书当中诸多的重要概念是朱子解释四书的一个重要特色。“义”就是其中的一个概念。“义”的内涵是抽象的，有可意会难以言传之嫌。朱子在解释四书的过程中则不避此嫌，迎难而上，尝试一方面用各种训诂方法从本义出发，另一方面又用与时代语境相结合的方法来解释各种神秘的概念。对“义”的解释，朱子就从其音训“宜”出发，结合天理来训释。当然对“义”还有其他的训释，本书对概念诠释的专门讨论可以参看。“义”为“天理之所宜”就是指符合天理的事情。君子所为就是要达乎天理，所作所为都是符合天理的。朱子以“天理”作为一种客观的绝对真理，是衡量一切事物得失是非的终极标准与法则。义，从一个角度来说，即是天理的表现，也就是天理表现得适宜而不失当。相反，利则是天理的反面——人情所欲的对象。符合天理的是要继续保留的，不符合天理而属于人欲的，则要灭除。仅从喻义或喻利来分别君子或小人的语境中，不尽然表现出君子与小人的截然对立性质。但从朱子将之解释为天理与人欲的对立来看则显得较为明显。以天理对应于义，以人欲对应于利，其结果实际上就是用天理与人欲将君子与小人区别看来。朱子对天理与人欲的对立就是君子与小人的对立背后其实有着深刻的现实关怀。朱子生不逢时，空有一腔报国的热忱而不能得以伸展。当时君主昏庸，奸臣弄权，苟安一隅，唯利是图。所以在君子与小人的判别上，朱子往往将求利之徒视之为小人，殉于人欲而已，不足挂齿。这里对君子、小人的判别是通过判别义利来间接实现的，然而在有些地方，朱子则直接将君子与天理联系起来，将小人与人欲联系起来。其中所蕴含的倾向则更为明显。

比如《论语》中：

子曰：“君子上达，小人下达。”(14.24)

君子循天理，故日进乎高明；小人殉人欲，故日究乎污下。(14.24注)

这里朱子用十分明确的天理人欲解释框架来解释君子与小人。君子与小人有上达下达的不同，其根本就在于“循天理”与“殉人欲”的不同。“循”与“殉”发音相似，在选词造句中体现出一种音韵之美，然而循天理则为君子，殉人欲则为小人。天理与人欲将君子与小人截然分别为二。前面已经指出，存天理灭人欲的思想对于朱子来说是体现从尧舜禹所传心法、孔门传授心法，以及程门所传的具有时中性质的新话语。朱子不仅将之与“十六字心传”、中庸的思想、仁的思想、忠恕的思想等贯通起来，作为道统的中心内容，而且成为一种能够从最根本上贯通四书解释的核心。

又如：

子曰：“君子易事而难说也。说之不以道，不说也；及其使人也，器之。小人难事而易说也。说之虽不以道，说也；及其使人也，求备焉。”(13.25)

君子之心公而恕，小人之心私而刻。天理人欲之间，每相反而已矣。(13.25 注)

《论语》中孔子所言并没有明显的君子与小人截然对立的倾向，而在朱子的解释中，则以用心的不同来分别君子小人，君子之心大公而宽恕，小人之心自私而刻薄，显示出君子与小人明显的对立性质。与上面一条(14.24)联系起来就是，“公而恕”就是循天理，而“私而刻”就是殉人欲。朱子在此处还明确说明天理与人欲截然相反而不容并立。与此处形式类似，其他地方朱子还特别明确指出君子与小人的截然对立性，如：

阳虎曰：“为富不仁矣，为仁不富矣。”(3A.3)

阳虎，阳货，鲁季氏家臣也。天理人欲，不容并立。虎之言此，恐为仁之害于富也；孟子引之，恐为富之害于仁也。君子小人，每相反而已矣。(3A.3 注)

为富，为了私欲而谋利；为仁，大公无私而奉献。为仁与为富的对立格局与义利的对立格局是类似的。这种思想可以说是“四书”中本来就有的。朱子则明确看出其中的贯通性,用天理与人欲的解释框架统一起来。特别需要注意的是,原文中其实并没有提到君子与小人的对立,但是在朱子的解释框架中,君子与小人的对立是不可或缺的一个要素。可见,在朱子的解释思路当中,天理与人欲的解释框架就是君子与小人之间判别的标准。

如果从天理与人欲的解释框架来看君子与小人的对立,可以如下图所示。

君子	小人
喻于义	喻于利
为仁	为富
循天理	殉人欲

二、体—用

体用是中国哲学中一对重要的范畴,其来源可能与佛教思想有密切的关系。宋以前有关的体用学说已经非常丰富,最早的有两家:王弼援《老》入《易》,在注解《易》的过程中形成了体用观;僧肇结合般若学与玄学发挥出一套体用逻辑。王弼的体用观实际上仅为一种从宇宙论向本体论过渡的中间形式。僧肇所论体用较王弼具有更深的形而上色彩。其后隋唐佛学大谈体用,特别是华严宗的体用更加系统,架构方面达到极致。[①] 宋代理学兴起,在哲学思维方面多有吸收佛教的地方,体用思想即是一斑,程颐的《易传序》揭示“体用一源,显微无间”,成为理学体用思想的圭臬。朱子亦取体用来作为解释经典的一对重要解释框架。在这种解释框架下,朱子强调了体的重要性,以及与用的相通性。

有子曰:“礼之用,和为贵。先王之道斯为美,小大由之。”(1.12)

礼者,天理之节文,人事之仪则也。和者,从容不迫之意。盖礼之为

① 景海峰:《中国哲学的现代诠释》,第116页。

体虽严，而皆出于自然之理，故其为用，必从容而不迫，乃为可贵。先王之道，此其所以为美，而小事大事无不由之也。(1.12注)

《论语》原文中的"用"，朱子解释为"体用"之用，认为礼有体有用。《论语》中林放问礼之本，而"本"在一定意义上有与"体"相通的意蕴。朱子将"礼之用"解释为"体用"之"用"，如黄俊杰所见：

朱子将"礼"分为"体"与"用"两面，并以"礼之体"与"礼之用"构成"礼"之整体。就这一点而言，朱子可说是采取某种一分为二但又合二为一的思路以进行经典解释。①

以体用来对礼做出分析，可谓朱子此章解释的一大特色。《精义》中杨时之说，认为：

礼以敬为本，进为文，进而不已则离，故以用和为贵。(《精义》，《全书》七，53页)

朱子认为：

请问杨氏之说。曰：本文之意，盖曰礼之用以和为贵耳，今曰用和，则既失其句读矣(《或问》，《全书》六，628页)

可见朱子是非常有意以体用来解释礼的。

《集注》曰：

范氏曰："凡礼之体主于敬，而其用则以和为贵。敬者，礼之所以立

① 黄俊杰：《东亚文明研究丛书68东亚儒学：经典与诠释的辩证》，第7页。

也;和者,乐之所由生也。若有子可谓达礼乐之本矣。”(1.12注)

朱子引范祖禹之说,以和为乐所生,所以实际就是礼之体为敬,而礼之用为乐。朱子特别赞赏这种说法,《或问》对之辩论道:

> 曰:若如范氏之说,则遂以乐为礼之用,可乎?
>
> 曰:《乐记》有之:“天高地下,万物散殊,而礼制行矣。流而不息,合同而化,而乐兴焉。”则其相为体用也,古有是言矣。(《或问》,《全书》六,628页)

朱子不仅认同范祖禹以“乐”为礼之用的说法,而且为之找到经典的依据。朱子对“和”的定义为“和者,从容不迫之意。”(1.12注)朱子此义当据今《尚书·君陈》中“宽而有制,从容以和”一语。

> **有所不行,知和而和,不以礼节之,亦不可行也。(1.12)**
>
> 承上文而言,如此而复有所不行者,以其徒知和之为贵而一于和,不复以礼节之,则亦非复理之本然矣,所以流荡忘反,而亦不可行也。程子曰:“礼胜则离,故礼之用和为贵。先王之道以斯为美,而小大由之。乐胜则流,故有所不行者,知和而和,不以礼节之,亦不可行。”范氏曰:“凡礼之体主于敬,而其用则以和为贵。敬者,礼之所以立也;和者,乐之所由生也。若有子可谓达礼乐之本矣。”愚谓:严而泰,和而节,此理之自然,礼之全体也。毫厘有差,则失其中正,而各倚于一偏,其不可行均矣。(1.12注)

朱子引范祖禹之说,以礼之体主于敬,这一思想与朱子自身的主敬思想不无关系。主敬作为朱子的重要的工夫论,在礼之体的层面上与理贯通起来。没有敬,礼就成为纯粹的形式而空洞无物了。敬是礼的实质内核。礼本身是约束人的行为的制度规范,看似是一种没有生命的东西。强调礼之体,就是为一种表面的形式规范注入精神。孔子说:

礼云礼云,玉帛云乎哉?(17.11)

说礼,并不是体现礼的礼物本身。中国文化有“礼尚往来”的说法,也有“来而不往,非礼也”的俗语。就赠送礼物来说,如朱子所言“古者相见,必执贽以为礼”(7.7注),《孟子》中的“出疆必载质”,都说明礼物在礼当中的重要性。在朱子看来,礼的精神就是其中所蕴含的敬。

既然说礼之体为敬,和又如何是礼之用呢?朱子赞同范祖禹的说法,将乐作为礼的用。礼乐在古代是相辅相成的,乐的作用在于和谐。朱子此处没有明确区别和与乐的关系。作为以敬为体的礼的作用就是达到人与人之间的和谐。这种和谐是由敬来生发的。在朱子看来,孔子每每强调修己,一种目的就是培养人的敬,通过自身的敬,从而将这样的敬扩展开来,就可以在人与人之间达到普遍的和谐。人与人之间的和谐也是人自身和谐的外化。朱子特别强调:

> 严而泰,和而节,此理之自然,礼之全体也。毫厘有差,则失其中正,而各倚于一偏,其不可行均矣。(1.12注)

此即是从中庸的角度强调礼与乐皆不能过度,否则就不能达到礼乐所应具有的用。“严而泰”说明礼本身用来对人与人之间做出一定的区别,各种各样的社会关系不容紊乱,具有一定的严格性,而这种严格性又不是僵硬的程式,要保持一种舒泰的灵活性。同理,“和而节”一方面说明人与人之间的融洽,具有一种和谐性,而另一方面则又要有一种节制与限度。此种多方面的说明目的在于要达到一种无过无不及的中庸境界。这是作为礼之体的敬的表现。

七十而从心所欲,不逾矩。(2.4)

> 胡氏曰:“圣人之教亦多术,然其要使人不失其本心而已。欲得此心者,惟志乎圣人所示之学,循其序而进焉。至于一疵不存、万理明尽之后,

则其日用之间，本心莹然，随所意欲，莫非至理。盖心即体，欲即用，体即道，用即义，声为律而身为度矣。”(2.4注)

朱子引胡寅之说，说明了圣人的“从心所欲”的境界是不失其本心的状态。当本心全然显现的时候，在日常生活当中，就可以随心所欲了。此处特别提出心为体，欲为用的说法，“心即体，欲即用，体即道，用即义”(2.4注)。此处的“欲”不是人欲之欲，不是要灭除的东西，而是本心的作用。

子曰：“君子不器。”(2.12)

器者，各适其用而不能相通。成德之士，体无不具，故用无不周，非特为一才一艺而已。(2.12注)

器本身也有体用，而此处特别强调器的用，就在于器的目的则主要在于器的作用。器通常并不强调其体是什么。陶有陶之用，瓦有瓦之用，陶不能代替瓦之用，瓦也不能代替陶之用。将人来比作器，用现在的话说，就是单纯的技术性人才，而不是道德性人才。在朱子看来，能够成就自身德行的人，就是在根本上有所确立，根本上确立了，没有什么不可以干的。

子曰：“参乎！吾道一以贯之。”曾子曰：“唯。”(4.15)

参，所金反。唯，上声。参乎者，呼曾子之名而告之。贯，通也。唯者，应之速而无疑者也。圣人之心，浑然一理，而泛应曲当，用各不同。曾子于其用处，盖已随事精察而力行之，但未知其体之一尔。夫子知其真积力久，将有所得，是以呼而告之。曾子果能默契其指，即应之速而无疑也。(4.15注)

子出。门人问曰：“何谓也？”曾子曰：“夫子之道，忠恕而已矣。”(4.15)

尽己之谓忠，推己之谓恕。而已矣者，竭尽而无余之辞也。夫子之一理浑然而泛应曲当，譬则天地之至诚无息，而万物各得其所也。自此之外，固无余法，而亦无待于推矣。曾子有见于此而难言之，故借学者尽己、推己之目以着明之，欲人之易晓也。盖至诚无息者，道之体也，万殊之所以一本也；万物各得其所者，道之用也，一本之所以万殊也。以此观之，一以贯之之实可见矣。或曰："中心为忠，如心为恕。"于义亦通。程子曰："以己及物，仁也；推己及物，恕也，违道不远是也。忠恕一以贯之：忠者天道，恕者人道；忠者无妄，恕者所以行乎忠也；忠者体，恕者用，大本达道也。此与违道不远异者，动以天尔。"又曰："'维天之命，于穆不已'，忠也；'乾道变化，各正性命'，恕也。"又曰："圣人教人各因其才，吾道一以贯之，惟曾子为能达此，孔子所以告之也。曾子告门人曰：'夫子之道，忠恕而已矣'，亦犹夫子之告曾子也。中庸所谓'忠恕违道不远'，斯乃下学上达之义。"(4.15注)

此章主要涉及朱子理一分殊的思想。朱子所说"圣人之心，浑然一理，而泛应曲当，用各不同。曾子于其用处，盖已随事精察而力行之，但未知其体之一尔"(4.15注)，正说明理一分殊的内容。曾子在用处已经能够力行，只是不知道体一，所以孔子告知"一以贯之"的道理。体即理，用即随事而各不同。此种包含两对体用关系。

道体与道用。朱子所说的"夫子之一理浑然而泛应曲当，譬则天地之至诚无息，而万物各得其所也。自此之外，固无余法，而亦无待于推矣。曾子有见于此而难言之，故借学者尽己、推己之目以著明之，欲人之易晓也。盖至诚无息者，道之体也，万殊之所以一本也；万物各得其所者，道之用也，一本之所以万殊也。以此观之，一以贯之之实可见矣"(4.15注)，以"至诚无息"为道体，以"万物各得其所"为道用。

忠为体，恕为用。此即引程子所言的："以己及物，仁也；推己及物，恕也，违道不远是也。忠恕一以贯之：忠者天道，恕者人道；忠者无妄，恕者所以行乎忠也；忠者体，恕者用，大本达道也。此与违道不远异者，动以天尔。"(4.15注)以尽己为忠，这是自立的过程，是成就天道的过程，是道德的本体。以推己为恕，这是立人的过程，是施行人道的过程，是道德的作用。

观水有术，必观其澜。日月有明，容光必照焉。(7A.24)

此言道之有本也。澜，水之湍急处也。明者，光之体；光者，明之用也。观水之澜，则知其源之有本矣；观日月于容光之隙无不照，则知其明之有本矣。(7A.24注)

“明者，光之体；光者，明之用也。”(7A.24注)可以说单纯用体用区别明与光两字涵义的不同。可见朱子对体用理解的娴熟。明即是本身可以发光的本体，而光则是由此明的本体所显现的作用。

恻隐之心，人皆有之；羞恶之心，人皆有之；恭敬之心，人皆有之；是非之心，人皆有之。恻隐之心，仁也；羞恶之心，义也；恭敬之心，礼也；是非之心，智也。仁义礼智，非由外铄我也，我固有之也，弗思耳矣。故曰：“求则得之，舍则失之。”或相倍蓰而无算者，不能尽其才者也。(6A.6)

恶，去声。舍，上声。蓰，音师。恭者，敬之发于外者也；敬者，恭之主于中者也。铄，以火销金之名，自外以至内也。算，数也。言四者之心人所固有，但人自不思而求之耳，所以善恶相去之远，由不思不求而不能扩充以尽其才也。前篇言是四者为仁义礼智之端，而此不言端者，彼欲其扩而充之，此直因用以着其本体，故言有不同耳。(6A.6注)

《孟子》中有“恻隐之心，仁之端也；羞恶之心，义之端也；辞让之心，礼之端也；是非之心，智之端也”(2A.6)的说法，而此处径以恻隐之心为仁，羞恶之心为义，恭敬之心为礼，是非之心为智，从表面上看自然有矛盾。朱子认为恻隐之心、羞恶之心、辞让之心、是非之心乃是用，而仁义礼智是其本体，而此处之所以“直因用以着其本体”，目的在于“欲其扩而充之”。朱子认可四心为四端的说法，显然不同意直接将区区的恻隐之心、羞恶之心、恭敬之心、是非之心等同为仁义礼智。在孟子中的“端”朱子理解为“用”，只不过是仁义礼智的作用。

诚者非自成己而已也，所以成物也。成己，仁也；成物，知也。性之德

也，合外内之道也，故时措之宜也。（Z25）

知，去声。诚虽所以成己，然既有以自成，则自然及物，而道亦行于彼矣。仁者体之存，知者用之发，是皆吾性之固有，而无内外之殊。既得于己，则见于事者，以时措之，而皆得其宜也。（Z25 注）

《中庸》此处说诚并非仅仅在于成己就足矣，而且也要成物。成己可谓是自己先达成，也就是自己先成圣成王，而这个过程又离不开成物，就是自己所达到的也让别人达到。在一定意义上这是事物一体两面，单纯的成己是不可能的，单纯的成物也是不可能的。成物可以说是成己的自然推衍，成己本身要求要成物。道无所不行，使道行于己，亦行于人。这里，朱子认为代表成己的仁，与代表成物的知是体与用的关系。以仁存体，以知发用。仁有以成己，知有以成物。孔子有仁者爱人，知者知人的说法。仁是成己的手段，通过爱人，克去无私，达到大公的天理，是一个自立的过程。知是成物的方法，通过知人，将仁推广开来，己无私使天下人亦能克去己私，解脱私累，从而也认识到天理之公，这是立人的过程。以仁为体，就是要先立根本，根本以立，则可以以知发用而及人。无私的境界本身就是一种无有内外分别的境界，所以仁与知作为人性之德，为人性所固有，自然也是没有内外的差别。发明这种无内外分别的境界，就在于成己而成物。

三、本一末

"本"与"末"在造字法上都是指事，在象形字"木"上指示出根部与梢部。本末作为一对范畴，其意义是相对的。先秦的著作中主要是使用其比喻意义的。本作为木的根部引申为事物的根源，末作为木的梢部则引申为事物的结局，从而本末就有了主次、先后之意。本末在长期的使用过程中，逐渐成为一对哲学范畴。具体来说，本末范畴主要表达出两个层次的关系：本根的东西和非本根的东西的关系，起始的东西和衍生的东西的关系。这两个层次的关系本身并不蕴含明确的价值判断，也就是本根的东西或起始的东西并非比非本根的东西与衍生的东西具有优越性。本末范畴在魏晋玄学中受到特别重视。王弼在对《老子》的解释中提出“以无为本”、“举本统末”、“崇本息末”等思想，将本末范畴作为解释《老子》一书的框架。在王弼的哲学中，一切有形、有名之物都是末，只有无形、无名的无才是本，表现出明显的对本的推崇。朱子在《四书章句集注》的注文中广泛地运用了本末的解释框架，同样表现出对本的偏爱。

本末作为一对反义词亦出现在“四书”原文中，虽然不能明确其中所蕴含的哲学意义，但亦能看出其中已经有一种对本的推崇态度。《大学》中：

物有本末，事有终始，知所先后，则近道矣。(D0)

明德为本，新民为末。知止为始，能得为终。本始所先，末终所后。(D0 注)

《大学》原文指出，事物本身有本末、始终的不同。朱子在注中特别从上下文确定本为明德，末为新民，始为知止，终为能得。本与末，始与终之间是类似先后的关系，即说明在学习的顺序上具有一种时间的前后关系。本末、始终本身亦存在时间的前后关系。以本末为例，明德在于“自明其明德”(D0 注)，而新民则是“推以及人”(D0 注)，因为《大学》本身还说“君子有诸己而后求诸人，无诸己而后非诸人。”(D9)，所以自己昭明其德之后，才可以推己及人，于是明德与新民之间就有了一种本末的关系。《大学》原文中有：

自天子以至于庶人，壹是皆以修身为本。其本乱而末治者否矣。(D0)

其中即以修身为本，以修身之外的其他事为末，亦有重视本的倾向。《大学》原文中还有：

是故君子先慎乎德。有德此有人，有人此有土，有土此有财，有财此有用。德者本也，财者末也，外本内末，争民施夺。是故财聚则民散，财散则民聚。(D10)

此处还明确以德为本，以财为末，强调本末之间的正当关系应当是以内为本，以外为末。德是一个人自身的道德修养，属于内在的品质，而财则是一个人道德修养的衍生之物，属于外在的货物。此处所说之以德为本可能是朱子将明德确定为本的一个侧证。

朱子在本末的关系上自然亦承袭重视本的传统，认为对事物的分析把握首先必须解决其本所在的方面。本相对于末具有一定的先在性，基础性。朱子在《论语·学而》篇题注：

> 此为书之首篇，故所记多务本之意，乃入道之门、积德之基、学者之先务也。（1.0 注）

在朱子看来，《学而》篇作为《论语》首章，其地位是与其他各章不同的，既然为首章就具有了学习上的优先地位。此种优先地位说明《论语》本身虽然看起来是诸多语录的一个散乱的集合体，然而这种集合体却并非是一种随机的组合，其中是蕴含着编者一定构思的。《学而》一篇之所以作为首篇，就在于其本身的内容在本末的关系当中处在本的位置上。

"务本"一词本身见于《学而》一篇，如：

> **君子务本，本立而道生。孝弟也者，其为仁之本与！（1.2）**
>
> 言君子凡事专用力于根本，根本既立，则其道自生。若上文所谓孝弟，乃是为仁之本，学者务此，则仁道自此而生也。（1.2 注）

朱子根据二程的理学思想，认为性之中只有仁义礼智四者，并没有孝悌。仁是人的本性，而孝悌只是人性之用。孝悌也不能是仁之本，根据这种理学的先见，就将"其为仁之本与"中的"为"字解释为动词，而不解释为系词。孝悌"其为仁之本"就是"行仁自孝弟始，孝弟是仁之一事"（1.2 注）的意思。其中蕴含着本末的解释框架，此处的本具有始的义涵。孝悌为行仁之本，就是说明在实行仁的教导的过程当中，要以孝悌为先务。

曾子曰:"吾日三省吾身:为人谋而不忠乎?与朋友交而不信乎?传不习乎?"(1.4)

曾子以此三者日省其身,有则改之,无则加勉,其自治诚切如此,可谓得为学之本矣。而三者之序,则又以忠信为传习之本也。(1.4注)

曾子以孝悌"其为仁之本",强调"君子务本",所以朱子即指出此处曾子所言的三个方面乃是"为学之本"。曾子是孔门弟子中向内修习的典范之一,从此一章中的内省工夫可见一斑。朱子在本末与内外的关系上基本强调是要以内为本,以外为末的。向内修习就成了为学之本,相反外在修饰则是为学之末。朱子强调的"为学之本"重点并不在内省的内容,而在于内省本身。而且曾子所言的三个方面本身虽然有先后列出的天然顺序,但似乎并没有强调先列出的与后列出的之间又有本末的关系。从语义学的角度来看,在排列一组性质相同的事物时,其顺序往往会表明出其中的重要性的次序,较为重要的事物往往会首先提到。这一点本身也是符合人的思维过程的规律的。事物本身或许并没有主次、轻重、一多的不同差别,但人的认识则会有意识或无意识地对之进行区分。朱子就是以类似的思维进一步认定三者之间的本末关系。朱子认为"忠信为传习之本",实际上,在"忠"、"信"、"传习"的三方面中,此处则以"忠""信"为"传习"之本,显然是"忠""信"可以说是内在的方面,而"传习"是相对外在的方面。朱子的内本外末的解释框架起了作用,在笼统的内在的内省内部重新分出了本与末。"末"字蕴含着贬抑的倾向,而"传习"又不应当是贬抑的对象,所以只论"本"即可,"末"亦隐含于其中。

子曰:"弟子入则孝,出则弟,谨而信,泛爱众,而亲仁。行有余力,则以学文。"(1.6)

尹氏曰:"德行,本也。文艺,末也。穷其本末,知所先后,可以入德矣。"(1.6注)

《大学》原文中明确以德为本,以财为末,而此处朱子引尹焞所言,亦以德行为本。在此处与内在的德行相对的则是外在的文艺，故以文艺为末。从《论语》原文中孝悌等方面表现出与学文相对的先在性，由此激发出本末的解释框架。一般来讲，先后的关系与本末的关系不同，先后重点在于事物之间的顺序，而本末则体现了事物之间的重要性比较。先的事物往往更为重要，更为根本，所以思维上往往倾向于先本后末。尹焞之言即以孝悌等为德行，学文为文艺，显然还蕴含着内外的解释思路，以孝悌等为内在的修养方面，学文则为外在的修饰方面。宋代以来的理学特别强调人自身的道德修养，故特别强调内在的修为，以之为更为根本的方面，在内圣外王之道中表现出浓重的内圣倾向，实际上即以内圣为本，外王为末。

在政治治理上，亦是以德为本。

道之以德，齐之以礼，有耻且格。(2.3)

愚谓：政者，为治之具。刑者，辅治之法。德礼则所以出治之本，而德又礼之本也。此其相为终始，虽不可以偏废，然政刑能使民远罪而已，德礼之效，则有以使民日迁善而不自知。故治民者不可徒恃其末，又当深探其本也。(2.3 注)

《论语》原文中强调，如果依靠政、刑来统治，人民仅是不犯刑罚而已，但并非无为恶之心，只有依靠德、礼来统治，人民不仅无为恶之心，反而可以有行善之举。朱子用本末的解释框架，说明德、礼为本，政、刑为末。德与礼的目的在于使人具有对道德的自觉性，从一个人内部禁绝了为恶之心，从而达到了和谐的治理。政、刑则从外在防止一个人的为恶行为，是一种事后的补救措施。两者的关系应当是以德礼为本，以政刑为末，不可以本末倒置。朱子不仅运用本末来说明德礼与政刑的关系，而且在德礼之间，也区别出本末来，即以德为本，礼为末。礼相比德来说，还是属于外在的制度品节，不能够直接作用于内在的人心。而道德教化则能够深入人心，所以德可以说是更为根本的。朱子在对待本末两者时，也尽力表现出一种中庸的原则，即没有片面强调本的价值，进而走向一端而完全否定末的价值。这就是朱子所强调“不可徒恃其末，又当深探其本"(2.3注)的义涵。或者是作为德礼的本与政刑的末，或者是作为德的本与礼的末，都是因为末相对明显而易于把握，本则隐微而难探，所以不可以只见其末而恃之，而忽略其本。

特别注重以德一类的内在品质作为根本，可以说也是四书原文本身就已经具有的倾向，朱子的解释是充分地将之发扬出来而已。如：

子曰："君子谋道不谋食。耕也，馁在其中矣；学也，禄在其中矣。君子忧道不忧贫。"(15.31)

尹氏曰："君子治其本而不恤其末，岂以在外者为忧乐哉?"(15.31注)

朱子引尹焞之言以本末的解释框架来说明道与食、禄之间的关系。在朱子看来，需要通过道德的修养来追求生命价值与意义，进而能够从己私中解放出来，使自己的行为完全符合客观的天理的要求，达到自然而然的廓然大公境界。一个人在社会中具有一定的生存条件就可以了，不可以之作为追求的根本目标所在。这里也可以说表现出立志大小的重要意义。宋以来的理学特别从四书中发掘出对一个人的内在道德修养的强调，志向远大自然不会为利禄所束缚。《论语》原文中孔子所言蕴含着一种道德理想主义，但此处所言却又符合中庸的原则，并非要完全摒弃食、禄等。其中"谋"字说明了食、禄不是作为主观上的追求对象。如果在谋道的过程中，食、禄随之而来，亦是不反对的。其中"忧"字则反面说明如果食、禄没有随着谋道的过程而来，在主观上亦没有烦恼。朱子即从这正反两个方面说明为道是从的重要性，同时又保持了中庸原则，不走向单纯谋道的一端。朱子不仅用本末的关系来表达出道与食、禄的关系，而且也用内外关系区分出两者，从而说明谋道之士专注内在的求道，外在或有食禄、或无食禄都不能够动摇其内心。

子曰："礼云礼云，玉帛云乎哉？乐云乐云，钟鼓云乎哉？"(17.11)

敬而将之以玉帛，则为礼；和而发之以钟鼓，则为乐。遗其本而专事其末，则岂礼乐之谓哉？(17.11注)

朱子的注亦是以本末框架来解释此四书原文的，乍一看似乎以礼、乐为本，而玉帛、钟鼓为末。然而在朱子思想中，礼、乐本身其实并非最为根本的。礼分体用，如：

范氏曰："凡礼之体主于敬，而其用则以和为贵。敬者，礼之所以立也；和者，乐之所由生也。"(1.12 注)

朱子引范祖禹之言，以敬为礼之体，朱子还以为"为礼以敬为本"(3.26 注)，此处体与本有相通之处。简单来说，礼以敬为本，乐以和为本。而敬与和具有抽象性、主观性、精神性，必须借助外在形式才可以把握，这就是礼与乐。礼与乐虽然比敬与和具体，但是自身仍需要凭借更为具体的事物才可以得以表现。其中的层级关系如下所示：

玉帛	钟鼓
礼	乐
敬	和

朱子对《论语》此处的解释就是在这三个层次上进行会通，以礼与乐作为被定义的对象，"敬而将之以玉帛，则为礼；和而发之以钟鼓，则为乐"(17.11 注)。内在敬的精神表现在玉帛上就是礼，内在和的精神表现在钟鼓上就是乐。此数者之间存在着本末的关系，归根结底是以敬为玉帛之本，以和为钟鼓之本。对于本末，朱子认为不可以落入纯粹的形式主义，更强调要具有其根本的内在精神，只有本末统一起来才可以称得上完整。

子曰："听讼，吾犹人也，必也使无讼乎！"(12.13)

范氏曰："听讼者，治其末，塞其流也。正其本，清其源，则无讼矣。"(12.13 注)

听讼类似于断案，使无讼则是无人犯案。断案是已犯案之后的断定是非，显然是已然之事，而不犯案则要在源头上杜绝犯案的可能性，实现的是在未然状态的预防。朱子引范祖禹之言用本末的解释框架来说明两者的关系，无讼是本源，听讼是末流。《论语》中孔子之言中蕴含着对德与礼的重视，也就是前面所说的“道之以德，齐之以礼，有耻且格。”(2.3)听讼则类似于与之相对的政刑。只有通过德与礼，才可以达到无讼，也就是要在本上下功夫。

朱子在敬、礼、玉帛，和、乐、钟鼓的关系上已经表现出本末统一的倾向，而总的倾向则是强调本的重要性，说明不可以专事于末而忽略本。在个别章节则又特别强调本末的统一性，说明末与本不是截然二分，本不是孤立地寻求一种抽象的本，末中即体现了本的内容，从而强调不可以忽略末。如：

子游曰：“子夏之门人小子，当洒扫、应对、进退，则可矣。抑末也，本之则无。如之何？”(19.12)

子游讥子夏弟子，于威仪容节之间则可矣。然此小学之末耳，推其本，如大学正心诚意之事，则无有。(19.12注)

子夏闻之曰：“噫！言游过矣！君子之道，孰先传焉？孰后倦焉？譬诸草木，区以别矣。君子之道，焉可诬也？有始有卒者，其惟圣人乎！”(19.12)

言君子之道，非以其末为先而传之，非以其本为后而倦教。但学者所至，自有浅深，如草木之有大小，其类固有别矣。若不量其浅深，不问其生熟，而概以高且远者强而语之，则是诬之而已。君子之道，岂可如此？若夫始终本末一以贯之，则惟圣人为然，岂可责之门人小子乎？程子曰：“君子教人有序，先传以小者近者，而后教以大者远者。非先传以近小，而后不教以远大也。”又曰：“洒扫应对，便是形而上者，理无大小故也。故君子只在慎独。”又曰：“圣人之道，更无精粗。从洒扫应对，与精义入神贯通只一理。虽洒扫应对，只看所以然如何。”又曰：“凡物有本末，不可分本末为两段事。洒扫应对是其然，必有所以然。”又曰：“自洒扫应对上，便可到圣人事。”愚按：程子第一条，说此章文意，最为详尽。其后四条，皆以明精粗本末。其分虽殊,而理则一。学者当循序而渐进,不可厌末而求本。盖与第一条之意,实相表里。非谓末即是本,但学其末而本便在此也。(19.12 注)

子游批评子夏的门人所习只有末而没有本,子夏则做出了一定的辩护。从子夏的回答中可见,其所谓本末与先后、始卒有一定类似的义涵。朱子对此章的本末的解说实际上涉及到了理一分殊的问题,从而显示出与其他本末解释框架的不同。此章原文中的本末之辨并不是对本末之间孰重孰轻的辨别,所以朱子也就没有用一般的崇本抑末之说来解说,而是从理一分殊角度来改变其原先的解释向度,期将本与末在更高的角度统一起来。从文义上来看,子夏对子游的批评反驳说,君子学问之道,哪些先传授,哪些后传授,是区别得一清二楚的,怎么可以诋毁呢?循序渐进的有始又有终,只有圣人才可以做到吧。此即说明,人的资质不同,应该因材施教、循序渐进,不能用过高的标准来要求门人小子。言外之意即是,学习是本是末的先后顺序是符合因材施教原则的,现在门人所习虽为末,但却是符合其实际的。朱子则从循序渐进的意义中发挥出"始终本末一以贯之",以理一分殊来说本末,强调要从具体事物下手的功夫论。朱子引程子之言的第一条是对文意的阐发,君子教人是循序渐进的,先传授给小的、近的,然后教授大的、远的。并不是先只传授近小,后面却不教以远大。其后的四说则是进一步的发挥,如"洒扫应对,便是形而上者,理无大小故也","圣人之道,更无精粗。从洒扫应对,与精义入神贯通只一理","凡物有本末,不可分本末为两段事","自洒扫应对上,便可到圣人事"等说法显然有将本末两者混同,以末为本的倾向。由此朱子特别强调,程子后四说指出的是,事物的精粗本末,理一分殊,学者应当循序渐进,不可嫌弃末之下而惟求本之高。朱子认为,程子所说并不是要将本末混同,以末为本,而是说明但学末而本便在其中。朱子用理一分殊的思想将此章原本在循序渐进层次上的本末的先后、始终之意引申为"始终本末一以贯之"的本末统一思想,可以说是比崇本抑末的本末关系更加精密的一种思想。

小结

本章重点从朱子所建构的几个解释框架来阐述其先在的哲学分析手段。朱子的解释框架是在其理学思想的基础上形成的理解结构。通过框架的分解,原文的意涵得以展现,"四书"文本的不同内容被紧密地关联起来。解释框架就像一个整理的厨格,可以使本来看似杂乱的物品显得井然有序。

对于同一文本,往往有不同的解释,很大程度上是由于不同的解释框架造成的。解释框架使用得适当与否对其解释结果有重大的影响。过度地将先在的解释框架强加在文本之上就有削足适履的嫌疑。合适的解释框架使用则有利于更深地把握文本所具有的义理结构,有助于深化对文本深层意涵的理解。朱子的解释框架本身是符合时代特征的创见。朱子所运用的多种解释框架有助于提升四书的哲学意涵,使得"四书"本身的义理更加理论化、系统化,而且更加适应当时人对四书文本准确而深刻把握的需要。

本章简单分析了朱子所运用的天理—人欲、体—用、本—末等三对解释框架,可以说这三对框架代表了三种不同的框架类型。天理—人欲解释框架是一种二元对立的解释框架。天理与人欲截然相反而不能相容,处在一种你死我活的敌对状态。朱子主要用来作为仁的判释标准。如果一个人的行为是出于人欲,那么显然没有达到天理的要求,也就没有做到仁的要求。同样对于理解圣人的行为来说,即使有的行为看似出于人欲,但也一定要理解为出于天理,因为如果将圣人的某些行为理解为出于人欲实际上是用自己的私心来度量圣人的公心。孟子曾专门对用己心度圣心的各种偏颇的看法进行过批评。《论语》中孔子的一些行为,朱子也加以分辨。从《或问》还可以看出,朱子对于那种用自己的私心来揣度圣人之心的做法一概予以严厉批评。天理—人欲的框架实际上就是判释凡圣的标准(如分别君子、小人),所以在《四书章句集注》被用作最为重要普遍的解释框架。

体—用的解释框架虽然也具有二元的关系,但却不是对立的。朱子秉承程颐"体用一源"的总的看法,在重视体的同时,又强调用的重要性。体用的关系一方面是一分为二，另一方面又是合二为一。朱子强调要分别体用的不同，要抓住关键因素的体的一面。比如，礼以敬为体，所以在行礼的过程中不能徒有其礼物，而没有其敬的本体。相反，朱子又强调不能将体用割裂开来。比如，礼以乐为用，以和为用，可以说乐或者和是礼所要达到的效果。如果徒有其敬之体，而没有礼，也就不能达到和谐的目的。另外，朱子还用体用关系来说明理一与分殊的关系。理是本体，是统一的，纯粹的。而在不同事物上表现出来的作用则是不同。分殊体现着理一，理一则要体现在分殊上。两者既有分别，又要统一起来。

本—末的解释框架与体用有一定的相似性，但朱子则更多承袭历来崇本抑末的角度，表现出对本的推崇。如以德行为本，文艺为末，以德礼为本，政刑为末等。这些角度重点强调本的先在性与优越性，指出不能颠倒本末的关系，只在意于末而忽略本。但从本质上来说，朱子又特别指出本末的统一性，本不是脱离末的孤立存在，末之中即体现着本。本末关系也可以用来说明理一与分殊的关系。理一为本，分殊为末。理一不是孤立的理一，而是体现在分殊中的理一。洒扫、应对、进退等看似末节的事情上就可以体现出圣人之事。

第五章　《四书章句集注》的概念诠释

概念是传达思想的重要媒介。一种独特的思想在一定意义上说就是创造了或拥有了自身一些独特的概念，这些概念具有不同于一般意义的内涵。概念的形成是推理过程中必不可少的步骤。它是我们进行思考、批评、辩论、解释和分析的“工具”。仅有对外部世界的感知本身是不足以获得关于外部世界的知识。为了认识世界，在某种意义上我们必须赋予其特定的含义，而这一任务是通过建构概念来完成的。概念是语言的一个重要组成部分，在一定意义上说，语言中命题就是由概念和概念之间的关系所组成的。在现代学科体系当中，不同的学科有不同的概念。同样一个词在不同的学科具有不同的意义。不仅科学如此，人文学科也是这样的。学习一门学问在一定意义上说也就是对这种学科概念的涵义进行准确的把握。

古代思想也是如此。儒家思想之所以具有有别于其他思想体系的独特性，就在于其本身拥有了如“仁”、“义”等一系列概念，这些概念形成了儒家思想的核心概念。在一定意义上说，儒家正是因为拥有这些独特的概念才成为独特的思想体系。对儒家思想的理解，就是要对这些关键概念进行深入的理解。这些核心概念在中国历史上逐渐成为中华民族的核心价值。如由“仁”、“义”引发出来的“杀生成仁”、“见义勇为”等被人们推崇为高贵的行为。日常的一些行为人们会衡量其是否符合“仁义”或“道义”等等。后代思想家对于前代思想的继承与发展过程当中，对这些核心概念往往作出符合时代的新解释。

不必讳言，宋明理学在逻辑思维等方面是受到过佛教思想的影响的。佛教特别注重对概念的理解。佛教在中国本身作为一种外来宗教，在中国的传播首要的一项重要工作就是经典的翻译。在佛教传播的早期，曾经出现了“格义”的方法。当时，思想交流上的困难，对概念的陌生，是佛教传播的第一障碍。为了佛教传播上的方便，两晋之际的一部分义学僧人援用老庄的思想来说明佛理，或以道家的哲学概念为佛教术语作注释，形成了所谓的格义佛教。

这种格义佛教的特点就是，用中国原有的学术思想去比拟配说佛经，递互解说，以使人易于理解佛教义理，其比较典型且使用较多的是将中国原有的名词、概念，特别是老庄哲学的名词、概念去比附、注释佛教的名相。如道安曾以老子的"无"来谈般若，道生用庄子的"自生"来解释缘起。[①] 随着佛教思想传播的深入，以及更大量佛经的引介，格义的做法受到了批评。比如，佛经翻译的准确性越来越受到重视，如大亮提出"五不可翻"与玄奘提出"五不翻"等。玄奘认为，将梵语译成汉语时，有五种情形不予意译，而保留其原音(音译)。其中有专门涉及概念翻译的，一个概念有多种涵义，例如薄伽梵一词，兼具自在、炽盛、端严、名称、吉祥、尊贵等六意，故不可任择其一而译。某些概念为了表示尊重，如般若、释迦牟尼、菩提萨埵等，一概不译为智慧、能仁、道心众生等。为了更好的理解佛经，慧琳等僧人还编撰了《一切经音义》，对各种流行的经论中的生词概念等做了注释。特别是佛教中的唯识宗，以异常繁多缜密的名相建立起一个宏大复杂的概念体系。

宋明理学受佛教影响，也特别关注对儒学概念进行准确的理解。在朱子手上则建立了缜密的概念系统。朱子追求对概念的准确理解，在与湖湘派等学派论战的时候，就对那种受到佛教影响的概念诠释表现出强烈的反对，如朱子特别反对"以觉训仁"，以"知觉训仁"等。朱子在"四书"思想形成的过程中，写下了专门论述儒家概念的短文，如《仁说》《尽心说》等。朱子在《四书章句集注》中除了对一般生字生词进行注释以外，特别关注儒家的核心概念诠释，对"四书"原文中出现的概念根据上下文灵活地做出重新诠释。可以说，对概念的诠释是朱子《四书章句集注》在诠释上的一大特色。通过对概念的重新诠释，朱子不仅加强了儒学思想在思维上的逻辑性与缜密性，而且由此创造性地发展了儒家思想。

朱子在对儒家概念的诠释中，灵活多样，不拘一格，大多依据上下文做出最贴切的概念诠释，但就总体而言，朱子的概念诠释又具有一定的统一性。下面就择要对朱子所特别重视的一些概念的诠释进行简单的分析。

---

① 萧登福：《道家道教与中土佛教初期经义发展》，上海：上海古籍出版社 2003 年版，第 303 页。

一、天——“理而已矣”

“天”在先秦文献当中是一个非常重要的概念，如“以德配天”等思想。可以说“天”是中华民族远古信仰当中最为重要的一个概念。朱子在对“四书”“天”的诠释中则尽力褪去那种超意志的天以及作为信仰之天的色彩。朱子对“四书”中多数的“天”并没有进行专门的诠释，而在一些特定的场合，则做出专门的诠释，由此引发了后人的争议。

1.“四书”中的“天”

“四书”原文中的与“天”字最多是与“下”字联用组成合成词“天下”（凡 226 见）表示普天之下的含义，其次是与“子”字联用组成“天子”（凡 42 见）。还有与“地”、“命”等字联用组成合成词“天地”（13 见）、“天命”（4 见）、“天时”（4 见）。独立使用“天”的概念并不是很多。其中有一大部分独立使用的“天”字出现在“四书”所引用的《诗经》《尚书》中。引自《诗经》，如：

诗云：“鸢飞戾天，鱼跃于渊。”言其上下察也。（Z12）

诗云：“畏天之威，于时保之。”（1B.3）

诗曰：“天之方蹶，无然泄泄。”（4A.1）

引自《尚书》的，如：

曰：“顾諟天之明命。”（D1）

太誓曰：‘天视自我民视，天听自我民听’，此之谓也。（5A.5）

伊训曰：‘天诛造攻自牧宫，朕载自亳。’（5A.7）

这一点似乎说明，在《诗经》《尚书》当中，“天”是一个相对较为重要的概念，而在“四书”当中则显然没有《诗经》《尚书》中“天”概念更为重要。“天”字在一些情况下指自然之天，如：

今夫天，斯昭昭之多，及其无穷也，日月星辰系焉，万物覆焉。(Z26)

天的一个非常重要的功能即是“生物”，如：

故天之生物，必因其材而笃焉。故栽者培之，倾者覆之。(Z17)

当然，天也往往与人并列出现，如：

在上位不陵下，在下位不援上，正己而不求于人则无怨。上不怨天，下不尤人。(Z14)

“天”可以知，可以事，即“知天”、“事天”，如：

故君子不可以不修身；思修身，不可以不事亲；思事亲，不可以不知人；思知人，不可以不知天。”(Z20)

质诸鬼神而无疑，知天也；百世以俟圣人而不惑，知人也。(Z29)

相对来讲，天有天道，人有人道。

诚者，天之道也；诚之者，人之道也。(Z20)

由此可见，“四书”当中，“天”往往与“人”作为相对的概念出现，其内涵既有自然之天，也有抽象的天，代表一种最高的主宰力量。这种主宰力量与人的力量相对，可以说主要指一种在人力范围之外的力量。这种力量代表了一种普遍的原则，可以成为人所认识与事奉的对象。

2. 天与理

朱子对“四书”中的“天”字也不是一视同仁的，对大部分“天”字都没有予以特别的关注，没有作为一个特色的概念来诠释。实际上，在朱子的诠释体系里，天早已经退化掉了先秦文献中的那种超自然天或祭祀之天等涵义。这样在诠释的过程当中，也自然对这一部分内容予以一定意义上的诠释转向，就是转变原有经文的实质内涵，以一个从诠释角度讲意义相同的概念来代替。最有特色的无过于《论语·八佾》中的对话：

王孙贾问曰："与其媚于奥，宁媚于灶，何谓也？"(3.13)

王孙贾，卫大夫。媚，亲顺也。室西南隅为奥。灶者，五祀之一，夏所祭也。凡祭五祀，皆先设主而祭于其所，然后迎尸而祭于奥，略如祭宗庙之仪。如祀灶，则设主于灶陉，祭毕，而更设馔于奥以迎尸也。故时俗之语，因以奥有常尊，而非祭之主；灶虽卑贱，而当时用事。喻自结于君，不如阿附权臣也。贾，卫之权臣，故以此讽孔子。(3.13注)

子曰："不然，获罪于天，无所祷也。"(3.13)

天，即理也；其尊无对，非奥灶之可比也。逆理，则获罪于天矣，岂媚于奥灶所能祷而免乎？言但当顺理，非特不当媚灶，亦不可媚于奥也。谢氏曰："圣人之言，逊而不迫。使王孙贾而知此意，不为无益；使其不知，亦非所以取祸。"(3.13注)

奥神与灶神都是古代家神崇拜的对象。奥神较灶神地位高，而灶神则比奥神实用。所以孔子当时有一种世俗的实用主义的说法，就是与其献媚于地位高的奥神，不如献媚于地位较低但却来得实用的灶神。王孙贾乃卫国权臣，以此话来讽喻孔子，有以灶神自比的嫌疑。孔子则直道而行，抬出远远超越奥神、灶神的"天"，说明自己顺天而行，表示既不必献媚于奥神、又不必献媚于灶神。其中自然是有反驳王孙贾的意味。从"天"的上下语境中可以分析出"天"可能具有神性意义：一方面，将"天"放在与奥神、灶神对比的位置上，明显有"天"高于奥神、灶神的暗示；另一方面，"天"后接"无所祷"，使得"天"具有一种类似于奥神、灶神而可以成为"祷"的对象的倾向。从朴素理解的角度来看，虽不能完全确定孔子所谓的"天"有天神的蕴涵，也不能完全据此确定孔子有"天"的信仰，但是顺着王孙贾的话的内容，这里的天显然有意志的天的意蕴，是符合当时普通人信仰中“天”的话语的。这就是说，就语义来讲，孔子所说的“天”必定是与奥神、灶神同一属性的概念，并且可以成为祷告的对象。

朱子注“天，即理也；其尊无对，非奥灶之可比也”(3.13注)。将“理”与“天”等同起来，褪去了“天”所具有的神性外衣。实际上，朱子并没有完全否定“天”的神性意义，而是将“天”在此处的神性意义剥离，将其内在深层蕴涵挖掘出来。可以这样理解，“天”之所以作为最为尊贵的众神的主宰本质上意义何在？“天”的这种主宰的价值在本质意义上又是什么？从朱子看来，“理”这一更加具有抽象性、时代性的概念更能诠释“天”在孔子语境中的内涵。“理”在朱子的理解语境中无疑更能切近自身的体会。“理”作为一种普遍存在的宇宙法则，正能概括孔子所说的“天”的抽象意义。从语言的发展史来看，语言本身日趋繁杂、抽象、严密。从形象而具体的苍茫的自然之天引申出来的“天”仍然带有具体苍茫的联想。苍茫之天寄托着人对无限性、未知性的诉求。如《中庸》所说：“今夫天，斯昭昭之多，及其无穷也，日月星辰系焉，万物覆焉。”(Z26)在人们的感受当中，苍茫之天似有而无，似无而有，似高而低，似低而高，知道其明确存在，但又不能完全明确其为何物。天居于人之上，无边无际，神秘不可测，表达着人类向上的无穷无尽的追求。这样天就可以被抽象为一种具有主宰意义的抽象之“天”，这样的“天”既是苍茫之天，又有普遍存在的自然法则的意蕴。从这个意义上讲，朱子将“天”诠释为理可谓是创造性的，朱子的诠释意在超越了语言文字的差异，寻求其本身所指的共同性。

朱子为了说明“天即理也”，进而改变“无所祷”的对象。按照《集解》引孔安国的说法“如获罪于天，无所祷于众神也”。即是说，如果得罪了最高的老天，那么就没有什么神可以祷告了。朱子则讲：“逆理，则获罪于天矣，岂媚于奥灶所能祷而免乎？”意义则变更为：悖逆了理，就得罪了天，那么就无法通过献媚于奥神、灶神从而祷告并免除这种罪过。朱子将祷告的对象仅仅限定在奥神、灶神中间，并将祷告的目的明确出来——即是要免除得罪天的罪过。将祷告的对象限定在奥神、灶神中间的意义在于排除了祷的对象可以是天的嫌疑，赋予“天”抽象意义，进而剥离其神性意义。一般来讲，可以向神祷告，然而却无法向“理”祷告，“天”与“理”等同起来，“天”也就不再是祷告的对象了。

朱子之所以在此处改变“天”的诠释向度，目的在于发挥其理学思想。从此一斑可见一全豹。《或问》中说：“圣人事君尽礼者，天理之公也。一有媚之之心，则流于人欲之私矣。岂圣人之所为哉?”此句可以说是朱子诠释的义理中心所在。朱子以奥神喻卫君，以灶神喻王孙贾等权臣，说明王孙贾所说的意义为：孔子你与其取媚于卫君，不如取媚于我王孙贾。孔子回答说明孔子依礼而行，礼乃是天理之节文，依礼而行，即是天理之公。有取媚之心，即是流于人欲之私。天理、人欲对立的诠释模式是朱子《四书章句集注》中最为重要的诠释框架。天理、人欲对立来诠释“克己复礼为仁”，以“己”为“己私”，以“礼”为“天理之节文”，“克己复礼”一定意义就成为，胜己私复天理之节文为仁，进一步引申“克己复礼为仁”即是说“存天理、灭人欲”为仁，从而使“存天理、灭人欲”与仁等同起来。

朱子的诠释是在批判继承《精义》中各家思想而来的。杨时认为“天者，理之所自出也。得罪于天，尚安所祷乎”。朱子认为“语亦未莹”，同时赞扬胡寅与张栻的看法。其中胡寅认为：“天，即理也。理无不在，在人则人心之昭昭者是也。”朱子的“天，即理也”的说法即是采自胡寅而赋予新的意蕴。[①] 谢良佐、杨时、范祖禹等认为孔子“不然”的态度是与其不媚于灶神，宁可媚于奥神：

> 范氏以奥为祭之尊，户、灶为祭之小，而以夫子特为不媚灶而已者，亦非是。吕氏之说，得之为多，惜乎其未及考于奥、灶之礼。谢氏于人无所媚之语，不可晓。其曰“我宁媚于奥，直求福于天”者，亦非。杨氏直以媚灶为逆理则是，以媚奥为顺理，而复陷于范氏之失矣。(《或问》,《全书》六,667页)

这些看法实际上是认为孔子否定王孙贾即必定反其道而行之的思维结果。王孙贾要孔子与其媚于奥神，宁可媚于灶神，而孔子则反之——与其媚于灶神，宁可媚于奥神。从一定角度来看，此种说法也有道理：以奥神处祭祀之

---

① 《典据考》认为朱子此句为“朱子新义，然本杨氏而言之”，失之考。据《或问》、《精义》中杨时所言“媚、灶，非理也。逆天而动，则得罪于天矣。天者，理之所自出也。得罪于天，尚安所祷乎”中“天者理之所自出也”，朱子正是持否定的态度。

尊,故当媚于奥神。朱子在《或问》中特别否定了这种看法,从而特别否定“有媚之心”,既不取媚于灶神,亦不取媚于奥神,即所谓“言但当顺理,非特不当媚灶,亦不可媚于奥也。”(3.13注)

朱子通过“理”来诠释《论语·八佾》中的“天”,意在说明“顺理”的重要性,而用“逆理”来等同于“获罪于天”。(3.13注)对于此章,钱氏曾评论道:

> 此注“天即理也”四字,清儒大肆垢病。若仅谓天尊无对,逆理则获罪于天矣,故但当顺理云云,此亦无何不可。今必谓‘天即理’,则当云“获罪于天即是逆理”,或“逆理即是获罪于天”,然朱子意似心知其不安,乃改下一则字,曰“逆理,则获罪于天矣”,则仍见天之不即是理。《论语》他节天字,朱子亦不一一以理字作注。又如孟子天之降才尔殊,岂能云理之降才尔殊乎?中庸天命之谓性,又岂能云理命之谓性乎?然此处朱子终下此一注曰天即理也,此非朱子之轻率处,而实是朱子之郑重处。此等乃程朱、孔孟思想绝大歧异所在,孰是孰非,非训诂考据之所能定也。[①]

钱穆点出了朱子于此节特意以理释天的诠释向度,说明朱子的解释与《论语》原文之间存在一定的距离。[②] 钱氏还指出朱子亦于“天即理也”的诠释心有不安,其“逆理,则获罪于天矣”说明朱子终究认为天不即是理,并说明《论语》《孟子》《中庸》等其他处的“天”字,朱子并没有训为“理”字。据钱穆的看法,如果朱子认为“逆理”与“获罪于天”等同,即应当说“逆理,即获罪于天”,而不应当说“逆理,则获罪于天”。其实,朱子未必对此不安,朱子在解释《孟子》亦有“天者,理而已矣”的训释,而朱子“天即理也”又本于胡寅。另外,概念诠释并不等同于概念替换,“理”有不同的丰富的意义,“天”也有不同的丰富的意义,此处以“理”释“天”只说明“理”与“天”在此处的内涵具有一致性,或说明在一定意义

---

① 钱穆:《从朱子论语注论程朱孔孟思想歧点》,《孔子与论语》,台北:联经出版社1991年版,第139—140页。

② 钱穆所说“此等乃程朱、孔孟思想绝大歧异所在,孰是孰非,非训诂考据之所能定也”并未从解释学角度来思考。朱子思想本身即是对孔子思想的解释,说朱子的思想与孔子思想有不同则宜,说有是有非则不宜。因为对思想本身是非的判断无法依据一绝对的标准,这种判断本身亦是一种解释。

上“天”与“理”可以等同。至于《中庸》“天命之谓性”朱子释为：“天以阴阳五行化生万物，气以成形，而理亦赋焉，犹命令也。于是人物之生，因各得其所赋之理，以为健顺五常之德，所谓性也。”(Z1)朱子在此说明天的作用是“以阴阳五行化生万物，气以成形”，而“理”就在这个过程中就像命令一样赋予了。其中并没有将“天”与“理”完全等同起来。其实，《论语》“获罪于天”之“天”未必非要截然等同于《孟子》“天之降才尔殊”之“天”以及《中庸》“天命之谓性”之“天”。

《孟子》中也有一处朱子特别以“理”来训“天”，如：

齐宣王问曰：“交邻国有道乎？”孟子对曰：“有。惟仁者为能以大事小，是故汤事葛，文王事昆夷；惟智者为能以小事大，故大王事獯鬻，句践事吴。(1B.3)

獯，音熏。鬻，音育。句，音钩。仁人之心，宽洪恻怛，而无较计大小强弱之私。故小国虽或不恭，而吾所以字之之心自不能已。智者明义理，识时势。故大国虽见侵陵，而吾所以事之之礼尤不敢废。汤事见后篇。文王事见《诗·大雅》。大王事见后章。所谓狄人，即獯鬻也。句践，越王名。事见《国语》《史记》。(1B.3 注)

以大事小者，乐天者也；以小事大者，畏天者也。乐天者保天下，畏天者保其国。(1B.3)

乐，音洛。天者，理而已矣。大之字小，小之事大，皆理之当然也。自然合理，故曰乐天。不敢违理，故曰畏天。包含遍覆，无不周遍，保天下之气象也。制节谨度，不敢纵逸，保一国之规模也。(1B.3 注)

《诗》云：‘畏天之威，于时保之。’”(1B.3)

《诗·周颂·我将》之篇。时，是也。(1B.3 注)

《孟子》此处的“乐天”、“畏天”中的“天”，可能有“天意”或“天命”的意蕴。也就是说，无论“以大事小”或是“以小事大”都顺应天的意志。以大事小，本违常理，但亦是天的意志，故而乐于服从天的意志。以小事大，本即常理，自然不能违背天的意志，所以因敬畏天命而服从之。从孟子后面所引的《诗经》中的

“畏天之威，于时保之”(1B.3)可以看出“天”本身就具有这种无上的主宰的性质。朱子径将此处的“天”释为“理”，自然就抹去了天本身具有的意味。“乐天”与“畏天”就理解为“合理”与“不敢违理”，以“理”的涵义代替“天”的涵义。

二、道——“事物当然之理”

“道”字在中国哲学里是一个意义非常丰富，富有最为终极意义的一个概念。除了抽象的道之外，道的本义是“道，路也”(3A.4 注)，一般常用的意义还有“道，言也”(D3 注)，“道，语也”(6B.3 注)等。此外，还有多种在不同上下文的意义，朱子也一一予以解释，如：

> 道，由也。(Z27 注)
>
> 道，治也。(1.5 注)
>
> 道，犹引导，谓先之也。(2.3 注)
>
> 道，引也，谓教之也。(19.25 注)

如果说这些“道”多为一种语文上的解读，那么其他一些对“道”的解释则更多的是作为一个专门的概念来诠释的。

1. 道术

> **是故君子有大道，必忠信以得之，骄泰以失之。(D10)**
>
> 君子，以位言之。道，谓居其位而修己治人之术。发己自尽为忠，循物无违谓信。骄者矜高，泰者侈肆。此因上所引文王、康诰之意而言。章内三言得失，而语益加切，盖至此而天理存亡之几决矣。(D10 注)

朱子以《大学》为帝王之学，《大学》体现的是内圣外王之道，格致正诚为内圣之学，修齐治平为外王之学。“四书”中的君子，朱子根据具体的不同情况予以特别对待，有的地方是“君子，成德之名。”(1.1 注)而此处的君子，朱子则特别强调是“以位言之”，当然是指处在统治阶层的统治者，主要指的是内以修己，外以治人的有德之君了。作为有德的统治者的君子所拥有的大道，当然是能够内足以修己，外足以治人的术。朱子此处对“道”的诠释可谓精妙。首先特别强调居位的意义，只有在居位的情况下才可以修己治人。在朱子看来，统治者居位而修己治人的道术，是通过发己自尽与循物无违得到的，而如果矜高与侈肆的话，就只能失去。

2. 率性与道

> **天命之谓性，率性之谓道，修道之谓教。(Z1)**
>
> 命，犹令也。性，即理也。天以阴阳五行化生万物，气以成形，而理亦赋焉，犹命令也。于是人物之生，因各得其所赋之理，以为健顺五常之德，所谓性也。率，循也。道，犹路也。人物各循其性之自然，则其日用事物之间，莫不各有当行之路，是则所谓道也。修，品节之也。性道虽同，而气禀或异，故不能无过不及之差，圣人因人物之所当行者而品节之，以为法于天下，则谓之教，若礼、乐、刑、政之属是也。盖人之所以为人，道之所以为道，圣人之所以为教，原其所自，无一不本于天而备于我。学者知之，则其于学知所用力而自不能已矣。故子思于此首发明之，读者所宜深体而默识也。(Z1 注)

此处，朱子特别从道的本义出发来说明道的涵义，可谓是一个从本义发挥引申义的一个范例。《中庸》原句“率性之谓道”在一定意义上就是对“道”的一种解释。朱子特别将“率性”与“道”的本义“路”联系起来。以“率性”之“率”为循，有了因循的意思。而道路本身就是人可以因循来行走的。所以朱子顺着“率性之谓道”的文脉将道解释为“人物各循其性之自然，则其日用事物之间，莫不各有当行之路，是则所谓道也。”(Z1 注)此种对原“率性之谓道”在内容上有了一些关键补充：首先，率性的主语是“人物”。朱子认为人与物具有一定的相通性，都是天所生物，所以也就有天赋的本性，但是关键的问题在于能不能够循此性，也就是下面讲的“性道虽同，而气禀或异”所造成的。其次，“性”的特点是“自然”。性乃天命所赋，与天为一，仍然具有自然而然的属性。这一点就与人为分开。性显然就有一种先天的性质，不是可以重新塑造的东西。再次，“性”落实在日用事物之间。性是抽象的，看不见也摸不着，但是性却是表现在日用事物上的，这也就是朱子的“理一分殊”思想的运用与发挥。最后，以道为“当行之路”。朱子对文字甚为考究，也特别注重从本义出发解释那些看似玄之又玄的概念。比如“道”就是那种很难说清道明的东西，其涵义异常的丰富，具有多种层次，但是作为最高意义上的根本实体讲时，又很难对之下定义。因为一般来讲，道这个概念是最终极的概念，内涵最大，外延最小，其他任何用来诠释道的概念显然都是不足以定义道。所以一般对道的诠释只能采取否定诠释的方式，比如说明道不是什么什么的。而朱子则从道的本义出发，对道的内涵做了细致的描述。

“率性之谓道”在一些地方成为解释“道”字的标准。如：

子曰：“道不远人。人之为道而远人，不可以为道。(Z13)

道者，率性而已，固众人之所能知能行者也，故常不远于人。若为道者，厌其卑近以为不足为，而反务为高远难行之事，则非所以为道矣。(Z13 注)

朱子直接回归《中庸》首章对道的定义，朱子认为道不远人的原因就在于道是率性，也就是因循人的自然本性，人的自然本性是不可能远离人本身的。这种解释自然也是出于本身也在解释《中庸》的需要，以道就在人本身上，是可以为众人所知所行的。朱子在解释道时尽量不离开道作为行的基本义来做任何发挥，做出一种对道较为朴素的引申，这一点与以禅解《中庸》等的做法显然是完全不同的。

三、礼——“天理之节文”

1.“四书”中的“礼”

“礼”在“四书”当中是一个重要概念。《大学》不见载“礼”字。《中庸》中则重视礼的作用，指出有“天子之礼”(Z18)、“宗庙之礼”(Z19)、“郊社之礼”(Z19)，是人们行动的规范，如说“行其礼”(Z19)、“非礼不动”(Z20)，并特别强调要“敦厚以崇礼”(Z27)。《论语》中孔子“事君尽礼”(3.18)，屡屡教导弟子要“约之以礼”(6.25)，要“立于礼”(8.8)，否则“不知礼，无以立也。”(20.3)。《论语》中说明了礼与敬之间存在一定的关系，如孔子否定“为礼不敬”(3.26)，又强调“上好礼，则民莫敢不敬”。(13.4)《孟子》中更明确了礼的精神实质，如“盖尊尊亲亲，礼之常也。”(1B.7)，“礼之实，节文斯二者是也。”(4A.27)强调“辞让之心，礼之端也。”(2A.6)或“恭敬之心，礼也”(6A.6)。《孟子》中礼与敬的关系更加明确，如孟子说“爱人不亲反其仁，治人不治反其智，礼人不答反其敬”(4A.4)，“仁者爱人，有礼者敬人”(4B.28)，“迎之致敬以有礼”(6B.14)，“致敬尽礼”(7A.8)。

“四书”原文中，礼与仁、义明确具有一定的关联。如《中庸》中“仁者人也，亲亲为大；义者宜也，尊贤为大；亲亲之杀，尊贤之等，礼所生也”(Z20)以为仁与义都是礼所生的，《论语》中“克己复礼为仁”(12.1)，“其目”为“非礼勿视，非礼勿听，非礼勿言，非礼勿动。”(12.1)以为与礼作为视听言动的根本标准才算为仁，《孟子》中“礼之实，节文斯二者(指仁与义)是也”(4A.27)以为礼的实质乃是仁与义的节文。

2. 礼作为天理之节文

《孟子》中有“仁之实，事亲是也；义之实，从兄是也。智之实，知斯二者弗去是也；礼之实，节文斯二者是也”(4A.27)，朱子据此将“礼”的本义训释为“节文”，这一点体现在“四书”的解释当中，如：

> 礼，则节文斯二者而已。(Z20注)
>
> 礼，节文也。(1.13注)

其实“节文”二字并不好懂，所以朱子在其他地方对之做了专门说明：

> 节文，谓品节文章。(4A.27注)

在有的地方，也将礼直接解释为：

礼，谓制度品节也。(2.3 注)

朱子不仅继承以“节文”作为礼的本义来解释“礼”，更特别将此“节文”作为“理”(“天理”、“义理”)之节文，使“礼”具有崇高的意义。

礼，即理之节文也。(2.5 注)

礼者，天理之节文也。(12.1 注)

礼，谓义理之节文。(15.32 注)

朱子将礼解释为“天理之节文”并不是朱子完全的别出心裁，而是有其古代文献的依据。《礼记·坊记》:“礼者，因人之情而为之节文，以民坊者也”,《管子·心术》:“礼者，因人之情，缘义之理，而为之节文者也。故礼者，谓有理也”，朱子以“礼”为“节文”本于此。据《论语》，礼本身就有“节”的作用，如“有所不行，知和而和，不以礼节之，亦不可行也。”(1.12)《礼记·仲尼燕居》:“子曰：礼也者，理也。乐也者，节也。君子无理不动，无节不作”，亦以“理”释“礼”之先例。《礼记·乐记云》:“人之好恶无节，则是物至而人化物也。人化物也者，灭天理而穷人欲者也”，此中虽未明言“礼”，但提到“节”与“天理”。“天理之节文”即是在这些文献基础上总结提炼而成的。

虽然说以“理”训“礼”，以“节文”训“礼”并不是朱子的独创，但是朱子的“理”、“天理”都具有特别的涵义。《管子·心术》以“有理”训“礼”，《礼记·仲尼燕居》以“理”训“礼”多为一种音训，即用声音相同或相近的字来解释某字的字义的一种方法。朱子将“礼”作为“理”的外在程式，它执行天理对人的规范与节制，使人的行为能够符合道德规则。《礼记·檀弓下》:“品节斯，斯之谓礼。”孔颖达疏：“品，阶格也；节，制断也。”“品节”即是按照一定等级、层次而加以节制。“文章，德之见乎外者，威仪文辞皆是也。”(5.12 注)“文章，礼乐法度也。”(8.19 注)“文章”即是表现在外的修饰形式。

“理”与“天理”是不同的。朱子在解释“克己复礼”之“礼”，特别强调：

礼者，天理之节文也。(12.1 注)

此处的礼作为“天理”的重要表现程式，在一定意义上说“复礼”实际上就是要复“天理”。

四、仁——“爱之理，心之德”

1. 四书中的“仁”

《大学》中“仁”字十见。如“为人君，止于仁”(D3)，“尧舜帅天下以仁，而民从之”(D9)，“未有上好仁而下不好义者也”(D10)说明“仁”是一种处在统治地位上的人所要求具有的品质。“一家仁，一国兴仁”(D9)说明“仁”具有一种推广的性质，可以由一个小集体扩展到更大的集体。其中引用舅犯所说的“亡人无以为宝，仁亲以为宝”(D10)以为“仁”为人之一种可贵的品质。另外，有“仁人”，“唯仁人放流之，迸诸四夷，不与同中国。此谓唯仁人为能爱人，能恶人”(D10)又“仁者”、“不仁者”“仁者以财发身，不仁者以身发财。”(D10)

《中庸》六见。以“仁”为修道的重要内容，如“故为政在人，取人以身，修身以道，修道以仁”(Z20)。以音训的方式来解释“仁”，以为“仁”的品质是成为人的条件，其内容就是“亲亲”为首要，如“仁者人也，亲亲为大；义者宜也，尊贤为大；亲亲之杀，尊贤之等，礼所生也”(Z20)。又以“仁”为三达德之一，如“知、仁、勇三者，天下之达德也，所以行之者一也”(Z20)。又以“力行”的品质与“仁”相近，如“好学近乎知，力行近乎仁，知耻近乎勇”(Z20)。以为诚者不仅仅成己而且成物，而成己就是仁的表现，如“诚者非自成己而已也，所以成物也。成己，仁也；成物，知也。性之德也，合外内之道也，故时措之宜也”(Z25)。另外，赞美仁，如“肫肫其仁！渊渊其渊！浩浩其天！”(Z32)

“仁”无疑是《论语》中的核心概念，涉及“仁”的有 59 章，凡一百零九见，其中大部分都是孔子所说的。然而根据弟子所见，“子罕言利与命与仁”(9.1)。

即孔子很少正面言及利益、命运与仁。[①] 仁到底是什么，孔子从来没有下过一个准确的定义。然而关于什么是仁，什么不是仁，孔子则对弟子有很多的回答与讨论。重要的有：

樊迟有三次问仁：第一次，孔子说："仁者先难而后获，可谓仁矣。"(6.20)即是说有仁德的人总是先经过困难的实践而后有所得，这样便可以说是具备仁了。第二次，孔子说："爱人。"(12.22)这可谓仁的一项重要表现，然显然不是仁的定义。第三次，孔子说："居处恭，执事敬，与人忠。虽之夷狄，不可弃也。"(13.19)即是说独居要端庄严肃，办事要认真敬慎，待人要诚心实意。即使是到了文明落后的夷狄之国，也不可放弃这些。

子张有一次问仁。孔子说："能行五者于天下，为仁矣。"即"恭、宽、信、敏、惠。恭则不侮，宽则得众，信则人任焉，敏则有功，惠则足以使人。"(17.6)孔子以为能把五方面在天下实行就可以说是仁了，即恭、宽、信、敏、惠五方面，恭敬就不会受到侮辱，宽厚就能争取大众，信实就会使别人为你效力，勤敏就能有成就，施恩惠就足以役使别人。

子贡有一次问仁。子贡曰："如有博施于民而能济众，何如？可谓仁乎？"子曰："何事于仁，必也圣乎！尧舜其犹病诸！夫仁者，己欲立而立人，己欲达而达人。能近取譬，可谓仁之方也已。"(6.28)子贡想知道如果能博施恩惠于老百姓，并且能周济大众，是不是可以说是达到仁的境界，孔子则说明，何止于仁，已经达到了圣的境界了。尧舜对此或许还感到为难呢！有仁德的人，自己想成功，也使别人成功，自己想通达，也使别人通达。能将心比心，推己及人，可以说是行仁的方法了。

《论语·颜渊》前三章将颜渊、仲弓、司马牛问仁于孔子的问答编辑在一起，形成一定的对比。孔子分别以"克己复礼为仁。一日克己复礼，天下归仁

---

① 此句有不同的解释。此处所说依据朱子的意思。《论语》中"利"、"命"、"仁"均有言及。子曰："放于利而行，多怨。"(4.12) 子曰："君子喻于义，小人喻于利。"(4.16) 子曰："无欲速，无见小利。欲速，则不达；见小利，则大事不成。"(13.17) 曰："今之成人者何必然？见利思义，见危授命，久要不忘平生之言，亦可以为成人矣。"(14.13) 子曰："因民之所利而利之，斯不亦惠而不费乎？……"(20.2) 五十而知天命，(2.4) 伯牛有疾，子问之，自牖执其手，曰："亡之，命矣夫！斯人也而有斯疾也！斯人也而有斯疾也！"(6.8) 子夏曰："商闻之矣：(12.5) 死生有命，富贵在天。(12.5) 子曰："道之将行也与？命也。道之将废也与？命也。公伯寮其如命何！"(14.38) 孔子曰："君子有三畏：畏天命，畏大人，畏圣人之言。(16.8) 小人不知天命而不畏也，狎大人，侮圣人之言。"(16.8) 子曰："不知命，无以为君子也。(20.3)仁更不用说。

焉。为仁由己,而由人乎哉”(12.1)、“出门如见大宾,使民如承大祭。己所不欲,勿施于人。在邦无怨,在家无怨”(12.2)、“仁者其言也讱”(12.3)来回答。首先,对于颜渊,孔子说,约束自己而复归于礼就是仁。一旦约束自己而复归于礼,天下人就会用仁来称赞他了。修养仁德全靠自己,难道是靠别人吗?其次,对于仲弓,孔子说,出门在外要像接见贵宾一样敬慎,役使老百姓要像承当大的祭典一样小心。自己不愿承受的事物,不要加给别人。在诸侯之国做官不招致怨恨,在大夫之家做官也不招致怨恨。再次,对于司马牛,孔子说,仁人的言语迟钝。

《论语》中孔子也特别从反面说明什么样的情况,没有仁的品质,如“巧言令色,鲜矣仁”(1.3),即花言巧语,态度伪善,就必定缺少仁的品质。然而总的来说,在孔子对仁的界定中,最重要的有两条,一是仁者“爱人”,一是“克己复礼为仁”。前者是以仁待人,后者是以仁律己,合起来则涵盖了人类道德生活的全部范围。

2. 以心之德释仁

朱子以心释仁应该说是吸收孟子的思想,《孟子》中有专门对仁的界定与对仁的内容的分析。如“仁也者,人也”(7B.16)。而最主要是以“仁”为人之心,如“仁,人心也;义,人路也”(6A.11)。将人的某种心的表现作为仁的发端,如“恻隐之心,仁之端也”(2A.6)。甚至直接说明就是“仁”的重要内容,如“恻隐之心,仁也”(6A.6)。

朱子以心释仁在不同的语境对仁的诠释大略微有不同,有只简单的说是“心之德”(6.5注),或者进一步说是“天地生物之心,而人得以生者”(Z20注),“人心之全德”(8.7注),但最为重要的则是颜渊问仁一章所说的“本心之全德”。

故为政在人,取人以身,修身以道,修道以仁。(Z20)

此承上文人道敏政而言也。为政在人,《家语》作“为政在于得人”,语意尤备。人,谓贤臣。身,指君身。道者,天下之达道。仁者,天地生物之心,而人得以生者,所谓元者善之长也。言人君为政在于得人,而取人之

则又在修身。能修其身,则有君有臣,而政无不举矣。(Z20注)

儒家思想相对来讲,特别关注现实生活中的政治,以为政治是人谋取幸福的一种重要手段。一种好的政治能够实现更多人的幸福。期望大多数人的幸福中就体现出仁的意义。所谓"博施于民而能济众","尧舜其犹病诸!"(6.28)博施恩惠于老百姓,并且能周济大众,尧舜对此都感到难以做到。为政的关键则在于选取贤良的臣下,这就需要君主以自身来选取人,又得以道来修身,以仁来修道。作为君主的统治,用仁来修道是最为关键的。朱子此节特别以仁为"天地生物之心,而人得以生者",天地有好生之德,所以生人生物,而人要效仿天之所为,也就必须效仿天地之德。人为天地所生,则人必然也具有天地所赋予的本性,这种本性就是生物之心,此一点与孟子所说的恻隐之心、不忍人之心是相通的。朱子如此判断即是来自孟子以心释仁的思想。朱子在一般对"仁"的诠释只提"心之德",而此心之德,实际就是生物之德。朱子为什么要在此节特别生物之心,在于提醒统治者以仁修道,而此仁不为别的,正是生物之心,统治者当体会天地的生物之心,从而能够博施济众。

子曰:"回也,其心三月不违仁,其余则日月至焉而已矣。"(6.5)

三月,言其久。仁者,心之德。心不违仁者,无私欲而有其德也。日月至焉者,或日一至焉,或月一至焉,能造其域而不能久也。程子曰:"三月,天道小变之节,言其久也,过此则圣人矣。不违仁,只是无纤毫私欲。少有私欲,便是不仁。"尹氏曰:"此颜子于圣人,未达一间者也,若圣人则浑然无间断矣。"张子曰:"始学之要,当知'三月不违'与'日月至焉'内外宾主之辨。使心意勉勉循循而不能已,过此几非在我者。"(6.5注)

在朱子看来,颜回的仁的境界是仅次于孔子的,已经几阶圣位了。而其关键的判断即是基于此章之说。此章所言颜回之心三月不违仁,而朱子以"心之德"训仁,这样就产生心与仁为一为异的问题。以心释仁是孟子所言的,是朱子以心释仁的依据。此处又说心不违仁,显然有看做两物的嫌疑。《或问》中对此辩论道：

或曰：仁，人心也，则心与仁宜一矣。而又曰心不违仁，则心之与仁，又若二物焉者，何也？曰：孟子之言，非以仁训心也，盖以仁为心之德也，人有是心，则有是德矣。然私欲乱之，则或有是心，而不能有是德，此众人之心，所以每至于违仁也。克己复礼，私欲不萌，则即是心而是德存焉，此颜子之心，所以不违于仁也。故所谓违仁者，非有两物而相去也，所谓不违者，非有两物而相依也。深体而默识于言意之表，则庶乎其得之矣。(《或问》,《全书》六,721 页)

朱子所分别的就是“心”与“心之德”。人莫不有是心，也莫不有是德，然而由于私欲所遮蔽，所以所有此心，而此心之德却丧失了，这样就会出现违仁的情况。而通过克己复礼，私欲就不再萌发了，而心之德也就是仁也不违了。

颜渊问仁。子曰：“克己复礼为仁。一日克己复礼，天下归仁焉。为仁由己，而由人乎哉？”(12.1)

仁者，本心之全德。克，胜也。己，谓身之私欲也。复，反也。礼者，天理之节文也。为仁者，所以全其心之德也。盖心之全德，莫非天理，而亦不能不坏于人欲。故为仁者必有以胜私欲而复于礼，则事皆天理，而本心之德复全于我矣。归，犹与也。又言一日克己复礼，则天下之人皆与其仁，极言其效之甚速而至大也。又言为仁由己而非他人所能预，又见其机之在我而无难也。日日克之，不以为难，则私欲净尽，天理流行，而仁不可胜用矣。程子曰：“非礼处便是私意。既是私意，如何得仁？须是克尽己私，皆归于礼，方始是仁。”又曰：“克己复礼，则事事皆仁，故曰天下归仁。”谢氏曰：“克己须从性偏难克处克将去。”(12.1 注)

此章是宋儒特别关注的一章，也成为宋儒重要的工夫论理论来源。朱子对此章的独特解释主要体现在“克己复礼”四个字上。朱子以胜为“克”，以己之私欲为“己”，加之以“天理之节文”释“礼”，从而使得“克己复礼”在实质内涵上与“存天理灭人欲”等同起来。说“克己复礼”目的还在理解什么是仁。朱子在通常的“心之德”的“心”前加“本”，“德”前加“全”，则特别强调了“仁”的至上性。朱子将“礼”仅仅作为到达天理的过渡，因为朱子实际上将仁在一定意义上等同于天理，复的作用在于胜私欲。朱子注：“盖心之全德，莫非天理，而亦不能不坏于人欲。故为仁者必有以胜私欲而复于礼，则事皆天理，而本心之德复全于我矣。”(12.1注)心的全德莫非就是天理，同时又不得不被人欲所坏。

子曰：“仁远乎哉？我欲仁，斯仁至矣。”(7.29)

仁者，心之德，非在外也。放而不求，故有以为远者；反而求之，则即此而在矣，夫岂远哉？程子曰：“为仁由己，欲之则至，何远之有？”(7.29注)

此处释仁，朱子用程子引颜渊问仁一章“为仁由己”的说法，强调求仁的主动性。求则得之，不求则不得。既然仁为心之德，而此心之德虽为人人所具有，但是为私欲所蔽，心之德无从显现了，只有求而通过反躬自省，复于天理，方能将此心之德显露出来。

曾子曰：“士不可以不弘毅，任重而道远。(8.7)

弘，宽广也。毅，强忍也。非弘不能胜其重，非毅无以致其远。(8.7注)

仁以为己任，不亦重乎？死而后已，不亦远乎？”(8.7)

仁者，人心之全德，而必欲以身体而力行之，可谓重矣。一息尚存，此志不容少懈，可谓远矣。程子曰：“弘而不毅，则无规矩而难立；毅而不弘，则隘陋而无以居之。”又曰：“弘大刚毅，然后能胜重任而远到。”(8.7注)

此处朱子以“人心之全德”释之，根据原文特别强调仁要身体而力行。

孔子曰：'里仁为美。择不处仁，焉得智？'夫仁，天之尊爵也，人之安宅也。莫之御而不仁，是不智也。(2A.7)

焉，于虔反。夫，音扶。里有仁厚之俗者，犹以为美。人择所以自处而不于仁，安得为智乎？此孔子之言也。仁、义、礼、智，皆天所与之良贵。**而仁者天地生物之心，得之最先，而兼统四者，所谓元者善之长也，故曰尊爵。在人则为本心全体之德，有天理自然之安，无人欲陷溺之危。人当常在其中，而不可须臾离者也，故曰安宅。**此又孟子释孔子之意，以为仁道之大如此，而自不为之，岂非不智之甚乎？(2A.7注)

此为朱子对孟子仁为"安宅"比喻的解释。对仁的解释内容上与《中庸》"仁者，天地生物之心，而人得以生者，所谓元者善之长也"(Z20注)的解释有些类似。

3. 以仁为"心之德"、"爱之理"

朱子不仅以"心之德"释仁，而且特别引进"爱之理"作为补充。朱子以爱之理释仁，其理论来源仍然是孔子、孟子对仁与爱的相关说法。如《论语》中有"樊迟问仁。子曰：爱人。"(12.22)孟子中亦有"爱人不亲反其仁"(4A.4)、"仁者爱人，有礼者敬人。"(4B.28)、"仁者无不爱也，急亲贤之为务"(7A.46)，然而朱子则承二程的说法，认为不能将爱便为仁，所以特别强调，爱不是仁，而"爱之理"才是仁。朱子在一定语境中，也用爱人来说明仁，如"仁心，爱人之心也"(4A.1注)。

后世对朱子仁的诠释的经典表述为"心之德，爱之理"(1A.1注)，但朱子在不同的地方还有"爱之理，心之德"(1.2注)。如蔡清《四书蒙引》所见：

且朱子解孟子首章，仁字则先心之德而后爱之理，解《论语》第二章仁字则先爱之理而后心之德，各有攸当，不容毫发苟且混淆也。

蔡清看出了其中的不同，说"各有攸当"，然而却以为区别很大，"不容毫发苟且混淆"，似略为夸张。

孟子对曰:"王何必曰利?亦有仁义而已矣。(1A.1)

仁者,心之德、爱之理。**义者,心之制、事之宜也。**此二句乃一章之大指,下文乃详言之。后多放此。(1A.1 注)

此节说仁与义并列,所以对仁的定义为泛说,故以为"心之德"为中心,以"爱之理"作为补充。

君子务本,本立而道生。孝弟也者,其为仁之本与!(1.2)

与,平声。务,专力也。本,犹根也。仁者,爱之理,心之德也。为仁,犹曰行仁。与者,疑辞,谦退不敢质言也。言君子凡事专用力于根本,根本既立,则其道自生。若上文所谓孝弟,乃是为仁之本,学者务此,则仁道自此而生也。程子曰:"孝弟,顺德也,故不好犯上,岂复有逆理乱常之事。德有本,本立则其道充大。孝弟行于家,而后仁爱及于物,所谓亲亲而仁民也。故为仁以孝弟为本。论性,则以仁为孝弟之本。"或问:"孝弟为仁之本,此是由孝弟可以至仁否?"曰:"非也。谓行仁自孝弟始,孝弟是仁之一事。谓之行仁之本则可,谓是仁之本则不可。盖仁是性也,孝弟是用也,性中只有个仁、义、礼、智四者而已,曷尝有孝弟来。然仁主于爱,爱莫大于爱亲,故曰孝弟也者,其为仁之本与!"(1.2 注)

此节有子论孝悌是行仁之本,而孝悌与爱人最为接近,故以"爱之理"为中心,以"心之德"作补充。

五、义——"天理之所宜"

义的概念诠释主要有两方面内容,朱子必须加以协调。

1. 义在不同语境中与其本义的关系。《中庸》中有"义者,宜也,尊贤为大",乃是对"义"的声训,这一训释成为义的本义。朱子对"义"的诠释就是基于这一基本意义的。从这一基本义出来,朱子根据上下文做了多方面的补充。

2. 义有客观事物之宜，也有讲内在修养的。如何将两个统一起来。

朱子对义的经典表达是两个方面的，一方面体现心的层面，另一方面体现事的层面。即所谓“心之制、事之宜”。朱子是在《孟子》首篇首章提出的。

孟子对曰：“王何必曰利？亦有仁义而已矣。(1A.1)

仁者，心之德、爱之理。义者，心之制、事之宜也。此二句乃一章之大指，下文乃详言之。后多放此。(1A.1 注)

《孟子》此节仁义并提，可以说与孔子略有不同。孔子一般单提一个仁字，而孟子一开口就并提二字，如程子所说：“仲尼只说一个仁字，孟子开口便说仁义。”(见《孟子序说》)义可谓《孟子》当中的一个重要概念，所以朱子在对四书中“义”的诠释当中，特别结合孟子对义的阐发，在概念的准确性上力求不与孟子思想矛盾。朱子在对四书分析的过程中特别重视一篇的开始与结尾，认为开始总是具有提纲挈领的作用。如，《大学》首章朱子将之作为“经”的部分，《中庸》首章更是“首言一理”，《论语》首篇也是“所记多务本之意”，《孟子》也是如此，如朱子在“王亦曰仁义而已矣，何必曰利”(1A.1)下特别做出提醒说：“此孟子之书所以造端托始之深意，学者所宜精察而明辨也。”(1A.1 注)这就显示出朱子所理解的“仁义”二字对于《孟子》一书的重要性。也可能正是出于这样的自觉，朱子将朱子对仁与义的经典表述都放在此处。

1. “事之宜”

有子曰：“信近于义，言可复也；恭近于礼，远耻辱也；因不失其亲，亦可宗也。”(1.13)

近、远，皆去声。信，约信也。**义者，事之宜也。** 复，践言也。恭，致敬也。礼，节文也。因，犹依也。宗，犹主也。言约信而合其宜，则言必可践矣。致恭而中其节，则能远耻辱矣。所依者不失其可亲之人，则亦可以宗而主之矣。此言人之言行交际，皆当谨之于始而虑其所终，不然，则因仍苟且之间，将有不胜其自失之悔者矣。(1.13 注)

虽然朱子对义的经典定义为"心之制、事之宜",包含了心与事两个方面,心的层面是与作为心之德的仁属于一个层面,事的层面则单纯讲一种客观的价值标准。于此,朱子则只取其客观性的层面。根据《或问》,朱子的思路是,人们约信,固然想要言出必行的,但是在开始的时候,可能没有审度是否得宜,那么约信的内容就有可能没有办法履行。如果在约信之后,才发现在道义上是不可以的,然后就不再履行,那么就失信于人了,或者虽然发现在道义上不可以为了守信仍然去履行了,显然又伤害到义了。相反,如果在约信一开始就审度是否符合义的要求,那么所言就没有什么不可以履行的了,也就不必或者失信或者害义了。可见,朱子对"近于"做出了独特的解释,将之理解为"合于"、"中于"。"近于"可以理解为一个大概接近的意思,也可以理解为"合于"、"中于",也就是要求必须符合。两者之间有细微的差别。"接近于"让人觉得是一个差不多就可以,而"合于"则要求恰到好处。

朱子对此章文义做了如此推敲,从而否定了二程的看法。二程大致认为,约言如果所言得到了履行,那么这种信也就近于义了,恭敬如果能够远离耻辱,那么这种恭敬也就近于礼了,因为恭敬与守信从而不失其近于礼与义,就可以宗了。这样的解释似乎在"信近于义"与"言可复也"之间,"恭近于礼"与"远耻辱也"之间建立了微妙的因果关系,即:之所以"信近于义",是因为"言可复也";之所以"恭近于礼",是因为"远耻辱也"。二程对义的理解没有从本义出发,所以义就是义,应当是言的结果,所以约言与义很难挂钩,所以干脆将义作为言的目的,就是言如果可以履行就是义了。对礼的理解也大致类似。

此章朱子从义的本义"宜"出发,将"近于义"理解为动词"合宜",从礼的本义"节文"出发,将"近于礼"理解为动词"中节",这样义理重点在于在做事之前要谨慎,从而具有了较深的一层意思,而不单单是要守信与要恭敬的直接层面了。

2. "天理之所宜"

子曰:"君子喻于义,小人喻于利。"(4.16)

喻,犹晓也。**义者,天理之所宜。** 利者,人情之所欲。程子曰:"君子之于义，犹小人之于利也。唯其深喻，是以笃好。”杨氏曰：“君子有舍生而取义者，以利言之，则人之所欲无甚于生，所恶无甚于死，孰肯舍生而取义哉？其所喻者义而已，不知利之为利故也，小人反是。”(4.16注)

以天理、人欲的二分法来分别君子与小人是朱子“四书”解释的一个非常显着的特色。而二分的一个标准就是此章所讲的喻于义与喻于利的差别。“喻”，朱子解释为“晓”，就是通晓、知道的意思。意思是君子只晓得大义，小人只晓得利益。朱子在此章对义的诠释当中，特别与天理联系起来。义的意义丰富多样，朱子在不同语境也赋予不同的涵义，有“事之宜”、有“人心之裁制”的，而这章目的是要在君子小人划清界限，所以义的涵义从天理的高度来讲，由此看出君子与小人的判然二分。“天理之所宜”自然是说符合天理的。要符合天理，则说明君子的行为是道义所要求的，天理要求人大公无私，君子自然就大公无私。小人则或不明白天理之所在，汩没于人欲而只知道利益之为用大，以为追求利益是人生唯一的目的。君子与小人的分别正如朱子在其他地方所说的，“君子循天理，故日进乎高明；小人殉人欲，故日究乎污下”(14.24注)。

仁，人之安宅也；义，人之正路也。(4A.10)

仁宅已见前篇。**义者，宜也，乃天理之当行，无人欲之邪曲**，故曰正路。(4A.10注)

朱子特别在意在概念诠释上不做无根本的发挥。对于义的诠释总是从其音训“宜”上加以发挥。此节为了迎合孟子将义比作正路的比喻，朱子特别将义说成是天理之当行。可以说“天理之所宜”与“天理之当行”意义是基本相同的。一个适宜的事情也自然可以实行到日用之间了。义既然是天理所要求可以实行的，义当中自然容不得半点人欲的邪曲。有了人欲的介入，自然不能奉行天理的公正。此节可以看做是朱子用天理人欲的模式在解释义。

3. 义的内与外问题

《孟子》中义与仁、礼、智作为“四端”的时候，羞恶之心是其发端，而且特别否定告子的“仁内义外”之说，朱子自然要维护这一根本看法，在朱子的思想体系当中，仁义礼智乃心之四德，义自然为内的了。然而根据义的丰富的内涵，又在具体四书的经文当中又根据上下文有将一理解为“事之宜”、或“天理之所宜”等。这样就与义内在一定意义上产生矛盾。所以朱子对于义的经典定义也就是被后人看做是标准的定义就是“义者，心之制、事之宜也”中就显示出协调两者直接的矛盾。这样，义一方面似乎是表现在事物是否适宜的标准，一方面又体现为对人心的裁制。当然朱子将两者巧妙的结合起来，使之没有义为外的根本矛盾。

然而《孟子》“集义”的问题就产生了义为内为外的冲突。《或问》：

> 曰：孟子深辟义外之说矣。(《或问》，《全书》六，935 页)

集义有一种取彼而集于此的嫌疑。而朱子则从自己对义的概念诠释出发来解释“集义”的涵义。即事物来时，完全依据心之所裁制的义来取舍，使之合宜，这样就是集义。朱子特别强调“集义，犹言积善，盖欲事事皆合于义也。”(2A.2 注)集是一个积累的过程，事事皆符合义，则义自然增长。由是气得以养，体得以充。

小结

朱子特别重视概念的诠释是朱子《四书章句集注》的一大特色。朱子将《四书章句集注》中的概念内涵明确化，予以时代性的解释。一方面力求概念符合文本原义，一方面却不可避免地打上了深深的理学的烙印。朱子的概念诠释与其义理阐发是紧密结合在一起的。朱子概念诠释可谓有诸多特点。首先，追求对概念的准确理解，这也就是在具体解经过程中特别在意文本的准确义涵。其次，依据上下文内涵有所不同。如“天”，并非所有地方的天都是理。朱子对概念的诠释不脱离上下文，总是依据文本的义涵对其中的概念进行解释。这样，同一个概念在不同的语境当中的解释是有所区别的。如，“仁”有时只是“心之德”，而有时则特别强调是“本心之全德”，显然两种解释既是统一的，却又有一定的差别。再次，对概念的诠释坚持从本义出发。一些重要概念，古人已经有简单的训释，朱子则坚持从古义出发，特别是字的本义出发。比如，以爱释仁，以宜释义，以理释礼。当然，朱子是在此基础上加以改造，也不是完全的袭用。比如，朱子并不同意爱就是仁，故而以爱之理训仁。

本章以天、道、礼、仁、义为例分析了朱子在概念诠释上的特色。不难看出，理在概念诠释中具有绝对的统摄力。天本来在先秦是一个代表最高主宰力量的概念，而在朱子的概念诠释当中，天褪去那种超自然或祭祀等色彩，可以与更具抽象性与时代性的理等同起来。道有多种意义，朱子皆根据其上下文予以不同的解释，但也有用天理来说明，称之为天理的自然或当然状态。礼则理解为天理的制度品节，可谓是天理的一种表现程式，一种外在秩序。仁则是天理的内在依据，也就是依据天理赋予人的爱之理。义则体现天理的价值所在。概念本身代表了儒学思想的核心理念，朱子对四书中重要概念进行诠释就是追求对儒学义理更加明晰、精确的把握。

朱子充分继承前人的训释成果，显示出朱子对训诂之学的精深掌握。甚至在有的场合，朱子特别推崇汉儒仅仅作基本的文字训释的做法以突出经的义涵，但是朱子的训诂又绝非是单纯的释文解字，而是蕴含着义理高度的诠释。朱子的概念诠释体现了时代性。理成为概念诠释的万能工具。任何概念都可以放在理的框架下解释。理是体现新时代思想的一个中心内涵。这一点特别体现出儒学新话语的转向。宋代的儒学引入新的话语以及话语体系来理解四书原文，并且将新的话语用于对“四书”原文的概念诠释当中。就像对古代文献的现代翻译一样，必定用现今的话语来解释。通过这种话语上的转变企图能够在义理方面具有相通性。这些朱子是通过概念诠释来完成的。由此，朱子的概念诠释也同其话语体系一样具有很大的融贯性。朱子的概念诠释是以其理学思想为根基的，所以概念诠释后面是理学思想的统一性。如对“四书”原文中“性”的概念诠释完全是建立在其理学思想基础上的。如性即是理，性之四德为仁义礼智。朱子在具体的解释当中是贯通了这些思想的。

朱子的概念诠释为理解“四书”原文提供了一种精确而严密的解释思路。

通过对"四书"最重要的概念的诠释,"四书"本身的内涵也由此显示出来了。一种独特的思想往往体现在一些独特的概念上。朱子抓住了"四书"中核心的概念也就同时抓住了"四书"义理的精髓。朱子从早年对"四书"的研读以及后来与各派学者之间的论辩很大程度上离不开对概念的辨析。如对湖湘派训仁的批判等等,所争论的其实涉及到对儒学根本的理解。以觉训仁、以爱训仁,所争似甚少,所系则甚大。所以朱子在概念诠释上往往字斟句酌,在不同上下文中概念的具体诠释则不同。如"义"就是这样的情况,有从"事"的层面讨论的,也有从"理"的层面来讨论的。

朱子对概念的重视贯通其一生,并且深刻地影响了其弟子。如,朱子的弟子程端蒙曾作《性理字训》,得到朱子的赞扬。他根据《四书章句集注》凝练出性、命、心、情、才、志等30个理学的核心概念。朱子在淳熙十四年十一月有信给程端蒙大加称赞说:

> 小学《字训》甚佳,言语虽不多,却是一部大《尔雅》也。(《文集》卷五十,《答程正思》书十八,《全书》廿二,2330页)

这本《性理字训》开了陈淳作《四书性理字义》(即《北溪字义》)的先河。《性理字训》稍后程若庸增广为六门183条,明朱升又增为184条,代替唐以来的《千字文》,成为宋末至明初流行的童蒙教育课本。[1] 由此,朱子对字义的重视形成宋代儒学的一大景观,通过朱子高徒陈淳《北溪字义》的广泛影响成为理学中的一大奇葩。对概念的诠释不同成为小学的一项重要内容,而且从中也显示出与汉学、清学的不同来。

---

① 束景南:《朱子大传》,第841页。

第六章 《四书章句集注》的文献征引

朱子《四书章句集注》群征博引，取众家之所长，于故训旧注、古代文献、宋儒义理无不摘取。虽然在体例上还有章句、集注的分别，解释重点也有一定的侧重，如章句在于文义的分章解读，集注在于征引诸家以明义理。但仔细分析起来，章句中亦多有对诸家解说的引用，集注亦强调对文本的分章解读。其中对诸家的文献征引可谓贯穿《四书章句集注》的一大特色。

朱子《论语训蒙口义序》曰：

> 予既序次《论语要义》，以备览观，暇日又为儿辈读之。大抵诸老先生之为说，本非为童子设也，故其训诂略而义理详。初学者读之，经之文句未能自通，又当遍诵诸说，问其指意，茫然迷眩，殆非启蒙之要。因为删录以成此编，**本之注疏以通其训诂，参之《释文》以正其音读，然后会之于诸老先生之说，以发其精微**。一句之义系之本句之下，一章之指列之本章之左，又以平生所闻于师友而得于心思者，间附见一二条焉。本末精粗，大小详略，无或敢偏废也。然本其所以作取，便于童子之习而已，故名之曰《训蒙口义》。盖将藏之家塾，俾儿辈学焉，非敢为他人发也。（《文集》卷七十五，《全书》廿四，3614—3615页）

《论语训蒙口义》是《四书章句集注》的前身，其书虽然不存，但从此序，仍然可以看出其体例亦大致是《四书章句集注》的情况。朱子对于"四书""通其训诂"、"正其音读"、"发其精微"三方面其实都是在征引前人的基础上实现的。

朱子对前人的征引是包含音读、训诂、义理三方面的，但单从《四书章句集注》中称名征引的情况看，会发现主要是对以二程为中心的宋儒义理的征引，所以容易让人忽略其他大量存在的训诂、音读的征引方面。实际上，音读与训诂等内容多为未称名征引。不仅如此，即使是称名征引，涉及的人也多只用姓氏，为后人对之考证也带来了一定的困难，所以直到现在也仍然存在一些征引不甚清楚的情况(如其中的“张氏”)。

朱子《四书或问》从内容上来看主要是说明《四书章句集注》对宋儒诸家义理取舍，其中对其在音读、训诂的征引方面做出了一定的提示，也为考证其来源提供了一些线索，但大部分则未以说明。后来学者在研究《四书章句集注》的时候也或多或少的关注到了朱子的这一特点，对其中称名征引或未称名征引也做出一些考证。

一、研究概况

朱子《四书章句集注》文献征引在形式上主要有两种。一种是暗引，即未称名征引，主要是大量的音读、训诂、串讲大义等，引用对象主要是宋代之前的各种文献，仅涉及少量宋代的文献。另一种是明引，即称名征引，引用的对象主要是宋代诸儒的义理，也涉及到汉唐诸儒的训诂等。具体来说，朱子《四书章句集注》中，称名征引与未称名征引的关系多为：明引表示义理，暗引多为音读、训诂。征引古注与宋儒解义的作用主要体现在：古注阐明文义，宋儒阐明文意。用宋儒说归纳大意。

从《四书章句集注》的称名征引的称谓上看，朱子对各家的尊崇程度有区别：有尊为子的，如二程、董仲舒；有直呼其名的，如扬雄；有称其字的，如何叔京；也有专称师者，特指李侗；大多则只称其姓氏而已。称子、称姓氏自不必说，称名，称字则需要细加分析。

《四书章句集注》在征引方面力求简明，音读、训诂等方面的征引多为未称名征引，只有属于较为重要的情况而不宜隐没征引者姓氏的时候才称名征引。义理方面的征引则多为称名征引。大量对义理的称名征引，以及对音读训诂的未称名征引给后代一种错觉，以为朱子《四书章句集注》特别体现出宋人解经的风格，对训诂等不加重视。事实上，朱子的《四书章句集注》虽然具有一些宋人解经的特点，与之前的汉人，之后的清人风格大不相同，但是也显然与普通宋人解经相比有很大的特色——即对音读、训诂的高度重视。这一点经过后人的考证，逐渐得到更为清晰的认识。

朱子的征引方式不仅给后人造成错觉，而且也为后人考查其出处带来了很大的困难。未称名征引自不用说，即使是大部分称名征引多只用姓氏，未作明确说明，明确其具体指代何人也有少许困难，在朱子当时，甚至他的弟子对其中的一些姓氏也不甚明了。据载：

> 问："《语解》胡氏为谁？"曰："胡明仲也。向见张钦夫殊不取其说，某以为不然。他虽有未至处，若是说得是者，岂可废！"（《语类》卷十九，《全书》十四，656 页）

有些征引姓氏，朱子还专门予以说明，想必对弟子的辨识也有一定的困难：

> 《集注》中曾氏是文清公，黄氏是黄祖舜，晁氏是晁以道，李氏是李光祖。（《语类》卷十九，《全书》十四，656 页）

朱子之后，历代对《四书章句集注》注解的学者对其中的征引姓氏予以一定的关注。

最早宋代蔡模（1188～1246）的《论孟集疏》对《四书章句集注》的征引姓氏有所提示。

元代金履祥（1232～1303）《论孟集注考证》对《四书章句集注》中部分训诂内容予以考证，对称名征引的姓氏也多有标示。

元代胡炳文（1250～1333）的《四书通》则特别关注《四书章句集注》中的称名征引内容，是最早有意识地对朱子称名征引姓氏进行考证的一部著作。如《四库提要》对其义理方面的成就虽不很赞赏，但对其在称名征引方面的成就则予以肯定：

《章句集注》所引凡五十四家，今多不甚可考。蔡模《集疏》间有所注，亦不甚详。是书尚一一载其名字，颇足以资订证。

《四书通》于书前详细罗列“朱子四书引用姓氏”，具有很高的参考价值。胡炳文54家中有疏漏，如《四库提要》所称：

然如《集注》以“有妇人焉”为邑姜，所引“刘侍读曰”者即刘敞《七经小传》之说也，炳文独遗漏不载。盖敞在北宋，闭户穷经，不入伊洛之派。讲学之家，恶其不相攀附，遂无复道其姓名者。故朱子虽引之，而炳文不知为谁也。是亦各尊所闻之一验矣。

后有张存中《四书通证》一书，与胡炳文《四书通》相配合，辅助读者阅读《四书章句集注》。胡炳文之《四书通》，详于义理阐释而疏于名物考订，张存中由此排纂旧说，撰成此书以附在《四书通》后，故而名曰《四书通证》。该书引经据典，字字必注出处，征引详明，于人习读不察处，一一标明出处。胡炳文序称：

学者于余之《通》知四书用意之深，于《通证》知四书用事之审。

然而张存中《四书通证》在考证方面有些疏漏，《提要》中有辩。

清代学术以考据为主，对所谓汉学、宋学的区分。汉学重训诂，宋学重义理。一种流行的看法认为朱子《四书章句集注》一书是宋学的代表，重义理而不重训诂。清代后期学者对此种流行看法专门著书质疑。典型的如梁章钜《论语集注旁证》，此书前有俞樾序简要勾勒了历代对《四书章句集注》中文献征引研究的情况：

《论语》自何晏《集解》行，而郑、王各注皆废。自朱子《集注》行，而何氏《集解》及邢、皇二疏又废。然元陈天祥有《辨疑》之作，明高拱又有《问辨录》之作，皆于紫阳之说，不无异同。至我朝之毛西河而大肆攻击，遂使汉宋之学判若冰炭。窃谓《论语》一书，圣人之微言大义。自汉至今，学者循诵各有所得。世谓汉儒专攻训诂，宋儒偏主义理，此犹影响之谈，门户之见。其实汉儒于义理亦有精胜之处，宋儒于训诂未必无可取也。元儒张存中作《四书通证》六卷，凡朱注引经典者，一一注其所本。詹道传作《四书纂笺》二十八卷，就朱注正其句读，考其名物所引，成语亦各证其出典。善哉，二家之书，皆以汉学治宋学，意在发明，不主攻击，而自足以救空疏之弊。岂非元代去宋未远，士大夫尚知读古书、讲实学，异于有明一代，奉《大全》为圭臬，陈陈相因，使人生厌者也。乃今又得莒林梁先生《论语集注旁证》之书，先生博学闳才著述繁富，而此书尤义蕴精深，体例详慎，大都原本紫阳，比附古义，又博采通儒之论，折衷师友之言。繁而不冗，简而不漏，视张氏、詹氏之书未知何如，然合汉宋而贯通之，使空疏者不至墨守讲章，高明者亦不敢拾西河唾余，轻相诟病。于学术士风非小补也。①

此外，还有简朝亮《论语集注补正述疏》②、李中培《朱子不废古训说》、吴昌宗《四书经注集证》等。

专门对朱子著作中的训诂部分进行考证的有潘衍桐《朱子论语集注训诂考》一书，其叙曰：

朱子《论孟训蒙口义》叙云："本之注疏，以通训诂"，《语类》云："某寻常解经，只要依训诂说字"，又《与吕伯恭书》云："不读《说文》，训诂易谬"，《答黄直卿》云："近日看得后生，且教他依本子认得训诂文义分明为急"。朱子解经教人厥初如此。世儒谓朱子不明训诂，谬加诋词，与夫空疏浅率之流，空谈性理，未知为学之伦类，皆失之也。窃谓朱子生平著书致多而《论语集注》尤为精粹，因命诂经精舍诸生，寻绎此书，详考义所从出，遍采

① 《续修四库全书155经部·四书类》，上海：上海古籍出版社1996年版，第51页。
② （清）简朝亮：《论语集注补正述疏》，北京：北京图书馆出版社2007年版。

旧注及群经子史注以著来历，明非朱子所自造，课卷甚繁，细加搴采，撮为二卷，取其易晓，义或简奥则援某生说以申明之。研经之士，由是以考制度，辨明物，窥先圣之微言，穷义理之所归。余固日夕望之也。（光绪十六年）①

其中可见其著作意图。如，其中考“或曰：中心为忠，如心为恕”为：

《诗·关雎序》，郑笺“衷”谓“中心恕之”，《正义》于文中心为忠，如心为恕。

与此相似的还有李滋然《四书朱子集注古义笺》。

自朱子《四书章句集注》影响扩大之后，产生了一些质疑《四书章句集注》的著作，如前引《论语集注旁证》俞樾序所称的元陈天祥《四书辨疑》、明高拱《问辨录》，此外还有张烈的《四书说》，影响最大、批评最烈的是清毛奇龄《四书改错》，重点对朱子中考证方面的内容进行广泛地质疑。这些质疑性质的著作在一定程度上对朱子《四书章句集注》文献征引方面进行了细致的研究。特别是毛奇龄《四书改错》总结了朱子在征引方面的数处错误中，一些确为《四书章句集注》在征引上的疏漏。

近代学者也特别关注了朱子在征引方面的情况。主要有陈铁凡、大槻信良、陈逢源等。

陈铁凡撰写《四书章句集注考源》简单探讨了《四书章句集注》的命名与旨趣，从《要义》《口义》到《集注》的撰述过程，征引诸家的生平、并统计各篇各章中各家的征引情况。最后导出结论称：

《四书集注》征引诸家解说，共计为九二三条，而汉、魏、梁、唐四代学者的解说，一共只引了七十五条（汉六十条、魏四条、梁一条、唐十条）；其

① 《续修四库全书155经部·四书类》，上海：上海古籍出版社1996年版，第1页。

余八四八条，皆为宋儒之说。而在这八四八条中，二程夫子之说计为三〇四条，程门高弟吕大临、杨时、谢良佐、游酢、尹焞之说二五六，两共五六〇条，已占全数三分之二以上，其余亦皆程门有关学者，或二程之再传三传弟子之说。其他诸家解说的征引，不过走点缀而已。所以我说，《四书集注》，不只集宋学之大成，而且是传伊洛一家之学。①

值得注意的是，陈铁凡所统计的皆为称名征引的情况。然而陈铁凡的统计中，将后人对《集注》中"或曰"、"旧说"的考证也算在其中。

日人大槻信良《典据考》，以一生之力，在前人考证的基础上，将朱子取用古注的地方，一一梳理而出，以"古"、"近"、"新"等文字，标示出文献征引的来源，最后还撰成《四书集注章句に现れだ朱子の态度》一文以"学古"、"革新"二种趋向，厘清朱子注解的情形，得出《四书章句集注》有"学古面与革新面折衷并存之集大成特质"的结论，而学古的态度明显。

陈逢源在博士期间以毛奇龄的《四书改错》为中心研究了毛奇龄的四书学思想，之后又上溯到对朱子《四书章句集注》一书的研究。其新著《朱熹与四书章句集注》对朱子在解释方面的特色予以重点考察。此外，朱子《四书章句集注》征引是依据姓氏，陈逢源还与黄瀚仪一起在大槻信良《典据考》统计的基础上，对《四书章句集注》所征引内容以书目形式进行统计，撰成《朱熹四书章句集注征引书目辑考》一文，其成果如陈逢源所说：

将征引书目辑出，略依经、史、子、集分类，并按核《直斋书录解题》《宋史·艺文志》等，作为检视的基础，尝试发觉朱熹引据所在，剔除部分可能出于讲论之际的材料，单纯以所列书目计算，经部共六十九条，史部十六条，子部二十七条，集部八条，共一百二十条，其中宋人著作有六十一种，占一半左右。经、史、子、集四部皆具，内容之详赡，足见朱熹汇聚前说，综

① 陈铁凡：《四书章句集注考源》，载《论孟研究论集》，台北：黎明文化事业股份有限公司 1981 年版，第 68 页。

整古今的努力。[①]

由此，陈逢源认为：

至于宋人之作将近半数，以朱熹取阅参考之方便，也是情理之中，既非陈铁凡先生推断朱熹引据完全倾向于宋人，也非大槻信良认为朱熹学古态度明显。[②]

最终的结论则为：

朱熹《四书章句集注》征引的情形，源自于汇整前贤的撰作准备，以及尝试建立二程学术为宗，进而调合义理与训诂回归于经典诠释的过程。在征引的方式上，有称名引录，也有隐括而言，大抵以义理讨论为基础，而及文字训诂之商榷，取其意而不拘滞于文字，以简洁清楚的内容阐释经文，不仅包容宋儒讲论之精华，也兼采自汉以来诸家注解内容，唯求经义之晓畅明白。[③]

本书则尝试在吸收前人研究的基础上，进一步梳理朱子文献征引的内容，从而分析其"述而不作"的征引特色。

二、宋以前文献的征引

宋之后的儒学发展在总体趋势上与宋之前的儒学迥异。宋之后的儒学特别注重从义理层面来发挥儒学思想。朱子《四书章句集注》本身可以说是宋之后的儒学在经典解释方面的代表之作。仅从朱子文献征引的姓氏来看，对宋

---

① 陈逢源：《朱熹与四书章句集注》，第 263 页。
② 同上。
③ 陈逢源：《朱熹与四书章句集注》，第 329 页。

之后人物征引数量占有绝对优势，然而后人逐渐发现对宋之前的文献征引数量亦巨大，因为其多为未称名征引的方式，而称名征引相对较少。下面简单分析一下此类情况。

1. 称名征引情况

朱子《四书章句集注》中对宋以前诸家称名征引的情况相比宋儒少很多，而且具体征引的重点也各不相同。对宋以前诸家的征引主要侧重于训诂方面，仅涉及较少义理。今略分析如下：

董仲舒(公元前179～前104)在儒家传统文化史上具有重要地位。他建议汉武帝"独尊儒术"，使得儒学经学化，使"六经"取得了统治思想的地位。在《四书章句集注》中尊之为"董子"，明显表达出对其重义轻利的道德理想的认同。

> **孟子对曰："仲尼之徒无道桓、文之事者，是以后世无传焉……"(1A.7)**
>
> 董子曰："仲尼之门，五尺童子羞称五霸，为其先诈力而后仁义也"，亦此意也。(1A.7注)[①]

对此，朱子在《或问》中明确赞同其说：

> 或问：王霸之辨。曰：董子……之言备矣。(《或问》，《全书》六，923页)

又：

> **君子行法，以俟命而已矣。(7B.33)**
>
> 法者，天理之当然者也。君子行之，而吉凶祸福有所不计，盖虽未至于自然，而已非有所为而为矣。此反之之事，董子所谓"正其义不谋其利，明其道不计其功"，正此意也。(7B.33注)

---

① 中华书局版《四书章句集注》标点误作："董子曰：'仲尼之门，五尺童子羞称五霸，为其先诈力而后仁义也，亦此意也。'"董仲舒所言不包括"亦此意也"四字。

《或问》中对董仲舒此言亦非常称赞：

然是理也，三代以降，惟董子尝言之。(《或问》,《全书》六,1014页)

此两处对董仲舒的称名征引，实际上是同一段文字，见《汉纪》卷十一(《汉书》卷五六)：

仁人者，正其谊不谋其利，明其道不计其功。是故仲尼之门，五尺之童，羞称五伯，为其先诈力而后仁义也。

朱子将之拆为两句系于《孟子》中的不同语境之下。其目的是借助董仲舒作为权威说明儒家一以贯之的道德理想。董仲舒所言符合朱子所要表达的意思，而朱子所引又皆是董仲舒的名言。所以朱子在引用之后，皆加"亦此意也"来说明。儒家的理想是以仁义服人，以德治天下人，以武力统治天下，或假借仁义道德的王道而施行严刑峻法的霸道都是为儒家所深恶痛绝的。董仲舒的相关言论正是这一思想的经典表述，朱子特加引用，从而为注文增色。

司马迁(公元前145或135～前87?)在《四书章句集注》中称为"太史公"，他对孟子的赞扬也被引用到。

王亦曰仁义而已矣，何必曰利？(1A.1)

太史公曰："余读《孟子》书至梁惠王问'何以利吾国'，未尝不废书而叹也。曰嗟乎！利诚乱之始也。夫子罕言利，常防其源也。故曰'放于利而行，多怨'。自天子以至于庶人，好利之弊，何以异哉？"(1A.1注)

司马迁之言载今《史记·孟子荀卿列传》前。司马迁藉由孟子之意，感叹利的危害性，并引《论语》以说明。朱子即借司马迁之言来丰富《孟子》重仁义轻利益的思想，但实际上内心却认为司马迁并非真知孟子之学，表现出称其言，不称其人。《或问》对此辩论道：

曰：太史公之叹，其果知孟子之学耶？

曰：未必知也。以其言之偶得其要，是以谨而著之耳。使其诚知孟子之学也，则岂其崇势利羞贱贫，而不自知其非耶。(《或问》,《全书》六,920 页)

《或问》所说体现出朱子在文献征引中“不以言举人，不以人废言”(15.22)的选取原则。文献征引中的此种惟理是当原则，也就是只要是道理得当有可取之处皆取之，表现出了明显的理性主义精神。在这种精神的指引下，一方面，朱子在征引范围上不局限于二程学派之内，对其他学者(如苏轼、王安石)的言论进行了广泛地撷取，另一方面，也不泥于二程学派的意见，甚至是二程本人的思想如果有不完善的地方也表现出充分的怀疑。依据理性，从四书原文出发，朱子对各家言论于理有可取之处者皆取之，在形式上就不是文献的简单汇编，而是通过自己理学思想的精密筛选，使所取之文献紧密结合的一个圆融整体。

孔安国(公元前 156～前 74)的训诂成果也被《四书章句集注》称名征引到，其内容出自于《论语集解》《尚书注疏》等书。孔注《尚书》，今人多怀疑其伪，朱子则未加怀疑，系为孔安国的著作。

子曰：“放于利而行，多怨。”(4.12)

放，上声。**孔氏曰：“放，依也。”**多怨，谓多取怨。○程子曰：“欲利于己，必害于人，故多怨。”(4.12 注)[①]

朱子取其训诂，此训诂乃是孔安国独特的训诂，所以不宜没其姓名。

又如：

虽有周亲，不如仁人。百姓有过，在予一人。(20.1)

---

① 《集解》中引孔安国之言：“放，依也。每事依利而行也。”中华书局版《四书章句集注》72 页误作：“孔氏曰：‘放，依也。多怨，谓多取怨。’”《儒藏》(精华编)110 册 102 页误同。“多怨，谓多取怨”乃朱子所言，非引孔安国说，亦非化用其说。此误乃不明朱子征引体例，在解释字训时，中间可以再加入自己的训释。

此《周书·太誓》之辞。孔氏曰:“周,至也。言纣至亲虽多,不如周家之多仁人。”(20.1注)

此处对孔安国之言的征引出自《尚书注疏》“虽有周亲,不如仁人”的注文:

周,至也。言纣至亲虽多,不如周家之少仁人。(《尚书注疏》卷十)

朱子直接引用孔安国对《尚书》的注解,然改“少”为“多”,表明朱子明确的价值取向,既然文王、武王乃圣人,其家仁人却少,于理不通。实际上,无论“少仁人”,还是“多仁人”在文义上并没有大的区别。孔安国的意思是:纣王至亲虽然很多,哪里能比得过文王、武王家并不算多的仁人。这是通过以少对多的极端对比,富有夸张地说明了仁人的价值。朱子则从文王、武王乃一代圣人的前提进行思考,以多对多,至亲多比不过仁人多。

对称名征引的统计往往会统计到《四书章句集注》征引扬雄(公元前53～前18)之言有两处,然而细究之下,扬雄之言皆出自于转引,并非朱子所征引。如:

然则管仲知礼乎?曰:邦君树塞门,管氏亦树塞门;邦君为两君之好,有反坫,管氏亦有反坫。管氏而知礼,孰不知礼?(3.22)

……苏氏曰:“自修身正家以及于国,则其本深,其及者远,是谓大器。**扬雄所谓‘大器犹规矩准绳,先自治而后治人’者是也。**管仲三归反坫,桓公内嬖六人,而霸天下,其本固已浅矣。管仲死,桓公薨,天下不复宗齐。”(3.22注)

扬雄之言乃为朱子所引苏轼语中所征引,见《扬子法言》先知卷第九。

又:

我则异于是,无可无不可。(18.8)

……尹氏曰:“七人各守其一节,而孔子则无可无不可,此所以常适其

可,而异于逸民之徒也。**扬雄曰:'观乎圣人则见贤人。'**是以孟子语夷、惠,亦必以孔子断之。"(18.8注)①

扬雄之言乃为朱子所引尹焞语中所征引,见《扬子法言》修身卷第三。严格来讲,扬雄之言皆为间接征引,不能算作朱子的称名征引。不称扬雄为子,而直呼其名亦据其原引的称呼,并不是朱子的选择。

一般考查《四书章句集注》中称名征引的"郑氏"为郑玄(127～200)。但严格来讲,"郑氏"有时也兼指郑司农,虽说对郑司农(? ～83)的引用也是来自郑玄。如:

廛无夫里之布,则天下之民皆悦而愿为之氓矣。(2A.5)

氓,音盲。**《周礼》:"宅不毛者有里布,民无职事者,出夫家之征。"郑氏谓:"宅不种桑麻者,罚之使出一里二十五家之布;民无常业者,罚之使出一夫百亩之税,一家力役之征也。"**今战国时,一切取之。市宅之民,已赋其廛,又令出此夫里之布,非先王之法也。氓,民也。(2A.5注)

今《周礼注疏·地官·载师》:"凡宅不毛者,有里布;凡田不耕者,出屋粟;凡民无职事者,出夫家之征。"郑玄注谓:

郑司农云:"宅不毛者,谓不树桑麻也……"玄谓:宅不毛者,**罚以一里二十五家之泉**,空田者罚以三家之税粟,以共吉凶二服及丧器也。**民虽有间无职事者,犹出夫税、家税也。夫税者,百亩之税。家税者,出士从车辇,给繇役。**②

① 此处中华书局《四书章句集注》误作"尹氏曰:'七人各守其一节,而孔子则无可无不可,此所以常适其可,而异于逸民之徒也。'扬雄曰:'观乎圣人则见贤人。是以孟子语夷、惠,亦必以孔子断之。'"以为扬雄为朱子所引,其实是朱子引用尹焞的话中所引用的,参见《精义》,第605页。《儒藏》(精华编)110册第261页误同。《精义》亦误作"扬雄曰:'观乎圣人,则见贤人,是以孟子每言夷惠,必以孔子断之。'"

② 《周礼注疏》,北京:北京大学2000年版,第399页。

朱子此引，化用《周礼注疏》之言，实际上是合并郑玄及郑玄所引郑司农之说。

此外，《大学章句》《中庸章句》中多有对郑玄《礼记注》的征引。其中主要涉及到训诂方面的内容，如：

恂，郑氏读作“峻”。(D3 注)

厌，郑氏读为黶。闲居，独处也。厌然，消沮闭藏之貌。(D6 注)

命，郑氏云“当作慢。”(D10 注)

还涉及到校勘成果，如：

郑氏曰：“此句在下，误重在此。”(Z20 注)

此外，还有涉及义理的内容，如：

郑氏所谓“至诚之德，着于四方”者是也。(Z26 注)

郑氏曰：“言作礼乐者，必圣人在天子之位。”(Z28 注)

郑氏曰：“惟圣人能知圣人也。”(Z32 注)

赵岐(? ～201)的《孟子章句》是朱子《孟子集注》的重要引用对象。其征引众多，今从略。

何晏(? ～249)编有《论语集解》，朱子对其中的说法，多有称名征引，如前述孔安国之言。何晏自己的说法，朱子亦有征引，约计有两处，今举其一：

子路愠见曰：“君子亦有穷乎?”子曰：“君子固穷，小人穷斯滥矣。”(15.1)

见，贤遍反。何氏曰：“滥，溢也。言君子固有穷时，不若小人穷则放溢为非。”程子曰：“固穷者，固守其穷。”亦通。(15.1 注)

今《集解》作：

滥，溢也。君子固亦有穷时，但不如小人穷滥溢为非也。

朱子对何晏之言在文字上小有改动，其重点有二：一是增“言”字使得对何晏的征引与整个《四书章句集注》体例相仿，二是增“放”字于“溢”前，使得文义更为通顺。

统计称名称引的情况往往会统计王肃(195～256)一处：

王肃本作“小人之反中庸也”，程子亦以为然。今从之。(Z2 注)

显然此并非为王肃所言，乃是属于校勘材料，依据乃是陆德明《经典释文》。

陆德明(550～630)的《经典释文》是朱子训诂、校勘资料的重要来源之一。在称名征引方面，朱子的征引引用全部用作校勘文字。如：

子张问：“十世可知也？”(2.23)

陆氏曰：“也，一作乎。”(2.23 注)

“乎”字明确说明子张所言是疑问的语气，并非是陈述的语气。又如：

虽疏食菜羹，瓜祭，必齐如也。(10.9)

食，音嗣。陆氏曰：“《鲁论》‘瓜’作‘必’。”(10.9 注)

《释文》云：

《鲁》读“瓜”为“必”。今从古。

朱注采用陆德明的校勘成果。但依陆德明之意，则读为“瓜”，而朱子则读为“必”。朱子与陆德明的意见不同，仅用其校勘成果。此外，还引用到陆德明所据的版本，如：

周公谓鲁公曰：“君子不施其亲，不使大臣怨乎不以。故旧无大故，则不弃也。无求备于一人。”(18.10)

施，陆氏本作弛，诗纸反。(18.10注)

《四书章句集注》中有引用赵伯循(主要事迹在766～779)之说一处，如：

赵伯循曰：“禘，王者之大祭也。王者既立始祖之庙，又推始祖所自出之帝，祀之于始祖之庙，而以始祖配之也。成王以周公有大勋劳，赐鲁重祭。故得禘于周公之庙，以文王为所出之帝，而周公配之，然非礼矣。”(3.10注)

赵伯循，即赵匡，字伯循，河东人。初从啖助学，与陆质并为高第。助卒，与陆作《春秋啖赵集传纂例》。赵伯循所言未详所出。

对韩愈(768～824)的引用主要见于《孟子序说》。此外，在《四书章句集注》的注文中还特别提到他的性三品说。如：

韩子性有三品之说盖如此。(6A.6注)

至于性三品说的具体内容(见韩愈《原性》)朱子则从略。严格来讲，此处并非真正意义的称名征引。

《四书章句集注》中有引用丁公著(762～826)之说一处，如：

孟子曰：“五霸者，三王之罪人也；今之诸侯，五霸之罪人也；今之大夫，今之诸侯之罪人也。”(6B.7)

赵氏曰:"五霸:齐桓、晋文、秦穆、宋襄、楚庄也。三王:夏禹、商汤、周文、武也。"丁氏曰:"夏昆吾,商大彭、豕韦,周齐桓、晋文,谓之五霸。"(6B.7注)

丁氏所言出处亦未详。

2. 未称名征引情况

朱子对宋之前诸家文献的征引多为未称名征引,所以仅从称名征引看来,容易得出这样的结论:

《四书集注》,不只集宋学之大成,而且是传伊洛一家之学。①

在《四书集注》中,他极少引用汉魏隋唐的注家,而却大量引用二程以来的理学家之说,分为三等:引二程称程子,引程门弟子称某氏,引非程门弟子或晚辈理学家称姓名,广泛吸收了二程以来四书学的研究成果,融贯成了一个程朱学派的四书学体系。②

从总体上来说,这种结论并不错,《四书章句集注》作为宋学的经典解释的代表,所以自然特别注重宋儒所重视的义理,但这种看法显然不够全面。将宋学、汉学截然以训诂、义理分判为二之后,一些学者为了救此种看法之偏颇,对朱子《四书章句集注》进行了大量的训诂方面的考证,从事实上证明《四书章句集注》中存在大量对汉唐古注的征引情况,只是这种征引多为暗引,即未称名征引,使得此类征引很不明确而容易被人忽视。

经过清末以来许多学者的考证,《四书章句集注》中大量的未称名征引现象越加明朗起来。虽然并非所有的未称名征引情况皆得到彻底而明确的解决,但是对朱子的征引原则与方法的认识则已经足够达到一个清晰的认识。这一贡献主要来自于日人大槻信良的《典据考》。《典据考》一书在前人考证的基础上对《四书章句集注》中征引现象进行了全面的考证,特别对朱子在征引

① 陈铁凡:《四书章句集注考源》。
② 束景南:《朱子大传》,第380页。

古注方面进行了详尽的考查。本章对未称名征引情况的考查皆建立在《典据考》的考查基础之上。

实际上，朱子对《四书章句集注》中音读、字词训诂等方面的征引绝大部分为未称名征引。仅以《论语集注》前两章为例：

(1) 完全袭用的情况

音读多袭用自《释文》。今《论语集注》《孟子集注》只有引用诸家说法介绍《论》《孟》相关情况的《序说》，并没有《大学章句序》《中庸章句序》一样交代撰述体例、背景等相仿的序言，由此只能借助其他材料来了解其撰述的体例、背景等。从朱子在撰成《四书章句集注》之前曾编撰的《论语训蒙口义》，其书虽佚失，其序仍存，从其序中可以看出一些的线索。例如其中交代了音读的来源情况：

> 参之《释文》以正其音读。(《文集》卷七十五，《全书》廿四，3614 页)

今《论语集注》中，许多音读亦是直接袭自《经典释文》的，如：

> 愠，纡问反。(1.1 注)
> 省，悉井反。(1.4 注)
> 磋，七多反。(1.15 注)

《论语》的注疏中，历代主要有《论语集解》《论语义疏》等，所以在字训方面都有直接承袭的。如袭自《论语集解》：

> 鲜，少也。(1.2 注)(按：据何晏注)
> 道，治也。(1.5 注)(按：据包咸注)
> 度，匿也。(2.10 注)(按：据孔安国注)
> 干，求也。(2.18 注)(按：据郑玄注)

袭用《义疏》的，如：

泛，广也。(1.6 注)

曾，犹尝也。(2.8 注)

字训方面还有取自《尔雅》等书的。如：

亲，近也。(1.6 注)(按：据《广雅·释诂》)

格，至也。(2.3 注)(按：据《尔雅·释诂》)

诸，众也。(2.19 注)(按：据《尔雅·释诂》)

善兄弟曰友。(2.21 注)(按：据《尔雅·释训》)

也有采自故训的。如，

以，用也。(1.6 注)(按：《诗·邶风·谷风》"不我屑以"，郑玄笺云："以，用也。")

宗，犹主也。(1.13 注)(按：《左传·昭公二年》"卑让礼之宗也"，杜预注云："宗，犹主也。")

另外，还有引用经典，也不加说明的。如有完全抄自《礼记》之文，却未加说明的。如，

盖孝子之有深爱者，必有和气；有和气者，必有愉色；有愉色者，必有婉容；故事亲之际，惟色为难耳，服劳奉养未足为孝也。(2.8 注)

其中加黑部分完全袭用自《礼记·祭义》，未作改动。此处化用之处，朱子将所引文字化入自己的义理当中，形成一个整体。

由上述简单的罗列可以看出，朱子在文献征引的过程中，音读等资料直接

拿来使用,而对于并非独特的训诂也直接引用,为了不至于繁琐而力求简明,绝大部分不加以说明所引出处。

(2) 对所引古注的改动

完全袭用未加说明的情况相对较少,更大量的实际上是化用的情况,其中对所引古注多有改动。如:

字音多有化用自《释文》的:

说、悦同。(1.1 注)(按:《释文》云:说,音悦。)

共,音拱,亦作拱。(2.1 注)(按:《释文》云:共,求用反。郑作拱。)

字训等有化用自《广雅》《尔雅》《说文》的。如:

说,喜意也。(1.1 注)(按:《广雅·释文》云:悦,喜也。)

恭,致敬也。(1.13 注)(按:《尔雅·释诂》云:恭,敬也。)

不违者,意不相背,(2.9 注)(按:《说文·韦部》云:韦,相背也。)

故危而不安。(2.15 注)(按:《尔雅·释诂》云:殆,危也。)

更有大量采自故训的。如:

为仁,犹曰行仁。(1.2 注)(按:《礼记·檀弓上》"不仁而不可为也",郑玄注云:"为,犹行也。")

众,谓众人。(1.6 注)(按:《荀子·修身篇》"庸众而理",杨倞注云:"众,众人。")

因,犹依也。(1.13 注)(按:《吕氏春秋·尽数篇》"因智而明之",高诱注云:"因,依也。")

《论语集注》中多有化用《论语集解》处,根据其中所引的说法而修改而成,如:

愠,含怒意。(1.1 注)(按:何晏注云:愠,怒也。)

巧,好。令,善也。好其言,善其色。(1.3 注)(按:包咸注云:巧言,好其言语。令色,善其颜色。)

惮,畏难也。(1.8 注)(按:郑玄云:惮,难也。)

慎终者,丧尽其礼。追远者,祭尽其诚。民德归厚,谓下民化之,其德亦归于厚。(1.9 注)(按:孔安国注云:慎终者,丧尽其哀。追远者,祭尽其敬。君能行此二者,民化其德,皆归于厚也。)

父在,子不得自专,而志则可知。父没,然后其行可见。(1.11 注)(按:孔安国注云:父在,子不得自专。故观其志而已。父没,乃观其行。)

志有在而不暇及也。(1.14 注)(按:郑玄注云:学者之志,有所不暇。)

先生,父兄也。馔,饮食之也。(2.8 注)(按:马融云:先生,谓父兄。馔,饮食也。)

不求诸心,故昏而无得。(2.15 注)(按:包咸云:学不寻思其义,则罔然无所得。)

错,舍置也。(2.19 注)(按:包咸云:错,置也。)

临民以庄,则民敬于己。孝于亲,慈于众,则民忠于己。善者举之而不能者教之,则民有所劝而乐于为善。(2.20 注)(按:包咸云:君临民以严,则民敬其上也。君能上孝于亲,下慈于民,则民忠矣。举用善人,而教不能者,则民劝。)

也有化用皇侃《论语义疏》处,[①]如:

善事父母为孝,善事兄长为弟。(1.2 注)(按:《论语义疏》云:善事父母曰孝,善事兄曰悌也。)

千乘,诸侯之国。(1.5 注)(按:《论语义疏》云:千乘,大国也。天子

① 此根据《典据考》的考证成果。

万乘，诸侯千乘。）

凡曰可者，仅可而有所未尽之辞也。（1.15注）（按：《论语义疏》云：可者，未足之辞也。）

焉，何也。（2.10注）（按：《论语义疏》云：焉，犹何也。）

也有化用邢昺《论语注疏》处，如：

文，谓诗书六艺之文。（1.6注）（按：《论语注疏》云：诗，书，礼，乐，易，春秋，六经，是也。）

御，为孔子御车也。（2.5注）（按：《论语注疏》云：为夫子御车也。）

此外，朱子还广泛化用经史中的文句。有出自《春秋》三传的，如：

时，谓农隙之时。（1.5注）（按：隐公五年《左传》，臧僖伯曰：春搜夏苗秋弥冬狩，皆于农隙以讲事也。）

观，比视为详矣。（2.10注）（按：隐五年《谷梁传》云：常视曰视，非常曰观。）

或曰："每佾八人。"（按：隐五年《左传疏》，引服虔云：天子八八，诸侯六八，大夫四八，士二八。）

有出自《易经》的，如：

谨者，行之有常也。信者，言之有实也。（1.6注）（按：《易·乾卦·文言》曰：庸言之信，庸行之谨。）

圣人所以知来者盖如此，（2.23注）（按：《易·系辞传上》云：极数知来之谓占。又云：神以知来。）

出自《礼记》的，如：

义者，事之宜也。(1.13注)(按：《礼记·祭义》云：义者，宜此者也。)

复，践言也。(1.13注)(按：《礼记·曲礼上》云：修身践言，谓之善行。)

德礼之效，则有以使民日迁善而不自知。(2.3注)(按：《礼记·经解》云：故礼之教化也微，其止邪也于未形。使人日徙善远罪，而不自知也。)

若夫记问之学，则无得于心，而所知有限，故《学记》讥其“不足以为人师”，正与此意互相发也。(2.11注)(按：《礼记·学记》云：记问之学，不足以为人师。必也其听语乎，力不能问，然后语之。语之而不知，虽舍之可也。)

上列例子仅出自《论语集注》的前两篇，但从中即可看出朱子对古注大多在改动之后予以采用。虽然说大槻信良的考证未必确是朱子当时实际所采用的古注，但不少应当是朱子所依据的。通过改动，一方面从语言表述上更为符合“四书”上下文的具体解释，另一方面则从义理上更好地为具体道的解释服务。也就是说，有些改动实际上与原古注意义内容并没有什么不同，只是在文辞方面进行了修饰，但另外一些在增删部分字的情况下实际上有了新的义涵，与其理学思想密切地融合为一体。

3. 义理方面的征引

朱子对宋之前文献的征引相对较少涉及到义理，但是仍然有这方面的情况，今举数例。如：

子张问：“十世可知也？”子曰：“殷因于夏礼，所损益，可知也；周因于殷礼，所损益，可知也；其或继周者，虽百世可知也。”(2.23)

马氏曰：“所因，谓三纲五常。所损益，谓文质三统。”(2.23注)

孔子因子张问“今后十代的情况可以知道吗”而回答说：“商朝因袭夏朝的礼仪制度，增减的地方可以知道；周朝因袭商朝的礼仪制度，增减的地方可以知道。若有继承周朝礼仪制度的，就是百代以后也是可以知道的。”从语脉上来讲，子张所问是一个是否可以预知未来的情况，孔子即针对这个问题，说明一个朝代的礼仪制度都是因革前代的而来的，从对前代因袭与损益的情况就可以推出后代的情况。孔子的回答重点在推理，根据过去就可以推知未来，言外之意在于说明未来是可以预知的。孔子所认为的因袭的内容与变革的情况无法明确。孔子到底更强调因袭还是变革，亦无法明确确定。

朱子引《集解》中马融所说指明了所因袭的内容与变革的内容。以“三纲五常”作为因的内容，以“文质三统”作为变革的内容显然是一种发挥，未必即是孔子的本意。

朱子认同“三纲五常”的重要性，从而强调因袭的重要意义。《集解》中“其或继周者，虽百世可知也”(2.23)下还有马融其他的注解：

物类相招，势数相生，其变有常，故可豫知也。

《或问》：

曰：子于是既取夫马氏之说矣，其下有曰“物类相召，世数相生，其变有常，皆可预知”者，非马说耶？何不录也？

曰：以疏例考之，非马氏也。是何晏不晓其文义，而妄改易之耳。

曰：何以知其不晓也？

曰：马氏之说虽约，然其义则可推而知也。盖以所因为主，而御夫损益之变。故虽损益之无穷，而其不能甚异可知。今是说者，乃遗其所因，而专以损益为言，则夫损益之变，又岂有常而可预知者耶。此虽其不察于文义之失，然迹其所由殆亦源于祖尚浮虚，捐弃礼法，故其议论之际，不自知其逐末忘本而至于斯也。(《或问》，《全书》六，657页)

“其变有常”可以理解为变化是有规律的，也可以理解为变化中是有不变的。

又如：

曾子曰："以能问于不能，以多问于寡；有若无，实若虚，犯而不校，昔者吾友尝从事于斯矣。"(8.5)

友，马氏以为颜渊是也。(8.5注)

曾子说："以能者的身份向能力差的人请教，以博学多闻者的身份向浅学寡闻的人请教，有却像没有，充实却像空虚，受到冒犯却不计较，从前我的一位朋友曾经努力这样做过。"曾子所言乃是对"昔者吾友"的称赞，此人是谁，本不可考。然而这样优秀独特的品格在孔门有几人呢，恐非颜子莫属。

《集解》：

马融曰：友，谓颜渊也。

朱子即据马融所说认定这些称赞乃是赞美颜子的品格。

上面之所以专门探讨了朱子对宋之前文献在义理方面的征引，正是为了说明朱子并非对于宋之前文献只是征引其训诂等方面的内容。

三、宋儒义理的阐扬

从文献征引的体例上看，朱子对宋儒思想的征引往往采用称名征引的方式。这与其当时重视义理的学风是分不开的。当然也有不少未称名征引的情况，主要原因是其引用的思想并非特别独特，或对引文进行了较大的改动等。

陈铁凡仅从称名征引得出《四书章句集注》专弘以二程一系为主的宋儒学说，因为忽略了大量存在的对宋之前有关训诂方面的未称名征引，结论显然有所偏颇。大槻信良则仅从数量上判断认为《四书章句集注》是学古与革新并存的集大成而在学古方面明显，亦因仅执其自己的统计数据之一端，忽略了其他多种因素，结论亦不能完全服人。未称名称引多为不确之论，如果朱子确据此而加以化用，那么新意亦在其中，特别是对于大量宋之前文献征引更是如此。陈逢源等在大槻信良统计的基础上打破传统上采用姓氏分析其文献征引的方式，而采用书目来分析，固然有研究方法上的革新，其结论纠正陈铁凡与大槻信良的一些偏颇，但在具体分析上仍然没有全面地考虑文献征引的各个方面。

陈铁凡、大槻信良、陈逢源在文献征引的统计方面都从不同侧面做出成绩，其统计过程繁琐甚至艰辛，但过于迷信统计数字则往往忽略了一些明显可以直观的现象。

首先，撰作的体例与目的。《论语训蒙口义序》中曾指出其书的撰作体例是："本之注疏以通其训诂，参之《释文》以正其音读，然后会之于诸老先生之说，以发其精微。"撰作目的是，在其之前所作的引用宋儒义理而成的"训诂略而义理详"的《论语要义》基础上，补充训诂的方面，其目的在于方便对初学者的启蒙。《四书章句集注》的体例与之相似，同时也肩负具有对初学者启蒙的使命，但并非仅止于如此，朱子对《四书章句集注》花了很大心血来修改其实主要在于其理学义理在四书原文中深入渗透，在思想上达到高度的圆融，同时也使得自己的义理坚实地建立在对四书原文准确理解的基础之上。故而，训诂等方面对于《四书章句集注》不可或缺，但朱子的用力方向还主要在理学义理方面。

其次，征引方式的地位不同。称名征引往往是较为重要的内容，不容没其姓名，如独特的训诂、义理解读等。未称名征引则说明其作者可以出于简明的原因而忽略，多出于一般的疏通文义。《或问》一书中侧重对可能产生疑问的方面设问，内容上多为对宋儒义理征引方面取舍的辩论，对于训诂方面只有在对义理产生较大影响时才会加以分析。故而，称名征引的地位显然大大高于未称名征引，其在统计数据方面的权重与未称名征引无法等同。

再次，征引内容的篇幅不同。《四书章句集注》中对音读、训诂等方面的征引往往寥寥数语，而对义理的征引则大段大段，纵使统计数目大致相近，但权重比例不言而喻。

实际上，综合考查，并结合多种统计结果，可以看出，朱子在文献征引方面，特别重视宋代义理方面的征引，其中又以二程一派为重心，同时也不忽略对宋之前音读、训诂等方面成果的吸收。在文献征引方面，义理与训诂的地位并不是并重的，而是更重视义理。只是在普遍重视义理的宋代，朱子能够特立独行地对训诂方面表现出极大的关注就是特别难能可贵的了。

1. 称名征引

朱子对宋儒义理方面的称名征引多置于传文之末，体现了其由文字训诂导出义理的基本思路。在征引范围上来说，朱子虽然以二程为征引的重心，但并不拘泥于此，还广泛地涉及到其他各派。体现出朱子在征引方面以理为长的理性精神。

(1) 对所引宋儒文本的改动

《四书章句集注》在对宋儒文本的征引过程中，往往会对其原文做出或大或小的改动。一方面是出于简明的需要，对所引内容进行删节或者重新改写(如 6.3 对程颐之说的引用)，以求达到《四书章句集注》整体的文风的统一。这些只是作字句的调整与文字的增减，只是形式上的不同，义理内容并没有什么大的不同，但在另外一种情况下，朱子则是对其义理的修正。《语类》称：

> 问：《集注》引前辈之说，而增损改易本文，其意如何？曰：其说有病，不欲更就下面安注脚。(《语类》卷十九，《全书》十四，656 页)

这样在增损的过程中，以朱子自己的意见对引用文本进行大胆地修正。如《集注》：

> **子曰："射不主皮，为力不同科，古之道也。"(3.16)**
>
> 射不主皮，乡射礼文。为力不同科，孔子解礼之意如此也。皮，革也，布侯而栖革于其中以为的，所谓鹄也。科，等也。古者射以观德，但主于中，而不主于贯革，盖以人之力有强弱，不同等也。记曰："武王克商，散军郊射，而贯革之射息。"正谓此也。周衰，礼废，列国兵争，复尚贯革，故孔子叹之。杨氏曰："中可以学而能，力不可以强而至。圣人言古之道，所以正今之失。"(3.16 注)

《精义》中引杨时之说为：

> 杨曰：容节可以习而能，力不可以强而至，故射不主皮，为力不同科，古之道也。言古之道，以正今之失。(《精义》,《全书》七,120 页)

《精义》应当是较为严谨的引用，未加修改，对比之下，朱子将“容节可以习而能”修改为“中可以学而能”，涉及到重要的义理；删去了“故射不主皮，为力不同科，古之道也”对《论语》原文的重复；其他小的改动，如在“言古之道”之前加“圣人”二字，“以正今之失”之前加“所”字主要对文辞的修饰，加强以古之道正今之失的权威等。改“容节可以习而能”为“中可以学而能”涉及义理，正是因为认为“其说有病，不欲更就下面安注脚”的例子。在《或问》对此辩论道：

> 杨氏于此，独为得之，但专以容饰为言，而不主于中，则于义亦若有所遗也。(《或问》,《全书》六,669 页)

朱子在《精义》中程颢、程颐、张载、范祖禹、谢良佐、杨时、尹焞(《或问》所论尚有周孚先之说，《精义》不载)数家之说中独取杨时之说，正在于其他诸家之说对于文义皆有未通。杨时之说符合朱子以文义为基础的解释原则，但杨时以“容饰”(《精义》作“容节”，不若“容饰”为通)为射的精神，失去了射以中的的根本，所以朱子不惜修改本文加以斧正。

(2)《精义》诸家之外的征引

朱子在对宋儒义理征引方面主要集中在《精义》为主的二程学派，《精义》之外的诸家，朱子亦酌情加以征引，如苏轼、王安石等。以苏轼为例，在《或问》中多有肯定苏轼等说法之处，将其说附于《或问》之中以备参考。

如《论语・宪问》朱子解释全采苏轼之说：

子曰：“爱之，能勿劳乎？忠焉，能勿诲乎？”(14.8)

苏氏曰："爱而勿劳，禽犊之爱也；忠而勿诲，妇寺之忠也。爱而知劳之，则其为爱也深矣；忠而知诲之，则其为忠也大矣。"(14.8注)

《精义》曰：

范曰："爱人者闵其勤劳，故劳之。忠于人者，欲其为善，故诲之。此二者出于人心，而非自外之至也。仁君推此以及天下，其可谓民之父母矣。爱之，则母之亲者也；忠之，则父之教者也。"

谢曰："爱则不倦，忠则尽诚。"

杨曰："爱之不以姑息，则不能勿劳。忠焉必善道之，则不能勿诲。"

侯曰："爱之则唯恐其不至，安能勿劳。忠焉则唯恐其不听，安能勿诲。"

尹曰："爱其人而欲成之，必勉之以事业。忠其人而欲晓之，必反复其辞说。"(《精义》,《全书》七,477页)

《或问》曰：

苏、杨、尹氏之说皆善，然圣人之意，正所以明夫爱而不劳者之不足为爱，忠而不诲者之不足为忠，则三说者皆未及也。如范、谢之释，则劳字无所当矣。(《或问》,《全书》六,825页)

《或问》所言似否定了苏轼之说，但从《或问》"然圣人之意，正所以明夫爱而不劳者之不足为爱，忠而不诲者之不足为忠"之意，则今《集注》所引苏轼之说正是此意。由此可见，朱子未采用《精义》诸说，而采用苏轼之说是为了追求在文义与圣人之意上符合原文。

《论语集注》中(旧稿19.12)曾引用苏轼之说，《或问》载：

曰：苏氏之说，若有未醇者，子之取焉，何也？曰：是其所言于圣门教学次序之意，固未为知之者，然吾亦取其有以深中近世学者之弊而已。彼所谓“中有以受之者，以吾能推之，则亦由其序而渐进，至于浃洽贯通而自得之之谓耳，又子夏所谓焉可诬者，专自教者而言，而以师生相欺为说”，亦其小疵。然教者既欺其徒，则受教者以欺应之，亦必然之理也。(《或问》，《全书》六，908 页)

今苏轼之说不见载于《四书章句集注》，但据朱子所言，其说“未醇”，有“小疵”，但因朱子认为能够起到“深中近世学者之弊”的作用，表达出朱子在解释过程中对现实的关注。苏轼之说虽未采入定本《四书章句集注》，但可以窥见朱子在对征引文献选取过程中所持有的态度。朱子不迷信二程学派，对之外的能够符合经典义理的说法亦广泛采用。

2. 未称名征引情况

《四书章句集注》当中对宋儒多为称名征引，但也存在为数不少的未称名征引的情况。

(1) 直接引用未称名者

《论语集注》中主要有以下数条：

尽己之谓忠。以实之谓信。(1.4 注)(按：程颐曰：尽己之谓忠，以实之谓信，忠信内外也。)

敬事而信者，敬其事而信于民也。(1.5 注)(按：《精义》尹焞曰：“敬其事而信于民。”)

轻乎外者，必不能坚乎内，(1.8 注)(按：《精义》范祖禹之说。)

盖终者，人之所易忽也，而能谨之；远者，人之所易忘也，而能追之：厚之道也。(1.9 注)(按：《精义》游酢之说。)

温，和厚也。良，易直也。恭，庄敬也。俭，节制也。让，谦逊也。(1.10注)(按：《精义》程颐之说。)

敏，速也，谓汲汲也。(7.19 注)(《精义》程颐之说。)

道之显者谓之文，盖礼乐制度之谓。(9.5 注)(《精义》谢良佐之说。)

两端，犹言两头。(9.7 注)(《精义》程颐曰：两端，犹曰两头。)

欲居之者，亦乘桴浮海之意。(9.13 注)(《精义》尹焞之说。)

君子无故，玉不去身。(10.7 注)(《精义》尹焞之说。)

孔子教人各因其材，于此可见。(11.2 注)(《精义》程颐曰："孔子教人，各因其才。")

富而不教，则近于禽兽。(13.9 注)(《精义》谢良佐之说。)

被其泽则悦，闻其风则来。(13.16 注)(《精义》谢良佐之说。)

自责以勉人也。(14.30 注)(《精义》尹焞曰："我无能焉，自责以勉人也。")

友直，则闻其过。友谅，则进于诚。友多闻，则进于明。(16.4 注)(《精义》吕大临之说。)

君子，有德位之通称。(16.6 注)(《精义》杨时之说。)

一般以为，朱子对宋代之后的文献都是采用称名征引的情况，但实际上并非如此。上列从《论语集注》中选出的数例虽然为数不多，但是却表现出朱子在征引方面的灵活自如。上述未称名征引情况中，有不少是与字义相关的，但也有不少与意蕴颇有关联。

(2) 化用宋儒解义未称名者

化用的情况相对较多，如《论语集注》前 9 章主要有：

故以此自为，则己之德厚，下民化之，则其德亦归于厚也。(1.9 注)(按：《精义》谢良佐云：以此处己，则己德归厚矣。以此教民，则民德归厚矣。)

有以自立。(2.4 注)(按：《精义》程颐云：立，能自立于斯道也。)

但周公而比私耳。(2.14 注)(按：《精义》吕大临云：周者，以至公交物。比者，以私意交物。)

君子小人所为不同，如阴阳昼夜，每每相反。然究其所以分，则在公私之际，毫厘之差耳。(2.14 注)(按：《精义》范祖禹云：君子与小人，昼夜阴阳相反而已。又云：君予唯忠信，是与周焉者，皆忠信也。小人唯己之私，唯利之从。故比而不周。）

言其视二代之礼而损益之。（3.14 注）（按：《精义》杨时云：周监二代，而损益之。）

居上主于爱人，故以宽为本。为礼以敬为本，临丧以哀为本。既无其本，则以何者而观其所行之得失哉？（3.26 注）（按：《精义》程颐云：居上，以爱人为本。主于宽。厚礼，主于敬。丧主于哀。不然是无本也。何以观乎。）

怀惠，谓贪利。（4.11 注）（按：《精义》程颐云：小人怀惠，惟利之所在。）

必以类应。（4.25 注）（按：《精义》程颐云：为善者，以类应。尹焞云。事物莫不各以其类应。）

使，为孔子使也。（6.3 注）（按：程颐云：夫子之使子华，子华之为夫子使义也。）

民，亦人也。（6.20 注）（按：程颐语录云：民亦人。）

动静以体言，乐寿以效言也。（6.21 注）（按：吕大临云：山水，言其体，动静，言其用，乐寿，言其效。）

不知而作，不知其理而妄作也。（7.27 注）（按：《精义》程颐云：不知而作，妄作也。）

其人习于不善，难与言善。（7.28 注）（按：《精义》程颐云：互乡之人，习于不善，难与言善者也。）

祷者，悔过迁善，以祈神之佑也。无其理则不必祷，既曰有之，则圣人未尝有过，无善可迁。（7.34 注）（按：《精义》程颐云：祷者，悔过迁善，以祈神之佑也。圣人未尝有过，无善可迁。故曰，丘之祷久矣。）

奢俭俱失中，而奢之害大。（7.35 注）（按：《精义》尹焞云：奢俭皆失中也。而奢之失为大。）

诗本性情，（8.8 注）（按：《精义》尹焞云：诗发乎情性。）

好勇而不安分，则必作乱。恶不仁之人而使之无所容，则必致乱。

(8.10注)(按:《精义》程颐云:好勇而不安其分,与不仁而无所容,皆必为乱也。)

君子见危授命,则仕危邦者无可去之义,在外则不入可也。(8.13注)(按:《精义》杨时云:君子见危授命,则仕危邦,无可去之义,不入可也。)

成功,事业也。(8.19注)(按:《精义》程颢云:文章成功,有形象可见。只是极致事业。)

仰弥高,不可及。钻弥坚,不可入。(9.10注)(按:《精义》尹焞云:仰之弥高,不可及也。钻之弥坚,不可入也。)

子路欲以家臣治其丧,其意实尊圣人,而未知所以尊也。(9.11注)(按:《精义》谢良佐云:子路之意,实尊圣人。而未知所以尊也。)

盖学者自强不息,则积少成多;中道而止,则前功尽弃。(9.18注)(按:《精义》范祖禹云:学者自强不息,则积少成多。中道而止,则前功皆弃。)

明足以烛理,故不惑;理足以胜私,故不忧;气足以配道义,故不惧。此学之序也。(9.28注)(按:《精义》程颐云:知者不惑,仁者不忧,勇者不惧,学之序也。)

此部分内容的情况与直接引用未称名者类似,大多数为对文义或意蕴的梳理。这些内容的独创性并不是很强,所以在采用时又根据文义进行了改造。这些改动或小或大,小的仅仅出于文辞的需要,大的则显然蕴含着朱子自己的理解。但所有这些对宋儒未称名征引的内容从总体上来说,可能因为所引用内容并非是特别具有独创性,所以出于整体解释文本形式上的需要,朱子为避免繁琐,皆隐其作者大名。

3. 宋儒的字义引用

虽然大多数字训引来自宋之前文献,但也有出自宋儒的情况。朱子有称名征引的,如:

胡氏曰:"切切,恳到也。偲偲,详勉也。怡怡,和悦也。皆子路所不

足，故告之。又恐其混于所施，则兄弟有贼恩之祸，朋友有善柔之损，故又别而言之。”（13.28注）

此即完全引用胡寅对词语的解释与义理的发挥。另外，还有不少是未称名征引的情况。如：

雅，常也。（7.17注）（按：《精义》程颐云：雅，雅素所常言也。）

君子，才德出众之名。（7.25注）（按：《精义》程颐云：才德出众，谓之君子。）

倍，与背同，谓背理也。（8.4注）（按：《精义》程颐云：倍，谓违拂义理。倍背通用。）

弘，宽广也。（8.7注）（按：从《精义》程颐之说。）

我，私己也。（9.4注）（按：《精义》程颐云：我者，私己。）

畏者，有戒心之谓。（9.5注）（按：从《精义》吕大临之说。）

法语者，正言之也。巽言者，婉而导之也。（9.23注）（按：《精义》尹焞云：法言者，正言之也。巽言者，婉而导之也。）

狐貉，毛深温厚，私居取其适体。（10.7注）（按：《精义》范祖禹云：狐貉之厚，亦取其适体者也。）

觿砺之属，亦皆佩也。（10.7注）（按：《精义》杨时云。盖若觿砺之类。皆佩焉。）

野人，谓郊外之民。君子，谓贤士大夫也。（11.1注）（按：《精义》吕大临云：野人，郊外之民。君子，谓士大夫也。）

命，谓天命。（11.18注）（按：《精义》程颢云：子贡不受天命。）

爱人，仁之施。知人，知之务。（12.22注）（按：《精义》张载云：能使不仁者仁，则仁之施也厚矣。谢良佐云：爱人，仁者之事。知人，知者急务。）

彼哉者，外之之辞。（14.10注）杨时云：彼哉者，盖外之者也。

固，执一而不通也。（14.34注）（按：《精义》杨时云：以栖栖为佞，而不知执一之为固。)

为佞,言其务为口给以悦人也。(14.34 注)(按:《精义》尹焞云:佞,口给也。

志士,有志之士。(15.8 注)(按:《精义》范祖禹云:志士者,志于道。侯仲良云:志士,志于仁者也。邢疏云:志善之士。)

窃位,言不称其位而有愧于心,如盗得而阴据之也。(15.13 注)(按:《精义》侯仲良云:不得居位之道,窃据之也。)

巧言,变乱是非,(15.26 注)(按:《精义》侯仲良云:巧言似是而非。所以乱德。)

便辟,谓习于威仪而不直。(16.4 注)(按:《精义》吕大临云:便辟,习于容。善柔,能为卑屈。便佞,习于口才。友便辟,则德不修。友善柔,则志不立。友便佞,则过不闻。)

肆,谓不拘小节。(17.16 注)(按:《精义》尹焞云:肆者不拘。)

哀,则如丧考妣。(19.25 注)(按:《精义》范祖禹云:其死也,如丧考妣。)

此类对宋儒的字义引用情况不是很多,整个《论语集注》中大约只有如上数条。此处之所以特地点明朱子对宋儒的字义引用,就是为了强调朱子对前代学者征引方面并无偏见,虽多取宋儒在义理方面的创见,但在文义上面如果有可取之处,皆取之。这样看来,在征引上,对宋之前文献的征引与宋儒著作的征引的划分只是一种权宜之策。虽然说对宋之前文献多为训诂等方面,而对宋儒著作的征引则多为义理方面,但在具体上这两方面也是有所交叉的。

4. 对诸家思想的取舍

朱子在义理方面对采用宋儒的解释,但是朱子对各家的解释却是有其深刻的取舍标准的。取舍的标准立足于朱子的理解,一方面要服从于四书义理的整体一贯性,另一方面还有服从于朱子建构的理学思想。有句古诗云:"鸳鸯绣罢任君看,不将金针度与人"。大多数古代集注性作品只将集注的结果,并没有将为什么如此取舍的过程告诉读者。朱子是个特例。朱子的《四书章句集注》有与之对应的《四书或问》。《四书或问》着重说明在《四书章句集注》中之所以如此取舍的依据。当然，朱子对《大学或问》《中庸或问》的修改与《大学章句》《中庸或问》是同步的，所以今本在内容上是相应的。但可惜的是《论语或问》《孟子或问》并没有与《论语集注》《孟子集注》的修改同步，所以今本前者在内容上落后于后者。但即便如此，《论语或问》《孟子或问》仍然是有很大的价值，从中一方面可以分析出《论语集注》《孟子集注》修改的痕迹，另一方面也可以从与今本相应的章节分析出朱子在义理上是如何对诸家进行取舍的。

朱子在《或问》中针对《论语・学而》(1.1)有一个范(祖禹)、吕(大临)、谢(良佐)、游(酢)、杨(时)、周(孚先)、尹(焞)、张(载)等诸家的一个总体评价，其评价亦可代表对诸家的普遍看法：

> 曰：是诸先生君子之说，子程子则不容议矣，故问余说之大体得失何如?
>
> 曰：是亦岂区区之所敢议，然尝窃揣之，则其宽平正大者(指范祖禹)，或失于未精；整峻严恪者(指吕大临)，或苦于未畅；通达奇伟者(指谢良佐)，或有过高之病；酝藉敷腴者(指游酢)，或有柔缓之失；而清和靡密者(指杨时)，又未免牵合支离之患也。惟周氏(指周孚先)敦厚易直，虽言不皆中，而颇有醲郁之风。尹氏(指尹焞)平淡简约，虽意有不周，而其精实之味，为不可及耳。若张子(指张载)之学，虽原于程氏，然其博学详说，精思力行，而自得之功多矣。故凡其说皆深约严重，意味渊永，自成一家之言，虽或有贤知之过，如程子之所讥者，然其大体非人所能及也。(《或问》,《全书》六,611—612页)

从此段文字可以看出，朱子对二程之说的极度推崇，其得失根本不予讨论。对其门下弟子则有肯定，有否定。如指出诸家的缺点：范祖禹“未精”，吕大临“未畅”、谢良佐“过高”、游酢“柔缓”、杨时“支离”、周孚先“言不皆中”、尹焞“意有不周”、张载“有贤知之过”。朱子对诸家的批评是在其对诸家的取舍过程中得出的。

(1) 对过度诠释的摒弃

根据朱子的分析，谢良佐之说往往有过高之失，也就是对经典往往进行了过度的诠释，这一点受到朱子的批评。今试举几例：

解释“人不知而不愠”(1.1)，《或问》指出：

有引老聃知我者希则我贵以为说者，则又过高而有自私之病。(《或问》，《全书》六，611 页)

《精义》载：

谢曰：知我者希，则我贵矣，人不知而不愠，则其自待者厚，斯不亦君子乎。(《精义》，《全书》七，27 页)

谢良佐用《老子》之说来会通《论语》在朱子看来是不当的。在《或问》中，用佛道二教来会通四书义理的说法大多被斥为过高。

解释“主忠信”(1.8)，《或问》指出：

谢氏以主忠信为不言而信，如何？曰：是亦过高而失之矣。然不独此而已，凡其所谓忠信者皆然，盖得于程子实理之云，而于其所谓以人言之者，则有所略而不察也。(《或问》，《全书》六，623 页)

《精义》曰：

忠信，进德之本也。所谓“默而成之，不言而信，存乎德行”者也。(《精义》，《全书》七，44 页)

谢良佐用《系辞》之说会通“信”，朱子以为过高，在朱子看来“信”本义就是言而有信，求不言显然过度。而且朱子指出谢良佐普遍地用“不言而信”来解释“信”都是一种过度诠释。朱子从经典文本的原义出发，对脱离文义的任意会通则予以批评，对于过度诠释则采用摒弃的态度。

(2) 不区分大小程子的意义、过程

相比《论孟精义》《四书或问》，《四书章句集注》中不再区分二程，统一以“程子”明之，甚至有“合辑”的情况。

《论语》中有：

> 程子曰：“此是彻上彻下语。圣人初无二语也，充之则睟面盎背；推而达之，则笃恭而天下平矣。”(13.19 注)

此亦合辑二程之语。据《精义》载：

> 伊川曰……推是心而诚之，则笃恭而天下平矣。
>
> 明道曰：居处恭，执事敬，与人忠，此是彻上彻下语，圣人元无二语。又曰：居处恭，执事敬，与人忠，充此便睟面盎背……(《精义》，《全书》七，460 页)

抹去二程之间的差别，于此可见。

据陈铁凡的统计可见，朱子对二程的称名征引在各家中间占有绝对优势的地位。二程在朱子道统论中具有承孟子千五百年绝学的重要地位。在朱子的道统论中，没有明确二程弟子等地位，甚至没有明确对朱子一生起过根本作用的业师李侗。二程在朱子心目中地位无疑是任何别人是无法取代的。朱子对理学的参悟，对“四书”义理的理解都是在理解和吸收二程思想的过程中进行的。朱子对“四书”的解读在一定意义上就是在“四书”原文、二程思想以及自己的理解之间找一个平衡点。朱子以为几者之间具有一定的统一性，是具有一定确定性，并不赋予“四书”原文相对主义的理解。这个标准在一定意义上就是以二程的理解为标准的。朱子参悟中和就是以二程思想作为参悟对象，以期达到义理层面的贯通。朱子是有体系性思想的自觉的，朱子就是在二程思想的基础上建构起其宏伟的理学大厦。这个大厦的很多思想材料就是采自二程的,但并不是二程思想材料的胡乱拼凑,而是经过自己长期的消化吸收的。二程的思想,以及“四书”的思想通过自己的理解体会完完全全在自己身上再现出来。以这样的领悟为基础,在二程思想、“四书”原文等之间寻找一个符合理学体系的折衷点。这个折衷点必定是对二程思想、“四书”原文都通过自己思想的深入改造的。换句话说,就是让“四书”原文、二程思想替自己讲话。在这样的建构背景下,对二程思想自然有了一定的取舍。朱子特别赞赏二程,不仅在一些地方特别将二程称之为“子程子”,在《四书章句集注》的案语中也多对二程的溢美之辞:

愚按:程子之言,引而不发,盖欲学者深思而自得之。(6.9 注)

愚按:先儒误以此章连下文偏其反而为一章,故有反经合道之说。程子非之,是矣。然以孟子嫂溺援之以手之义推之,则权与经亦当有辨。(9.29 注)

愚按:程子第一条,说此章文意,最为详尽。其后四条,皆以明精粗本末。(19.12 注)

朱子虽然尊崇二程,但对其说也并非完全遵从,也有对其说的取舍。如朱子说:

读书考义理,似是而非者难辨。且如《精义》中,惟程先生说得确当。至其门人,非惟不尽得夫子之意,虽程子之意,亦多失之。(《语类》卷十九,《全书》十四,660 页)

另外,朱子还特别怀疑二程语录的记载。《或问》曰:

或问:二十八章程子二说自相为异,何也?曰:解之言正也,语录则或有记录之差焉。(《或问》,《全书》六,736 页)

(3) 未征引宋儒的章节

在《四书章句集注》中，虽然义理方面多用宋儒之说，但仍有许多章节没有称名征引，具体原因又是什么呢？以《论语集注》为例，其中498章，有约三分之一的章并没有称名征引宋儒义理。具体来说，主要有以下几类：

首先，其中一部分是未称名征引。如：

故以此自为，则己之德厚，下民化之，则其德亦归于厚也。(1.9注)

《精义》引谢良佐云：

以此处己，则己德归厚矣。以此教民，则民德归厚矣。(《精义》，《全书》七，47页)

其次，宋儒诸说在义理上有得之者，但于字义等其它方面有失而不取。如：

《或问》2.3章：

或问三章之说。曰：杨、侯、周氏得之。但杨说以为有德礼则刑政在其中者，意则甚善，而微有异乎此章之意，不若周氏之得其本旨也。侯氏以道为治，于政犹可通，于德则无所当矣。范、吕、谢、尹氏皆以苟免为言，殊失文意。盖所谓免，正以其革面而不敢为非，真有以免于罪戾耳，岂冒犯不义，以至于犯上作乱，而脱漏宪网，以幸免于刑诛之谓哉？若以说专任政刑之弊，其流必至于此，则可矣。吕氏谓先治内以格其非心，亦非此章之意。盖与范氏皆有废置政刑，而专任德礼之意。恐董子所谓"承天意以从事"者，亦不至如是之偏也。谢氏所谓先后表里者，则庶几得之矣。(《或问》，《全书》六，639页)

杨时之说并非此章之意，侯仲良之说字义不恰，范祖禹、吕大临、谢良佐、尹焞等说在文意方面有失。从《或问》来说,周孚先之说(《精义》未载)得其本旨,但《四书章句集注》亦未采用,在这种情况下,《四书章句集注》则未对诸家引用,全用朱子自己之言。

再次,朱子认为宋儒诸说皆失,属于他自身义理的创新。如:

子曰:"唯女子与小人为难养也,近之则不孙,远之则怨。"(17.25)

近、孙、远,并去声。此小人,亦谓仆隶下人也。君子之于臣妾,庄以莅之,慈以畜之,则无二者之患矣。(17.25注)

《或问》称:

或问:二十五章之小人,何以知其为仆隶下人也?曰:若为恶之小人,则君子远之,惟恐不严,怨亦非所恤矣。诸家说皆失其旨也。(《或问》,《全书》六,889页)

对于"小人"的理解,诸家皆有失,所以朱子用自己的理解。

小结

朱子博取众家之长是朱子一贯的风格。无论是朱子从学李侗之前所编的《集解》、还是从学李侗期间所编订的《要义》,以及后来的《论孟精义》,一直到最后的《四书章句集注》,无不体现着朱子博取众家之长的想法。然而不同的著作又体现着朱子对众家吸收的由粗到精、由博返约的过程。朱子在早年的《集解》一类书虽然已经有一定的取舍,但主要的目的在于收集,求内容大而全。随着朱子对理学思想与四书思想的继续探索,朱子形成了自己的思想体系,从而以一种完整的思想对各家进行取舍。《论孟精义》《中庸辑略》可以说是朱子在《四书集注》经学体系形成前对各家综合的一个阶段性成果。在两部书中,朱子都以二程为核心,搜集了包括张载以及二程弟子等的有关言论。这是一种通过各家思想来表达自己的一种方法。

朱子《四书章句集注》是集“四书”解释大成的注疏之作，根据姓氏来分，所称名征引涉及到50多家，其中义理方面多取自二程为核心的理学家，是两宋理学解释之作的代表。经后人的研究，朱子在称名征引之外尚有大量的未称名征引情况，其中不仅有对二程为核心理学家的解释的征引，更有浩繁的对宋之前音读、训诂方面的征引。乍一看，朱子自己的本人见解完全被淹没在对各家的征引文字当中，然而仔细分析起来，就会发现朱子对诸家的文献的征引都是通过朱子自己的精心取舍而成的，特别是从《四书或问》的记载来看，其中的取舍问题更是精妙入微。

朱子《四书章句集注》特别体现出“述而不作”的精神。从《四书章句集注》的文字表面来看，朱子处处推崇二程为核心的理学家思想，自己则很少表达自己的观点，若有己见，或加“愚按”等标示。实际上，仔细分析就可以知道，朱子对各家的引用等无不体现自己对理学思想的精深把握。朱子为《四书章句集注》确定了整体的话语体系、解释框架、概念诠释等内容。以话语来说，朱子无情地摈弃了二程弟子中渗透佛老的部分话语。具体来说，朱子则是从音读、训诂、义理等多方面对前代文献进行征引。音读、训诂方面主要吸收宋以前的成果，多为未称名征引，其中多有为其义理服务方面的。具体可参下章。义理方面则多为宋之后理学家的称名征引，也有不少引用未加说明或化用的未称名征引内容。朱子将所有这些内容融贯起来，让古人代朱子发言。这种寓作于述的做法正是朱子所理解的“述而不作”的深意。

朱子“述而不作”显然只是一种文献征引的精神，在具体征引当中，朱子大胆地对原文进行改造。对于未称名征引的音读、训诂、义理等，朱子更可以随意取摘，自如驰骋。这也为后代考查其出处带来巨大的困难。很多看似相似的征引，只因增加或改动己字，其意义都有不同，更加贴合对四书原文的解释。比如，“人不知而不愠”的“愠”，朱子解释为“愠，含怒意。”(1.1注)据考证，此应据《论语集解》的何晏注“愠，怒也。”但是朱子增一“含”字，其义显然有变。在朱子看来，别人对自己有不了解就有愤怒，显然过度，不合常情，就上下文来说有所勉强，而理解为“含怒”，则更多是心中的一种不满情绪，符合常情，义理上也更加精微。别人对自己有不了解,自己不怒,很多人能够做到,而自己不含怒则恐怕很多人就难以做到了。对于宋儒义理方面的征引,朱子更是对其文字进行重新编辑,甚至做出较大的改动。比如将《论孟精义》与《论孟集住》相比较,就可以发现其中改造的痕迹。其中文字上的改动一方面是为了整体话语、文字风格的统一,另一方面则显然是为了义理方面的一贯性。

朱子的“述而不作”是要体现一种中庸精神。单纯的文献征引,也就是只是述,虽然自有其价值,但显然难以达到义理上的圆融。同时,单纯的独抒胸臆,则可能有很多弊端,或许很多观点前人早有而且其表述更加精当,或许有些观点则远不如前人高明而自己不知,或许有些观点过于主观,经不住检验,或许……,朱子的《四书章句集注》则坚持通过文献征引在继承前人的思想基础之上进行进一步发挥,从形式上寓发展于继承当中,可谓是一种适中的做法,更易为人所接受。

第七章 《四书章句集注》的语文解读

朱子在《四书章句集注》的具体解释中，既不同于汉儒的重点在训诂，也不同于玄儒脱离原文本义的任意发挥，坚持在训诂的基础上求得其本义，具有一种经学精神，然而在注释当中又不可避免地发挥了许多自立之说，从而又具有了理学精神。如钱穆所说的"绾经学与理学为一途"[①]。与当时人相比，朱子《四书章句集注》的一大特色就是重视语文解读。据今人分析，朱子的语文解读可谓面面俱到，认真而仔细。这与朱子认为读书首先要解义是分不开的。朱子认为：

学者观书，先须读得正文，记得注解，成诵精熟，注中训释文意、事物、名义，发明经指，相穿纽处，一一认得，如自己做出来底一般，方能玩味反复，向上有透处。(《语类》卷十一，《全书》十四，349 页)

朱子特别重视自己的训诂等内容。朱子说：

某所集注《论语》，至于训诂皆子细者，盖要人字字与某着意看，字字思索到，莫要只作等闲看过了。(《语类》卷十一，《全书》十四，349 页)

朱子对解读的术语也特别在意。如：

又问："解文义处，或用'者'字，或用'谓'字，或用'犹'字，或直言，其轻重之意如何?"曰："直言，直训如此。犹者，犹是如此。"又问"者"、"谓"如何。曰："是恁地。"(《语类》卷十九，《全书》十四，656 页)

---

① 钱穆：《朱子学提纲》，北京：三联书店 2002 年版，第 24 页。

朱子解经的理想是解释以经文为中心，而不是解释自成一文。如：

程先生《经解》，理在解语内。某集注《论语》，只是发明其辞，使人玩味经文，理皆在经文内。《易传》不看本文，亦是自成一书。杜预《左传解》，不看经文，亦自成一书。郑《笺》不识经大旨，故多随句解。（《语类》卷十九，《全书》十四，656 页）

朱子《四书章句集注》在语文解读方面，相比前人以及同时，达到很高的程度。其训释内容之广、之详为解开"四书"原文中的疑点做出了巨大贡献。在朱子之前，"四书"皆有汉魏古注，《大学》《中庸》有郑玄的注，《论语》有何晏的《集解》等，《孟子》有赵岐的注，另外还有陆德明的《经典释文》，已经可以说解决了一大部分语文解读方面的问题。然而，"四书"原文中仍然有种种疑点，特别就一字一句的斟酌上，原文本义、本意与义理的贯通上，还有很大空间，朱子对此下了很大的功夫。

一般来讲，汉魏古注多注重训诂，往往不注重义理在整体上的贯通性，这样就有可能只见树木不见森林；宋人解义又多注重义理发挥，忽略具体的字句本义，虽见森林又不见树木。汉魏古注之失在于，经文的整体义理没有融贯，经文深意没有挖掘，理解浮于表面。宋人之失在于，过度发挥义理，使得其义理失去根基，成了自己之言。朱子每见汉魏人之失，又每见宋人之失，所以有意识地要扬长避短，虽然在义理上花费了不少功夫，在训诂上亦全不忽视。朱子针对宋人多注重义理发挥，而不注重语文解读，曾说：

汉魏诸儒正音读、通训诂、考制度、辨名物，其功博矣。（《文集》卷七十五《语孟集义序》，《全书》廿四，3631 页）

朱子虽然也屡屡反对汉魏诸儒不注重义理，使得经文思想与自身修养为两事，然而却也能清醒地看到汉魏诸儒的优点。宋人中有一种极端的看法，认为如果汉魏诸儒在义理上没有贯通，那么在文字训诂上也必定错误，一无可取。朱子则辩证地看待这一问题，虽然义理上没有深入，但在文字训诂上未必全错。语文解读与义理辨析是对原文原意理解的两个不同层次。义理辨析不能脱离语文解读，脱离了语文解读就是没有脚的头，无法走路，只能乱滚。没有义理辨析的语文解读就是没有头的脚，虽然可以走路，但是茫然无措。所以，脱离经文的原意的发挥是没有根基的。义理应该是建立在训诂基础上的合理发挥。两者相辅相成，缺一不可。单纯的义理则容易流为完全发扬自己思想的信口胡说，但是单纯的训诂则是容易流为皓首穷经而茫无所归，失去训诂的根本所在。

下面仅从朱子对音读标注、句读判断、词义解释三个方面为例说明朱子对语文解读的重视，同时分析其与义理辨析的密切的关系。

一、音读标注

朱子《四书章句集注》对于“四书”的原文，首先正其音读，以此作为解释发挥的基础。《四书章句集注》中音读是朱子特别关注的一部分，具有多种意义。

通过音读可以扫清理解“四书”原文的第一层障碍。对于童子启蒙而言，在很大的意义上只是熟读原文即可，所以这一点尤为重要。要让童子对原文的义理进行很深入的领会，则是求之过高。朱子从自己本身有这样的体会。朱子说：

> 某少时读四书，甚辛苦。诸公今读时又较易做工夫了。（《语类》卷一百零四，《全书》十七，3427 页）

朱子少年时代读《论语》《孟子》所遇到的障碍，主要应该是音义方面的，其次才是义理方面的。对于“四书”原文，朱子没有强调要熟读成诵，而不认识的字，或者有多音的字，或者查检不便，就会带来很大的困难。如果乱读一气，之后再纠正起来就很难了。

就语言文字而言，音、形、义、理是相统一的。在一定程度上，读什么音与其义有很大的关系。古代汉语中,很多同音字在意义上也具有一定的相近性,此即音训的方法来历。[①] 另外,字本身是用来记录音的,古人在运用字的时候,往往重在记录其音,所以经常会不用本字,而用一个同音字来代替,此即通假字的来历。如此种种,所以不明白音读之学,对阅读古文会造成很大障碍。比如《论语》第一句"学而时习之,不亦说乎"(1.1),"说"乃为"悦"的通假字,不知道这些基本知识,是读不通的。朱子注:"说、悦同。"(1.1 注)就解决了这个问题。

朱子之前,"四书"已经有音读方面的成果,《大学》《中庸》《论语》有陆德明的《经典释文》,《孟子》有孙奭的《孟子音义》。然而比如陆德明的《释文》释《论语》,是连带《论语集解》的注解一起标出其音的,孙奭的《孟子音义》也注出了赵岐《孟子章句》的音。而且就单纯阅读"四书"原文,查检对初学者并不便利。而且在意义上也因为音的不同会造成种种问题。所以朱子在借鉴前人的成果上,重新根据与意义的统一性原则,校订了所有的古今文字,新旧读音,艰涩文字,多音字等问题,期在最大程度上扫清音读上的障碍。并且不厌其烦,前面出现的类似情况后来再次出现也同样注出,如表示发语词的"夫",朱子一再注出"夫,音扶",真可谓良苦用心。

1. 注音方式

朱子《四书章句集注》中的注音方式是多种多样的。如直音法、反切法、音调法等。朱子在不同场合使用不同的方法,以期既简洁又高效地发挥各种方法的优点。

直音。直音就是用同音字来注音。直音的优点,在于可以迅速读出所注字的读音,采用"A,音 B"的形式。直音主要有三种类型:

单纯注音。可以标注多音字,如:

识,音志。(7.2 注)

食,音嗣。(7.15 注)

---

① 戴震作为乾嘉时期学术群体的中心人物,在继承前人治经方法的基础上,提出"因音求义",概括了字的形、音、义三者之间的关系,主张"字学、诂训、音声三者不可相离"的治经基本方法。

朱子不注多音字的常读的音，而其他读音则一一注出。

也用来标注生僻字，如：

沛，音贝。（4.5 注）

桴，音孚。（5.6 注）

也可以兼训义，指明通假，

从，音纵。（3.23 注）

女，音汝。（5.3 注）

反切。直音法有其缺点，就是没有同音字的情况，或同音字更为复杂的情况，就无法用直音法，这个时候，运用反切法就能解决问题，采用“A，BC 反”的形式。

反切常常用来注出生僻字，如：

磋，七多反。（1.15 注）

彻，直列反。（3.2 注）

声调法。对于只是音调不同的多音字，直音、反切就都显得复杂了，所以直接标出音调更为简洁，采用“A，B 声”的形式。

鲜，上声。（D8 注）

难，去声。（Z14 注）

相通的字也用标注音调的方法，

弟，去声。（D9 注）（按：通“悌”）

道，去声。(19.25 注)(按：通“导”)

破读音，破读是通过改变字的读音以区别不同的意义或词性的一宗方法，破读的音大多数是把原来平声(或上声、入声)读为去声形式为“A，去声”。

中，去声。(D9 注)

好，去声。(Z15 注)

如字。用来为一些多音多义或有异读异解的字注音，强调在特定的上下文里被释的字要按它的本音来读。

昭，如字。(Z19 注)

恶，如字。(4.4 注)

混用字。“A，与 B 同”

僇，与戮同。(D10 注)

示，与视同。(Z19 注)

假借字。“读为”，或为“读作”。

内，读为纳。(2A.6 注)

亡，读作无。(19.2 注)

2. 音读与义理

虽然很多的音读还是为了疏通文意，然而有一些却表达出与义理密切的关联，特别是那些朱子在旧读基础上改变读音、故意强调读音的地方。最鲜明的地方莫过于《大学》的“大”字，朱子注为：

大，旧音泰，今读如字。(《大学章句》题注)

“大，旧音泰”出自《经典释文》，并引郑玄：“郑云：大学者，以其记博学可以为政也。”朱子则改读为“大”字的本音，以“大人之学”为“大学”，与“小学”相对，目的是“因小学之成功，以着大学之明法”。(《大学章句序》)

又如，《论语》中有：

七十而从心所欲，不逾矩。(2.4)

朱子注有：

从，如字。从，随也。矩，法度之器，所以为方者也。随其心之所欲，而自不过于法度，安而行之，不勉而中也。(2.4 注)

《或问》对此有辩论：

曰：“从心”之“从”，旧读为“纵”，且至心字而句绝，诸先生之说，皆如此而今独不然，何也？

曰：经之本文作“从”，而陆氏无别音，则旧固读如本字尔。读如“纵”者，乃近世习俗流传之误，而诸先生偶未察耳。以理言之，则有心于纵，亦岂圣人与天为一、从容中道之谓哉？(《或问》，《全书》六，643 页)

《精义》中诸先生大多以“从”为“纵”，并至“心”字为句，杨时还以“天纵之将圣”为说，则将原文理解为“七十而纵心，所欲不逾矩”。这样大意为，到了七十岁就可以放纵其心，所欲望的不会超越规矩法度了。朱子特别斟酌“从”与“纵”的细微差别，认为“从”应该读为本音 cóng，意思为“随”更加贴切，不是通假“纵”而改读为 zòng。理由有三：一、原文作“从”。二、陆德明《经典释文》没有对“从”字专门注音。三、道理上讲，“纵”仍然是有意为之，就不是圣人“不勉而中”的境界了。

从今天看来,原文是“从”还是“纵”,或许有可能是版本的问题,这样就不会有第一、二条理由的疑问了。如日本正平版(刻于1364)作“纵”,并其下马融注亦作“纵”。(《儒藏》〔精华编〕104册,112页)当然日本正平版晚于朱子,不足为据,或许正平版作“纵”正是朱子所说“习俗流传之误”。或许此种版本差异,朱子也见到过,只是朱子不屑取而已。无论如何,朱子从义理的缜密角度出发,否定了“纵”的说法,为了避免仍将“从”字读为“纵”字,故特别注出“从,如字”(2.4注),并特加注明“从,随也”(2.4注)。朱子的良苦用心可见一斑。

又,《论语》有:

子曰:“苟志于仁矣,无恶也。”(4.4)

朱子注为:

恶,如字。苟,诚也。志者,心之所之也。其心诚在于仁,则必无为恶之事矣。杨氏曰:“苟志于仁,未必无过举也,然而为恶则无矣。”(4.4注)

《精义》引谢良佐之说:

谢曰:苟志于仁矣,虽未能安仁,然不可不谓之知仁也。惟知仁,故能通天下之志,则于人何所恶也,容众而矜不能可矣。世人见君子亦有恶,于此论不能无疑也,盖亦未之思耳。盍亦察恶己之恶与恶人之恶不同斯知之矣。使其恶人之恶,如恶己之恶,则谓之无恶亦可也。(《精义》,《全书》七,138页)

《或问》有辩:

谢氏以志仁为知仁,以去声读“恶”字,则又误矣。盖志仁则实有意于为仁，非但知之而已也。且上章适言惟仁者能好人、能恶人，则仁人曷尝无所好恶哉？今曰无恶，然则谓其独有所好可乎？故胡氏力排其说，以为“贪无恶之美名，失仁人之公道，非知仁者”，盖得之矣。然此又或有说焉。盖仁固公矣，而主于爱，故仁者于物之当好者，则欣然悦而好之，有所不得不恶者，则恻然不得已而恶之，是以好恶各得其物，而爱之理未尝不行乎好恶之间也。以此而观，则胡氏之言，其亦未免于偏与？（《或问》，《全书》六，678页）

谢良佐之说强调“志于仁”也就是“知仁”，“知仁”也就没有“恶”wù了，所谓的“容众”，包容大众。朱子则根据上一章所言“子曰：‘唯仁者能好人，能恶人’”（4.3），仔细辩论，说明“仁人”是有所“恶”wù的。朱子又特别纠正过于强调有所“恶”wù之偏，强调仁者主于爱，好则欣然好之，恶则有所不得已恻然而恶之，即是在恶的时候，仍然有爱之理也就是仁爱之心在其中。从而，朱子以为此章的“恶”音è，“无恶”意为不为恶，也就是不为不善的意思。朱子于此章特意注出“恶，如字”（4.4注），意在纠正如谢良佐之类的错误，用心可见。

《论语》中有：

子曰：“君子之于天下也，无适也，无莫也，义之与比。”（4.10）

朱子注有：

适，丁历反。比，必二反。〇适，专主也。《春秋传》曰：“吾谁适从”是也。莫，不肯也。比，从也。（4.10注）

朱子据《经典释文》特别注出“适，丁历反”（4.10注）。并在其后特别注解“适，专主也”（4.10注），并引“《春秋传》曰：‘吾谁适从’是也”（4.10注），有其特别用意的。《精义》中诸说多将“适”读为“子适卫”（13.9）的“适”，意思是往。如《精义》中所引程颐之说有：

伊川解曰：君子之于天下，无必往也，无莫往也，惟义是亲。（《精义》，《全书》七，147 页）

朱子则特别强调“适”如《左传》“吾谁适从”之“适”，音为 dí，意思是专主，或者“可”（引谢良佐说。）《或问》对此专门辩论：

此章诸说多误，盖由音读之学不明，以“适”为“子适卫”之适之故也。惟吕氏以为主，谢氏以为可，似吾“谁适从”、“谁适与谋”之“适”。然吕氏之说不明，而义之与比亦同众说，误为比于有义之人者。独谢氏为不差，而其所论老、佛之失，亦最明白也。（《或问》，《全书》六，685 页）

具体内容上，朱子认同谢良佐之说：

谢氏曰：“适，可也。莫，不可也。无可无不可，苟无道以主之，不几于猖狂自恣乎？此佛老之学，所以自谓心无所住而能应变，而卒得罪于圣人也。圣人之学不然，于无可无不可之间，有义存焉。然则君子之心，果有所倚乎？”（4.10 注）

对比起来分析，将“适”解为往，意思是说君子在天下，没有去的地方，也没有不去的地方，依据的是义。这就是说君子只要是依据着“义”，什么地方都可以去。朱子则会通《论语》“无可无不可”（18.8）的思想，找到“适”字音读上的依据，表达出了孔子“时中”的中庸思想，应当说解作“专主”或“可”比解作“往”更加高明，也或许更符合《论语》本来的意思。

二、句读判断

进行句读标注，朱子采用传统的方法，主要有：一是直接陈述如何句读，二是用“句”在正文中标示，三是串讲暗示。

1. 直接称述句读

《中庸章句》有：

君子之道四，丘未能一焉：所求乎子，以事父未能也；所求乎臣，以事君未能也；所求乎弟，以事兄未能也；所求乎朋友，先施之未能也。(Z13)

子、臣、弟、友，四字绝句。求，犹责也。道不远人，凡己之所以责人者，皆道之所当然也，故反之以自责而自修焉。(Z13 注)

朱子特别注明此处存在不同的句读，就是在"子"、"臣"、"弟"、"友"处绝句。《或问》对此详细辩论道：

曰："子"、"臣"、"弟"、"友"之绝句，何也？

曰：夫子之意，盖曰我之所责乎子之事己者如此，而反求乎己之所以事父，则未能如此也。所责乎臣之事君者如此，而反求乎己之所以事君，则未能如此也。所责乎弟之事己者如此，而反求乎己之所以事兄，则未能如此也。所责乎朋友之施己者如此，而反求乎己之所以先施于彼者，则未能如此也。于是以其所以责彼者，自责于庸言庸行之间，盖不待求之于他，而吾之所以自修之则，具于此矣。今或不得其读，而以"父"、"君"、"兄"、"之"四字为绝句，则于文意有所不通，而其义亦何所当哉！(《或问》，《全书》六，574 页)

朱子在此详细说明了在"子"、"臣"、"弟"、"友"处绝句的原因，并特别否定了在"父"、"君"、"兄"、"之"处绝句的错误。赵顺孙对此纂疏为：

《文集》曰：此处主意立文，与《大学》絜矩一章相似，人多误读。○叶氏曰：旧读是以恕己之心恕人，今读是以责人之心责己。若如旧说，当云所求乎子以事父，以字全是起句意义。一读之间，直系利害如此。

朱子在《语类》中亦将"所求乎子，以事父未能也"之说与《大学》"絜矩之道”比附起来，并认为与“己欲立而立人，己欲达而达人”不同：

又曰：“己欲立而立人，己欲达而达人”是两折说，只以己对人而言。若絜矩，上之人所以待己，己又所以待人，是三折说。如《中庸》“所求乎子，以事父未能也；所求乎臣，以事君未能也”一类意。（《语类》卷十六，《全书》十四，556页）

所谓“己欲立而立人，己欲达而达人”的两折说是表明了一个从己到人的一重推理：

己⟶人

而“絜矩之道”，或“所求乎子，以事父未能也”之说的三折说，从人到己，从己到人的两重推理：

人⟶己⟶人

《语类》中还特别强调“所求乎子”为“孝”，“所求乎臣”为“忠”，更有利于理解两种句读的不同：

又曰：“所求乎子，以事父未能也”每常人责子，必欲其孝于我，然不知我之所以事父者果孝否？以我责子之心，而反推己之所以事父，此便是则也。“所求乎臣，以事君未能也。”常人责臣，必欲其忠于我，然不知我之事君者尽忠否。以我责臣之心，而反求之于我，则其则在此矣。（《语类》卷六十三，《全书》十六，2080页）

若依旧说，句读则为：

所求乎子以事父，未能也；所求乎臣以事君，未能也；所求乎弟以事兄，未能也；所求乎朋友先施之，未能也。①

---

① 《儒藏》（精华编）110册第40页正是如此标点，当依据朱子“子、臣、弟、友，四字绝句”所言，于“子”、“臣”、“弟”、“友”绝句。

这样语义就成为，要求儿子对父亲做的，我没能做到；要求臣子对君主做的，我没能做到；要求弟弟对哥哥做的，我没能做到；要求朋友对自己先做的，我也没有做到。具体来说，如果儿子应该对父亲“孝”，那就是我没有做到“孝”；如果臣子对君主应该“忠”，那就是我没有做到“忠”；如果弟弟对兄长应该“悌”，那就是我没有做到“悌”；如果朋友应该对自己“信”，那就是我没有做到“信”。言外之意为，我尚且没有做到“孝”、“忠”、“悌”、“信”，那么也不怪别人没有对自己做到“孝”、“忠”、“悌”、“信”。这样的理解就是“叶氏”所说的“旧读是以恕己之心恕人”。

然而根据朱子的判断，此处乃是孔子的谦辞，并不是说孔子真正连君子之道都达不到。此处所讲乃如同《大学》的“絜矩之道”：

> 所恶于上，毋以使下；所恶于下，毋以事上；所恶于前，毋以先后；所恶于后，毋以从前；所恶于右，毋以交于左；所恶于左，毋以交于右：此之谓絜矩之道。(D10)

所以按照朱子意思，标点为“所求乎子，以事父未能也；所求乎臣，以事君未能也；所求乎弟，以事兄未能也；所求乎朋友，先施之未能也。”意义在于，我要求儿子对我做的，反省我是否这样对父亲，则我没有做到；我要求臣下对我做的，反省我是否这样对君上，则我没有做到；我要求弟弟对我做的，反省我是否这样对兄长，则我没有做到；我要求朋友对我做的，反省我是否先这样对待朋友，则我没有做到。具体来说，以“孝”责儿子，就反省自己是否以“孝”对父亲；以“忠”责臣下，就反省自己是否以“忠”对君上；以“悌”责弟弟，就反省自己是否以“悌”对兄长；以“信”责朋友，就反省自己是否先用“信”对朋友。言外之意为，我要求别人对自己做到“孝”、“忠”、“悌”、“信”，我就要反省自己是不是对别人做到了“孝”、“忠”、“悌”、“信”。这样的理解就是“叶氏”所说的“今读是以责人之心责己。”

比较两种说法，不细细品味则很难发现其中微妙的差别，而朱子则非常敏锐地抓住了其中的不同。为了避免造成这样“父”、“君”、“兄”、“之”处绝句的理解的错误，朱子则特别注明“子、臣、弟、友，四字绝句。”不仔细分析，是很难发现其中的奥秘的。

又，《论语》有：

子曰：“十室之邑，必有忠信如丘者焉，不如丘之好学也。”(5.27)

焉，如字，属上句。好，去声。十室，小邑也。忠信如圣人，生质之美者也。夫子生知而未尝不好学，故言此以勉人。言美质易得，至道难闻，学之至则可以为圣人，不学则不免为乡人而已。可不勉哉？(5.27 注)

朱子于此特加注明“焉，如字，属上句。”则将“焉”字理解为语尾助词。这样就避免将“焉”字从下句，理解为疑问词，意为“如何”，“怎么”，“哪里”。若“焉”从下句，则为“十室之邑，必有忠信如丘者，焉不如丘之好学也。”句意变为，十户人家的小邑，必定会有像我孔丘一样忠信的人，怎么就不如我孔丘好学呢？言外之意，到处都有像我一样既忠信而且好学的人。仔细分析，这样的说法恐怕是一种歪解，并不符合原文的意思。

又，《孟子集注》有：

必有事焉而勿正，心勿忘，勿助长也。(2A.2)

“必有事焉而勿正”，赵氏、程子以七字为句。近世或并下文“心”字读之者，亦通。(2A.2 注)

朱子此处存两种句读。以为“必有事焉而勿正心，勿忘，勿助长也”的点断亦通。

《孟子集注》又有：

“以粟易械器者，不为厉陶冶；陶冶亦以其械器易粟者，岂为厉农夫哉？且许子何不为陶冶。舍皆取诸其宫中而用之？何为纷纷然与百工交易？何许子之不惮烦？”曰：“百工之事，固不可耕且为也。”(3A.4)

舍，去声。此孟子言而陈相对也。械器，釜甑之属也。陶，为甑者。冶，为釜铁者。舍，止也。或读属上句，舍，谓作陶冶之处也。(3A.4 注)

朱子此处的存两种句读，朱子以赵岐所说"舍者，止也。止不肯皆自取之其宫宅中而用之，何为反与百工交易纷纷为烦也"而将"舍"归下句。另外，"舍"字从上句，作为陶冶的地方讲。

2. 用"句"在正文中标示

《论语集注》曰：

子曰："吾尝终日不食，终夜不寝，以思，(句。)无益，(句。)不如学也。"(15.30)(按：圆括号内文字为朱子所加的小字注文，本节仿此。)

此为思而不学者言之。盖劳心以必求，不如逊志而自得也。李氏曰："夫子非思而不学者，特垂语以教人尔。"(15.30 注)

朱子于此特别于正文标出两处"句"，为了避免"吾尝终日不食，终夜不寝，以思无益，不如学也。"(认为思索没有益处，不如学习)或"吾尝终日不食，终夜不寝，以思无，益不如学也。"(思考无，更加不如学习了)等等错误的句读理解。

又，《孟子集注》曰：

交闻文王十尺，汤九尺，今交九尺四寸以长，(句。)食粟而已，如何则可？(6B.2)

曹交问也。食粟而已，言无他材能也。(6B.2 注)

朱子此处特别于正文标出"句"字，为了避免"今交九尺四寸，以长食粟而已"等错误的句读。

3. 串讲暗示

《论语集注》中有：

子曰："《书》云孝乎：'惟孝，友于兄弟，施于有政。'是亦为政，奚其为为政？"(2.21)

《书·周书·君陈篇》。"**《书》云孝乎"者，言《书》之言孝如此也。**善兄弟曰友。《书》言君陈能孝于亲，友于兄弟，又能推广此心，以为一家之政。孔子引之，言如此，则是亦为政矣，何必居位乃为为政乎？盖孔子之不仕，有难以语或人者，故托此以告之，要之至理亦不外是。(2.21注)

根据朱子"'《书》云孝乎'者，言书之言孝如此也"的解释，即如上引所示，应当在"乎"字绝句。朱子依据为《尚书·君陈篇》的文字，今作：

惟孝友于兄弟，克施有政。①

前面并无"孝乎"，所以朱子认为"孝乎"是孔子的话，即孔子说《尚书》里面言孝是这样的。《或问》据此批评谢良佐的破句错误：

谢氏又读"孝乎"属之下句，尤失之矣。(《或问》，《全书》六，656页)

查《精义》曰：

谢曰："孝乎惟孝友于兄弟"，犹言父父、子子、兄兄、弟弟，此一家之政也。一国能如此，一国之政也。天下能如此，天下之政也，岂有二道哉？同是道也，一人用之，不见其聚而多，天下皆用之，不见其分而少。天下皆乱，而己独治，在独善者处之，不害为太平。天下皆治，而己未治，在任重者处之，犹以为不足。然则论政者，果有物我之限哉，谓"孝乎惟孝友于兄弟"未足为政，岂知道者之言乎？②

---

① 今人认为此三句本为《尚书》佚文，被采入现传伪古文《尚书》中，见孙钦善：《论语本解》(2.21)，第19页。然朱子并没有作此怀疑，仍然认为《论语》引自《尚书》，所以引文中不包含"孝乎"二字。

② 《全书》七，第91页，标点有误。其作"谢曰：'孝乎！惟孝友于兄弟。犹言父父、子子、兄兄、弟弟，此一家之政也……"，未审"孝乎惟孝友于兄弟"为引用《论语》所引《尚书》之言。

可见，谢良佐的句读为：

子曰："《书》云：'孝乎惟孝，友于兄弟，施于有政。'是亦为政，奚其为为政？"①

此种句读在朱子看来是错误的。另外，朱子并没有批评其他人，说明其他人是对的，今查《精义》有：

伊川解曰：《书》之言孝，则曰：惟孝友于兄弟，则能施于有政。（《精义》，《全书》七，91 页）

可见程颐的句读在朱子看来是正确的。

又，《孟子》有：

其为气也，至大至刚，以直养而无害，则塞于天地之间。(2A.2)

此句在句读上有不同的说法，《或问》辩论道：

曰：赵氏以"至大至刚以直"为句，而程子从之，有成说矣。子之不从，何也？

曰：程子之前，固有以"至大至刚"四字为句者矣，则此读疑亦有所自来，不独出于近世之俗师也。今以"直"字属之上句，则与"刚"字语意重复，徒为赘剩而无他发明；若以"直"字属之下句，则既无此病，而与上文"自反而缩"之意，首尾相应脉络贯通。是以宁舍赵、程，而从俗师之说，盖亦有所不获已耳。大抵此章文势虽若断绝，而意实连贯，如告子之"不得于言"之"言"，"勿求于气"之气，与孟子之"知言"、"养气"，亦是隔数十句而

---

① 今中华书局本《四书章句集注》第 59 页、《儒藏》(精华编)110 册中《四书章句集注》第 85 页皆误作此。当依朱子句读之意，改"孝乎"属之上句。

互相发明，与此相类。若如诸说，则间断隔绝，都无干涉，未论义理之如何，亦不复成文字矣。(《或问》,《全书》六,934 页)

赵岐注：

言此至大至刚正直之气也。然而贯洞纤微洽于神明，故言之难也。养之以义，不以邪事干害之，则可使滋蔓塞满天地之闲，布施德教无穷极也。

《精义》引程颐之说有：

此盖语浩然之气，至大至刚且直也，能养之则无害矣。(《精义》,《全书》七,674 页)

可见，正如朱子所说，赵岐与二程都是以“直”字绝句的，将“大”“刚”“直”看做是气的三个特性，全句为“其为气也，至大至刚以直，养而无害，则塞于天地之闲。”而朱子特以“刚”字绝句。朱子注有：

至大，初无限量；至刚，不可屈挠。盖天地之正气，而人得以生者，其体假本如是也。惟其自反而缩，则得其所养；而又无所作为以害之，则其本体不亏而充塞无间矣。(2A.2 注)

朱子没有专门在“刚”字下标“句”字，然而根据朱子对文义的串讲，很容易知道朱子的句读是在“刚”字绝句的。此处句读乃是朱子的创新，之所以不从古注，亦不从先师，朱子是经过很慎重考虑的。其判断主要标准为“文势”，从二方面说：

一、“直”字属上句，则若“至大至刚以直，养而无害”，其中“刚”、“直”词义有所重叠，“直”字所表达的意义被“刚”字消解掉了。

二、若以“直”字属下句，则若“至大至刚，以直养而无害”，此“直”字修饰“养”字，表达出“养”的一定方法。朱子另外提出一个重要的依据，就是与上文的呼应关系。与此句相隔数句之上，有：

昔者曾子谓子襄曰：“子好勇乎？吾尝闻大勇于夫子矣：自反而不缩，虽褐宽博，吾不惴焉；自反而缩，虽千万人，吾往矣。”(2A.2)

缩，直也。《檀弓》曰：“古者冠缩缝，今也衡缝。”又曰：“棺束缩二衡三。”(2A.2注)

朱子以“直”解“缩”，并且特意列出所依据的经典，《礼记·檀弓》“古者冠缩缝，今也衡缝”下，孔颖达云：“缩，直也。”“衡、横也。”(《礼记注疏》卷第七)朱子以“以直养而无害”与“自反而缩”遥相呼应。

又，《论语集注》有：

子曰：“能以礼让为国乎，何有？不能以礼让为国，如礼何？”(4.13)

让者，礼之实也。何有，言不难也。言有礼之实以为国，则何难之有，不然，则其礼文虽具，亦且无如之何矣，而况于为国乎？(4.13注)

根据朱子的串讲，可以知道朱子上半句以“乎”字绝句，下半句以“国”字绝句。此章句读其实有不同的说法，《或问》辩论道：

至于句读之间，诸说亦多不同，往往多至让字为绝句，而以为国者属之下文，虽于上句为通，然施之下句则不通甚矣。要之，此但当为三句，而中句至国字为绝乃安耳。(《或问》，《全书》六，687页)

若以“让”字绝句，则为“能以礼让，为国乎何有？不能以礼让，为国如礼何？”这样虽然对仗整齐，但是下句颇为费解。

又，《论语》有：

七十而从心所欲，不逾矩。(2.4)

朱子于此处除了认为“从”读如字，而不读“纵”之外，还有存在句读问题。《或问》提到：

曰：“从心”之“从”，旧读为“纵”，且至“心”字而句绝，诸先生之说，皆如此，而今独不然，何也？

曰：经之本文作“从”，而陆氏无别音，则旧固读如本字尔。读如纵者，乃近世习俗流传之误，而诸先生偶未察耳。以理言之，则有心于纵，亦岂圣人与天为一从容中道之谓哉。范氏虽不以从心为绝句，然其音读亦不免于误也。若其大义则程子张子固不害于得之，但张子兼不思不勉而言，不若程子之分之为当耳，其论不梦周公，迂回难通，殊不可晓。(《或问》，《全书》六，643页)

朱子对此处句读的判断显然与对音读的判断有密切关系。若以为“纵”，放纵其心，以“心”字为句绝，就可通。若以为“从”，则随其心干什么，必定要加上宾语“所欲”，以“欲”字句绝。朱子串讲道：

随其心之所欲，而自不过于法度，安而行之，不勉而中也。(2.4注)

即明确地体现出“欲”字句绝的句读，从而也没有采用在正文中加“句”字标出句读的方法。

三、词义解释

吴昌宗指出：

《集注》释经之例有用正训而云“某，某也”，则本《尔雅》〈释诂〉〈释言〉

篇例。有非正训，借彼明此而云，“某者，某也”，“某，言某也”，“某为某”，“某曰某”，“某谓之某”，“某之为言某也”，则本《尔雅》〈释训〉〈释亲〉〈释宫〉〈释天〉等篇例。又有不可明言但形容其义而云“某，某貌”，“某，某意”，“某，某辞”，则本《说文》《玉篇》等字书例。[①]

此就《四书章句集注》的词语解释体例上说的，说明在训释体例上是继承古代字书而来的。其中说明有三大类情况：正训、非正训、形容。

1. 解释术语

正训，说明两个词在一定层面上是相通的，在具体上下文中，可以用解释的词来替换。具体形式为“A，B也”。如，

监，视也。（D10注）

说辞，言语也。（2A.2注）

据不完全统计，正训的解释有六百余处。通过这种方法，明确了四书本文的确实内涵。其中很多还都包含着朱子独特的思想的。如例子中训“从”为“随”，就是要说明《论语》孔子“从心所欲不逾矩”的“从”不能读为“纵”字。偶尔也有，两个词训一个词的情况，形式为“A，B也，C也”。如，

彻，通也，均也。（12.9注）

慊，恨也，少也。（2B.2注）

表明被解释的词包含两个方面的内涵。如“彻”作为一种税收方法，字义中即包含了“通”、“均”两个方面，朱子具体说明时，指出：

周制：一夫受田百亩，而与同沟共井之人通力合作，计亩均收。大率

① （清）吴昌宗：《四书经注集证》论语卷一，见《续修四库全书168经部·四书类》，上海：上海古籍出版社1996年版，第72页。

民得其九,公取其一,故谓之彻。(12.9 注)

其中"通"、"均"的意思都解释在其中。

没有特别恰当的正训词,朱子就采用非正训的形成,借此明彼。具体形成有"A者,B也","A,言B也","A为B","A曰B","A谓之B","A之为言B也"等。下面分别论述。

1. A者,B也。

《论语》《孟子》中即有这种情况,如:

政者,正也。(12.17)

彻者,彻也;助者,藉也。(5A.3)

朱子在训释中,此类情况仅数例。如:

一者,诚也。(Z20 注)

天地者,道也。(Z29 注)

鬼神者,造化之迹也。(Z29 注)

物者,形色也。(7A.38 注)

2. A,言B也。如:

不易,言难保也。(D10 注)

如矢,言直也。(15.6 注)

此类情况仅数例,说明被训释此的比喻意义。

3. "A,犹B也",或"A,犹言B也"等。

此为非正训中使用较为广泛的一种形成。如:

物，犹事也。（D0 注）

命，犹令也。（Z1 注）

爱，犹惜也。（3.17 注）

许，犹期也。（2A.1 注）

据不完全统计，有百余个。此外，还有与别的方法结合的情况。如：

道，犹引导，谓先之也。（2.3 注）

绍，继也，犹言事也。（3B.5 注）

在这样的训释中，也多包含朱子的独特思想。如训“为仁”为“行仁”，就是要避免将“为仁”之“为”理解为系词。朱子解释《论语》：

孝弟也者，其为仁之本与！（1.2）

特别说明，孝悌不是仁的本，而是行仁之本。所以才特别强调“为仁，犹曰行仁。”（1.2 注）

4. “A，与 B 同”，或“AB 同”，如：

辟、譬同。（Z15 注）

亮，信也，与谅同。（6B.12 注）

5. “谓”，此类数量很多，用途多样，主要有：

有训释的，如：

俭，谓省约。（9.3 注）

执，谓守而不失。（4B.20 注）

用于区别的概念：

朝，谓诸侯见于天子。聘，谓诸侯使大夫来献。（Z20 注）

启，谓开其意。发，谓达其辞。（7.8 注）

指明该词在上下文中涵义的：

本，谓身也。（D0 注）

时，谓耕种之时。（2A.1 注）

值得一提的是，训释术语中对“之谓”、“谓之”的使用，这两者是有明确区别的，如清戴震所说：

古人言辞，“之谓”“谓之”有异：凡曰“之谓”，以上所称解下，如《中庸》“天命之谓性，率性之谓道，修道之谓教”，此为性、道、教言之，若曰：性也者，天命之谓也；道也者，率性之谓也；教也者，修道之谓也。《易》“一阳一阴之谓道”，则为天道言之，若曰：道也者，一阴一阳之谓也。凡曰“谓之”者，以下所称之名辨上之实，如《中庸》“自诚明谓之性，自明诚谓之教”，此非为性教言之，以性教区别“自诚明”“自明诚”二者耳。[①]

朱子对“之谓”、“谓之”两者的不同训释方向是非常了解的。如“之谓”，形式为“A 之谓 B”，如：

不偏之谓中，不易之谓庸。（《中庸章句》题注）（6.27 注）

尽己之谓忠，以实之谓信。（1.4 注）（1A.5 注）

事得其序之谓礼，物得其和之谓乐。（13.3 注）

---

① 戴震：《孟子字义疏证》，北京：中华书局 1961 年版，第 22 页。

无过不及之谓中，足以有为之谓才。（4B.7注）

志仁无恶之谓善，诚善于身之谓信。（7B.25注）

“之谓”的另外一种变体是“A者，B之谓”，如：

诚者，真实无妄之谓。（Z16注）

敬者，主一无适之谓。（1.5注）

仁者，无私心而合天理之谓。（6B.6注）

中者，无过不及之谓。（7A.41注）

“谓之”的形式为：“A谓之B”，如：

心之所之谓之志。（2.4注）

行之于身谓之行，措诸天下谓之事。（5A.5注）

自理而言谓之天，自禀受而言谓之性，自存诸人而言谓之心。（7A.1注）

有一处“谓之”、“之谓”并用的情况，这种区别更加明显，如：

道之显者谓之文，盖礼乐制度之谓。（9.5注）

与“之谓”类似的还有“之称”，数量较少，如：

孤者，幼而无父之称。（D10注）

童子，未冠者之称。（14.47注）

还有“之名”，如：

中者，不偏不倚、无过不及之名。(《中庸章句》题注)

君子，才德出众之名。(7.25 注)

还有“之意”，如：

尊者，恭敬奉持之意。(Z27 注)

和者，从容不迫之意。(1.12 注)

6. “曰”“为”，多用于概念的比对，如：

鱼烂曰馁。肉腐曰败。(10.9 注)

行货曰商，居货曰贾。(1A.7 注)

又如：

尽己之心为忠，推己及人为恕。(Z13 注)

善事父母为孝，善事兄长为弟。(1.2 注)

肉聂而切之为脍。(7B.36 注)

此外，还有“之为言”、“古某字”、“亦”、“貌”、“属”、“所以”、“指”、“名”等多种术语，都显示出朱子使用训释术语的灵活与娴熟。

2. 字训与义理

“无”、“毋”、“勿”字义本身有相通之处。一般来讲，意义是不同的：

“无”本义为“亡也”(见《说文》)，意为“没有”，也多有与“毋”相通的时候。

“勿”本义为“州里所建旗”(见《说文》)，引申为禁止之辞，意为“不要”，也有作“无”讲的时候。

“毋”本义为“止之也”(见《说文》)，是禁止之辞，意为“不要”，但也多于“无”相通。

《四书章句集注》中对此多有改变字面意义的，如：

无友不如己者。(1.8)

无、毋通，禁止辞也。友所以辅仁，不如己，则无益而有损。(1.8注)

以“无”常用义“没有”来讲，也可以讲通，即“没有一个朋友比不上自己的”(“不如”解作“差于”)，或“没有一个朋友不是和自己一样的。”(“如”解作“犹如”)。然而朱子以“友以辅仁”来解释此章，所以理解为“不要和比不上自己的人做朋友”(从朱子“无益而有损”看，朱子将“不如”理解为“差于”)。

请益。曰：“无倦。”(13.1)

无，古本作毋。吴氏曰：“勇者喜于有为而不能持久，故以此告之。”(13.1注)

子路向孔子“问政”，孔子回答：“先之，劳之。”(13.1)，子路请孔子多说一些，孔子的回答是“无倦”。从“无”的常用义“没有”来讲，也可以讲通，即处在一种没有疲倦的状态。但朱子则以“因材施教”的解释路向借吴棫之说说明子路“喜于有为而不能持久”，所以“无倦”的意思就成了劝勉子路“不要疲倦”的意思。

子绝四：毋意，毋必，毋固，毋我。(9.4)

毋，《史记》作“无”，是也。……程子曰：“此毋字，非禁止之辞。圣人绝此四者，何用禁止。”张子曰：“四者有一焉，则与天地不相似。”(9.4注)

按照“毋”的常用义“不要”讲，就是孔子的“绝四”是“不要”意必固我。而朱子则引程、张的说法特别强调“毋”不是“无”，甚至为了加重说服力，引证《史记》来校勘此处的“毋”。在朱子看来，不要还是有为的层面，而孔子作为圣人已经达到了至高的境界，所谓的不思而得，不勉而中，所以用不着禁止什么的了。

对于“勿”字，朱子也不是逢见必注的，只是在以下两处特别注明“勿”是禁止的意思。

过则勿惮改。(1.8)

勿，亦禁止之辞。(1.8注)

非礼勿视，非礼勿听，非礼勿言，非礼勿动。(12.1)

勿者，禁止之辞。(12.1注)

“过则勿惮改”中的“勿”如果理解为“无”的意思，就成了“犯了过错也没有对要去改正的恐惧”，显然朱子特别注明要避免这样的歪解。非礼勿视听言动则是孔子传授给颜回的重要口诀。朱子则特别强调其中的“勿”是禁止的意思。颜回的境界对于孔子的境界来说还是差一截的。颜回对于“仁”还是要勉力为之的，所以不是礼所规范的行为就一定“不要”视听言动，这是达到“仁”的境界的方法，当然是需要努力而为的。言外之意是，只有到了孔子的境界才可以“非礼无视，非礼无听，非礼无言，非礼无动。”不是礼所规范的行为自然而然就不会视听言动了，所以也自然而然没有对不是礼所规范的行为的视听言动，无论如何视听言动都无时无刻不在礼的范围之内。

朱子的这种区分还体现在朱子明确区分“勿施于人”与“无加诸人”的不同，特别是后者容易被人忽略。

“己所不欲，勿施于人”乃是道德黄金律，四书中曾三次提到，《论语》中两次：

仲弓问仁。子曰：“出门如见大宾，使民如承大祭。己所不欲，勿施于人。在邦无怨，在家无怨。”仲弓曰：“雍虽不敏，请事斯语矣。”(12.2)

子贡问曰：“有一言而可以终身行之者乎？”子曰：“其恕乎！己所不欲，勿施于人。”(15.23)

《中庸》中有类似的表达，字句稍微不同。即：

忠恕违道不远，施诸己而不愿，亦勿施于人。(Z13)

《论语》中还有一处“无加诸人”，即

子贡曰：“我不欲人之加诸我也，吾亦欲无加诸人。”子曰：“赐也，非尔所及也。”(5.11)

对此，朱子注曰：

子贡言我所不欲人加于我之事，我亦不欲以此加之于人。此仁者之事，不待勉强，故夫子以为非子贡所及。程子曰：“我不欲人之加诸我，吾亦欲无加诸人，仁也；施诸己而不愿，亦勿施于人，恕也。恕则子贡或能勉之，仁则非所及矣。”愚谓：无者自然而然，勿者禁止之谓，此所以为仁恕之别。(5.11 注)

朱子为了引起大家的注意，特别将“无”与“勿”的区别专门说明，将这种区别的说明放在“愚谓”之后。朱子的意思很明确，就是说明“无”的境界是“自然而然”的，而“勿”则是有为的，需要像禁戒一样的勉强之功才行。朱子引程子之言说明“忠”、“恕”之别在于“无加诸人”、“勿施于人”。这一点和朱子引程子“忠”、“恕”的定义——“尽己之心为忠，推己及人为恕。”(Z13 注)是一以贯之的。自然而然地“无加诸人”就是仁，就是尽己。勉力而为的“勿施于人”就是“恕”，只是推己而已。一字之差，区别之巨。当然仔细分析，“加”和“施”作为同义词，在朱子借程子之言中似乎也有不勉而中与勉力而为的不同。“加”表达出没有“施”于别人的一种状态；“施”表达出一种作用于别人的作为。

另如《孟子》中：

文王视民如伤，望道而未之见。(4B. 20)

而，读为如，古字通用。民已安矣，而视之犹若有伤；道已至矣，而望之犹若未见。圣人之爱民深，而求道切如此。不自满足，终日乾乾之心也。(4B. 20 注)

此处“而”字的解释，乃是朱子的创见。对于此句，赵岐注曰：

视民如伤者，雍容不动扰也。望道而未至，殷录未尽，尚有贤臣，道未得至，故望而不致诛于纣也。

《精义》引程颐之说：

伊川曰：文王望至治之道而未之见，若曰民虽使至治，止由之而已，安知圣人？二《南》以天子在上，诸侯善化及民，安得未之治？……

又曰：望道而未之见，言文王视民如伤，以纣在上，望天下有道而未之见……

又曰：文王望道未之见，谓望天下有治道太平而未得见也……(《精义》,《全书》七，736 页)

《精义》引张载之说：

横渠曰：……思兼三王，周公所以于其身望道而必吾见也……

又曰：望道而未之见，望太平也。(《精义》,《全书》七，737 页)

此三说虽各不同，但大致以为，此“道”乃天下太平之治道，文王之所以望而未见，是因为商朝的命数还未尽，所以没有能够推翻商纣王的统治，言外之意是只有等到武王、周公推翻了商纣王的统治，天下太平之治道也就得而见了。朱子则显然不满意这种解释，认为其失在于对“而”字的理解上，应当理解

为“如”,《或问》有对此的辩论:

曰:以“而”为“如”,亦有据乎?

曰:“而”、“如”二字,盖通用之。《诗》曰“垂带而厉”,郑笺曰“而,亦如也”,此亦以“而”为“如”也。《春秋》“星陨如雨”,左氏曰“与雨偕也”,此以“如”为“而”也。他如此类,不可殚举,故陆氏《释文序》论音读之讹曰:“而、如靡异。”则其混读而互用之久矣。(《或问》,《全书》六,965 页)

从望文生义的角度来看,“望道而未之见”(4B.20)中“而”字表示转折,大意为“望到道了,但是还没有见到”,这“道”会是什么道呢?根据历史,我们知道文王手上还没有推翻商纣王的统治,推翻商纣王的统治是在文王的儿子武王手上完成的。这样,“道”就是推翻纣王之后天下太平的治道了。那为什么文王望道却没有见到道呢?《孟子》中有“纣之去武丁未久也,其故家遗俗,流风善政,犹有存者;又有微子、微仲、王子比干、箕子、胶鬲皆贤人也,相与辅相之,故久而后失之也”(2A.1)。原来文王当时商纣王还有微子、微仲、王子比干、箕子、胶鬲等贤臣在。

朱子根据文势,认为“而”、“如”通用,这里的“而”应当作“如”解。上句有“视民如伤”,此句顺此意,则为“望道如未之见”。而且上下文,前面讲“禹恶旨酒而好善言”(4B.20)、“汤执中,立贤无方”(4B.20),下面又讲“武王不泄迩,不忘远”(4B.20)、“周公思兼三王,以施四事;其有不合者,仰而思之,夜以继日;幸而得之,坐以待旦”(4B.20),内容皆是圣贤谦虚、孜孜不倦的精神。这样的判断来自于朱子对所谓圣人之心的体察,《或问》接着辩论作“如”字理解的合理性:

曰:是则然矣,然其曰“求道之切”者,恐非所以言圣人之心也,奈何?

曰:为是说者,正以其德为圣人,而心不自足如此,是乃所以深明圣人之心也。且子胡不以“视民如伤”者,例而观之乎?夫文王之民,固已无冻馁者矣,而视之犹若有伤,则其于道虽已与之为一,亦何害其望之如未见哉？若夫博施济众，尧、舜犹以为病，而君子之道，夫子自谓未能，其心亦若此而已矣。如果圣人也而其心侈然，每以圣人自居焉，则亦岂所以为圣哉？古今为说，迂回赘附，失其文字之本意，而于圣人之心，又不能有所发明，由不察乎此而已。然则文字音读之学，岂可忽哉？读者细考乎此，而虚心以求之，则庶乎其无所疑也。(《或问》,《全书》六,965 页)

朱子《集注》中将“望道而未之见”的深意理解是“求道切如此”。因为圣人所具有的德行，圣人之心是不自足的。与“视民如伤”类比看来，文王的臣民，已经没有饿着肚子，穿不上衣服的了，但是在文王看起来，似乎还是受到伤害一样。同理，文王已经与道合一，也就是达到了道，但是依然求道之心切切而不满足，就好像并没有见道一样。朱子推求圣人之心，如《论语》中，孔子两次提到“尧舜其犹病诸”，其犹病不能“博施济众”、“修己以安百姓”：

子贡曰：“如有博施于民而能济众，何如？可谓仁乎？”子曰：“何事于仁，必也圣乎！尧舜其犹病诸！”(6.28)

子路问君子。子曰：“修己以敬。”曰：“如斯而已乎？”曰：“修己以安人。”曰：“如斯而已乎？”曰：“修己以安百姓。修己以安百姓，尧舜其犹病诸！”(14.45)

《中庸》中孔子自称君子之道有四，而未能其中之一：

君子之道四，丘未能一焉：所求乎子，以事父未能也；所求乎臣，以事君未能也；所求乎弟，以事兄未能也；所求乎朋友，先施之未能也。(Z13)

朱子在此，特别强调“子、臣、弟、友，四字绝句”(Z13 注)，目的即在于孔子并不是不能够，而只是一种谦虚、不满足的圣人之心。圣人之心，是不以圣人自居的。如《论语》中：

子曰:"若圣与仁,则吾岂敢?抑为之不厌,诲人不倦,则可谓云尔已矣。"(7.33)

孔子不以圣、仁自居,而孜孜于学而不厌,诲人不倦,都是圣人之心的表现。据此,朱子否定了古与今的说法,认为有两方面的失误:

一、"失其文字之本意。"这种失误,主要是"文字音读之学"不明造成的。

二、"圣人之心,又不能有所发明,由不察乎此而已。"这种失误,则是义理上不同,不能切己体察圣人之心造成的。

对于这一条的解释,朱子则特别强调,程颐、张载本身并不是不能体察圣人之心,但是由于忽略了文字音读之学,所以才造成这样的解释之偏。所以对于纠正宋人过于义理发挥的偏颇,朱子特别强调:

> 文字音读之学,岂可忽哉?(《或问》,《全书》六,965页)

从今天的角度来看,朱子对这一条所作的解释显然较赵岐、程颐、张载等更加圆融、细密、严谨。这也就是朱子兼诸家之长,能够既重视语文解读,同时又重视义理辨析的妙处所在了。

小结

处在宋代理学兴盛的时代,朱子作为理学的集大成者,能够对语文解读方面予以高度的重视是非常难得的。朱子每每称赞汉儒在解经方面的成就正说明他对语文解读的重视。语文解读作为理解文本原义的一种手段是理解文本的基础。在朱子看来,只有建立在理解原文基础上的义理发挥才是有价值的,否则,说得虽好,也顶多是文本的余意,不是对文本的解释。从《或问》一书就可以看出,朱子舍弃了很多意思不错,而因为不符合语文解读出来的原义的各种诸家说法。朱子在语文解读方面的特色大致如下:

首先,全面精微。朱子的语文解读涉及到了语文解读的各方各面,音读、句读、词语的训释、内容的考实、大意的阐发等。各方各面都遵循前代学者在这方面的规范，对其中的内容皆精雕细刻，无不精微细致。

其次，形式多样。朱子在语文解读的形式上不拘一格，特别从对其中词语的解释可以看出这一点。朱子在训释术语上采用了多种多样的形式，不同的术语皆有不同的侧重。

再次，博综旧注。从文献征引方面特别能够看出此一点的特色。朱子的语文解读虽然不乏自己的一些创见，但大多数皆非凭空捏造，皆是在前代训释文字的基础上形成的。具体来说，有直接采用古注说法的，也有采用古训的，等等。朱子在利用这些旧注的时候，同时也蕴藏了自己对原文理解的新意。因为字义是广泛的，虽然训释皆有所本，但用在不同的上下文中，解经的新意就出现了。朱子对于旧注中出现的不同解说等内容，多拣择其中自己认为更符合原义的一种。如果两种说法都有一定道理，则并存之，在体例上，则将自认为相对在义理上胜出的一种说法放在前面。

最后，弘扬义理。朱子的语文解读不是只就文字说文字，只是对文义点到为止。更重要的是从义理的高度对语文解读进行统摄。朱子的每一条语文方面的解释都是为其义理而服务的。

注重语文解读可以说是朱子在四书解释中力求经文本义的一个结果。显然朱子受到理学思想的深刻影响，朱子所追求的本义还是在理学思想深刻影响下的一种对本义相对的追求。虽然站在今天的立场上，朱子的“四书”解释具有浓重的理学色彩。而在朱子当时看来，理学思想与“四书”思想是合二而一的。本身以二程为代表的理学就是在“四书”的基础上发挥与发展起来的，很多的话语结构也都是借助“四书”来表达的。而朱子从一开始对“四书”的理解就不可避免地披上了理学的有色眼镜。然而正是在这种有色眼镜下，朱子尝试对“四书”做出最本义的发挥。从《精义》到《四书章句集注》，朱子取舍的一个重要标准就是是否符合“四书”文义本身。

朱子对训诂、义理结合的重视亦是其一生的探求。朱子一生通过对理学思想的研习，不断凝炼着自己的思想，从一开始也是一个好高妙的解释者，然而朱子本身从一开始就表现出不好无根据的发挥，所以朱子一直保持着对文字章句的极大兴趣。从《论语训蒙口义》开始，又表现出对训诂的极大关注，甚至屡屡赞叹汉儒解经的风格，将训诂的方法作为解经的最重要方法。然而朱子毕竟更重视义理，所以朱子在宋代特别强调对训诂的重视，其实只是对当时不注重训诂风气的一种纠正。显然朱子特别重视训诂与汉儒的方法是很大不同的。在一定意义上，可以说是对汉儒解经方法的继承与发展，既不同于纯粹的汉儒，也与当时流行的解经风气不同。这一点也与朱子重视理学教材的编撰息息相关。而朱子的《四书章句集注》作为理学教材，有着其最为基本的启蒙方面的成分，但同时又蕴含着最深刻的"四书"思想与理学思想的交融。朱子将其一生所思考的四书学与理学皆呕心沥血的融入到对"四书"的解释当中。

第八章 《四书章句集注》中「四书」各自的解释特色

在对"四书"的解释中，朱子运用了统一的话语体系与解释框架，其解释背后有一定体系化的理学思想，于是字字句句皆渗透了而又表现了其理学思想，从整体的解经模式上具有着高度的一贯性。然而"四书"本身毕竟又是相对独立的文本，产生于不同的年代与不同的作者，语言风格与义理侧重等方面也各不相同。《大学》《中庸》本身是《礼记》中的两篇，属于散文式的议论体，篇幅不大，论述重点集中，上下段落层层深入，逻辑性很强。《论语》则是箴言式的语录体，全书由约500章组成，虽被划分在20篇内，但各章之间的关联则相对松散，讨论的主题广泛而杂乱，往往只是因地因人而异的道德训诫。《孟子》则多为记事式的叙述体，各章相对独立而论点鲜明，各章之间又明显具有一定的关联性，语言上擅长使用譬喻，多围绕仁政的理想展开，涉及的主题则相对较少。

朱子在"四书"的研习过程中，对"四书"各书关注的侧重点也各有不同。朱子在童蒙的时候就从其父学习《论语》《孟子》，从学三君子的时候，才特别关注到《大学》《中庸》。在从学李侗时期则重点研究《论语》《孟子》。李侗死后，朱子长期思索《中庸》首章中的未发已发问题，产生了两次认识上的飞跃，最终形成的中和新说奠定了其一生的学问大旨。之后，朱子又对《大学》下了很大的工夫，从结构与义理上进行了革新，突出了其本身的纲领性地位以及其中的格物说。相比《论语》《孟子》而言，朱子对《大学》与《中庸》进行了更大的改造，重视程度也更高。牟宗三指出"朱子是承伊川之居敬、涵养、致知、格物之义理间架以及对于中和问题之探讨而确定其工夫之入路者"，也就是朱子的"圣功之入路乃落在《中庸》(首章)与《大学》上而建立"[①]，种种原因使得朱子对待"四书"文本有种种差异，在对不同文本的解释中又显示出不同的特色。

① 牟宗三：《心体与性体》(下)，上海：上海古籍出版社1999年版，第44页。

一、"四书"的编次顺序

《四书章句集注》本身是相对独立的四部书注释的集合。这四部书篇幅大小不同,来源各异,能够总编为一书,从而成为时代的新经典,其中不仅寄托着朱子深远的道统建构的设想,同时也蕴藏着朱子深邃的儒学学理体系的思考。儒家的教育目的是能够塑造出内圣外王的理想人格。徒有外王之表显然是远远不够的,最为重要的还是先要有内圣的素质。"四书"的内容虽然也不少外王的语句,但重点却是如何成圣的问题。宋儒之所以能够寄托四书发挥儒家的本体论、心性论、工夫论等方面的内容,从内因上来说,"四书"其实自身已经具有这方面的潜质。然而就"四书"自身的内容而言,各书在内容与形式上又都各有特点,朱子在解释的过程中特别地注意到这一点,也特别注重发挥"四书"各自的优点。

其实经典的编次历来就受到人们的重视。与"四书"相对而言的"六经",古文家与今文家对其经序有着不同的建构。古文家以"六经"学习的程度浅深为序,排列为《诗》《书》《礼》《乐》《易》《春秋》,今文家则依据经典出现的先后为序,排列为《易》《书》《诗》《礼》《乐》《春秋》。两种不同的排序自是与古文家与今文家对孔子与"六经"关系的看法以及对待经典的态度等不同有关。今文家的排序成为较为通常的"五经"(或"六经")顺序排列,多被采用为大型丛书的编排顺序。[①]然而"五经"文字古奥,卷帙浩繁,一般不编在同一种书中,"四书"文字相对较为浅显,卷帙相对不多,经朱子编为一书,自然编次顺序带来的问题就相对更为突出与紧迫。

"四书"首先是朱子将之编在一起,朱子对"四书"的顺序自然有着自己的建构。现在已经不易考查出其最初刊刻《四书章句集注》中"四书"的顺序了。[②]

---

① 《四书全书总目》在"五经"方面排序采用的是今文家的排序。今北京大学《儒藏》工程即袭用《总目》的分类,顺序亦是《易》《书》《诗》《礼》《春秋》。

② 朱子在临漳曾经只刻印了"四书"的原文,其《书临漳所刊四子后》所列的"四书"顺序为撰作顺序,即《大学》《论语》《中庸》《孟子》。但此顺序是否即是其刊刻顺序则不得而知。另外,此时朱子关于"四书"的为学进程的思想可能尚未成熟。笔者猜想,朱子生前所订的《四书章句集注》在具体刻印上的顺序或许是《大学》《中庸》《论语》《孟子》的刊刻顺序。《大学章句》《中庸章句》体裁相近,内容无多,最重要的是各有与之紧密相应的《或问》。《直斋书录解题》著录:《大学章句》一卷附《大学或问》二卷,《中庸章句》一卷附《中庸或问》二卷;《论语集注》十卷,《孟子集注》十四卷。

事实上刊刻的排序只是一种顺序，显然有灵活调整其顺序的可能。如果将“四书”分卷分别成册，仅从函册上则难以分别各书的先后。从朱子对“四书”顺序的申述，以及后代对“四书”的编撰、刊刻中可以看出“四书”的编次顺序主要有四种：

为学进程顺序： 《大学》→《论语》→《孟子》→《中庸》
刊刻顺序： 《大学》→《中庸》→《论语》→《孟子》
撰述顺序： 《大学》→《论语》→《中庸》→《孟子》
道统顺序： 《论语》→《大学》→《中庸》→《孟子》

第一种，为学进程顺序，即《大学》《论语》《孟子》《中庸》的顺序。《四库全书》中所收《四书章句集注》即是此种顺序，此外陈天祥《四书辨疑》、张存中《四书通证》、王充耘《四书经疑贯通》、史伯璿《四书管窥》、胡广等编撰的《四书大全》等即依此种顺序，《语类》中“四书”语类的编排也采用此种顺序。为学进程顺序是最重要的一种顺序，这种顺序在《四书章句集注》当中已经有所暗示。朱子在《大学章句》题注中说道：

> 子程子曰：“《大学》，孔氏之遗书，而初学入德之门也。于今可见古人为学次第者，独赖此篇之存，而《论》《孟》次之。学者必由是而学焉，则庶乎其不差矣。”（《大学》题注）

此处，朱子强调《大学章句》在学习顺序上要先于《论语》与《孟子》，这本身就说明了朱子在为学进程顺序上的建构。《大学》是朱子一生用功最力的一本书，在《大学章句》当中，朱子建构了儒家学问体系。在朱子看来，儒家的学问大概主要体现在《大学》一本书中，其中有明明德等三纲领，格物致知等八条目。《大学章句》体现了儒家内圣外王之道，这在朱子看来，是学者首先要掌握的。朱子对《大学》的地位非常重视，朱子比作行程的地图，学问没有了这地图，就没有了方向。对于《中庸章句》，朱子认为其义理深奥，关乎天道性命，而且是道统所传，是为学的根本所在，对于儒学的初学者不易掌握，所以置于《论语》《孟子》之后。单从《四书章句集注》中并无法直接看出这种编次上的建构。《语类》中有多处朱子关于此种为学进程思想的讨论。可以说，朱子对于儒家新经典的建设的一个重要贡献也在于完善了整个"四书"体系的研习体系。

第二种，刊刻顺序，即《大学》《中庸》《论语》《孟子》的顺序。这是今本《四书章句集注》多采用的顺序。[①] 对"四书"往往简称为《大》《中》《论》《孟》(采首字)，或《学》《庸》《论》(或《语》)《孟》，即是采用此种顺序。《四书章句集注》之后，真德秀《四书集编》、赵顺孙《四书纂疏》、胡炳文《四书通》、詹道传《四书纂笺》、蔡清《四书蒙引》、吕柟《四书因问》等即依此种顺序。刊刻顺序是指在刊刻过程中为了方便装订等原因采用的一种形式上的顺序。《大学》《中庸》这两本书，本来就只是《礼记》中的两篇，内容无多，体例上又都是章句体，单独装订内容较少，所以装订在了一起，这样《中庸》在顺序上就位于《论语》之前了。此种说法是《四库全书总目》的说法，《四库全书总目》说：

> 原本首《大学》，次《论语》，此《孟子》，此《中庸》，后刊本以《大学》《中庸》篇页无多，并为一册，遂移《中庸》于《论语》前。(《全书》六，473 页)

此种说法有一定的道理。此外，还有其他现实原因支持着这种刊刻顺序。对于童蒙学习而言，《中庸》的内容虽然在朱子看来比较复杂，在学习进程上置于"四书"之末，但是对于不须深加理解的童蒙学习，实际上并无难易之分，所以这样的刊刻也存在一定的现实合理性。在古代的教学实践中，儿童们可以将他们所学到的任何知识全部背诵下来，能理解字面意思已经不错，至于其中的深意则可暂不去管，等到他们长大以后自然慢慢可以理解。如果"四书"的内容都需要背诵，其先后顺序并不重要，而且《中庸》内容并不多，相比大部头的《论语》《孟子》来说甚至困难要小一些。另外，这种刊刻顺序其实也与《四书章句集注》的注释体裁有很大关系。在注释体裁上，《大学》《中庸》朱子使用的是章句体，而《论

① 参见《四库全书》第六册《四书章句集注》"附录二"，其所附历代著录其中多为此刊刻顺序。

语》《孟子》是集注体。所以使得《大学章句》《中庸章句》相连，或合为一册，同时《论语集注》《孟子集注》相连，也可以说是依据注释体裁的一种分类。

第三种，撰述顺序，即《大学》《论语》《中庸》《孟子》的顺序。《四库全书》中杨名时《四书劄记》即依此种顺序。朱子认为《大学》经为孔子所述，曾子所记，传为曾子所述，曾子门人所记。《论语》则为曾子、有子门人的记录，显然较《大学》时间上要晚一些。《中庸》为子思所撰，子思为曾子弟子。《孟子》为孟子所自撰，孟子为子思弟子（或再传弟子）。《文集》中此种顺序较为多见。[①]

第四种，道统顺序，即《论语》《大学》《中庸》《孟子》的顺序。《四库全书》中袁俊翁《四书疑节》、毛奇龄《四书賸言》、程大中《四书逸笺》等即是依此种顺序。以《论语》代表孔子的思想，《大学》代表曾子的思想，《中庸》代表子思的思想，《孟子》代表孟子的思想，从而形成道统上代代相传的道统顺序。此种顺序虽然是依据朱子道统思想所列，而朱子本人则很少提及这种顺序。

此外，在朱子《文集》中“四书”还有多种排列的顺序，或与朱子本人学习“四书”的顺序有关，如《论语》《孟子》《大学》《中庸》，或仅出于偶然的组合，意义并不大，在此从略。[②]

朱子在《四书章句集注》当中虽然没有明言“四书”的编次顺序，但是关于“四书”的体系架构的思考却是甚为明显而毫无疑义的。在《语类》当中，朱子多次强调为学进程顺序。朱子指出：

> 学问须以《大学》为先，次《论语》，次《孟子》，次《中庸》。《中庸》工夫密，规模大。（《语类》卷十四，《全书》十四，419 页）
>
> 先看《大学》，次《语》《孟》，次《中庸》。（《语类》卷十四，《全书》十四，420 页）

---

① 此种顺序，陈逢源特别从朱子《文集》中发掘出，认为是关乎朱子的道统建构，从而与为学进程的顺序并列，参见陈逢源《朱熹与四书章句集注》，第 137—186 页。笔者认为此种顺序当只是撰作顺序，并非道统顺序。朱子在此种顺序中首提《大学》自然有其特别重视《大学》的意味，但显非道统排序。如果以为《大学》经文为孔子所述，固然能够提高《大学》的地位与权威性，而《论语》中则大量为孔子之言，却难以说明代表曾子的思想。《大学》《论语》《中庸》《孟子》的顺序为撰作顺序，依朱子之见，《大学》可能最早成书，此种顺序有利于其突出《大学》的地位；故而多次言及。道统顺序当为《论语》《大学》《中庸》《孟子》。

② 陈逢源检校朱子《文集》，共得出七种排列方式，详其所著《朱熹与四书章句集注》，第 150—151 页。

朱子对“四书”为学进程顺序意涵最经典的表达则是：

某要人先读《大学》，以定其规模；次读《论语》，以立其根本；次读《孟子》，以观其发越；次读《中庸》，以求古人之微妙处。（《语类》卷十四，《全书》十四，419页）

而且，朱子也正是用这种顺序来教诲门人的。[①] 如训黄嵤：

每日看一经外，《大学》《论语》《孟子》《中庸》四书，自依次序循环看。（《语类》卷一百一十五，《全书》十八，3683页）

朱子弟子黄榦所撰的《朱子行状》即以此种顺序来概括朱子一生教学宗旨的：

先生教人以《大学》《语》《孟》《中庸》为入道之序，而复及诸经。以为不先乎《大学》，则无以提纲挈领而尽《论》《孟》之精微；不参以《论》《孟》，则无以融会贯通而极《中庸》之旨趣；然不会其极于《中庸》，则又何以建立大本，经伦大经，而读天下之书，论天下之事哉？[②]

黄榦是朱子最为重要的弟子，他在此所说的“四书”顺序具有一定的权威性。此处所言与朱子所言的“先读《大学》，以定其规模；次读《论语》，以立其根本；次读《孟子》，以观其发越；次读《中庸》，以求古人之微妙处”并没有什么不同。

朱子将“四书”作为圣人之道的入门教材，在研习次第上以《大学》《论语》《孟子》《中庸》为序。《大学》起到了提纲挈领的作用，是研习的首位。《论语》《孟子》则是圣人之道的精微之处，《中庸》则是道统所传的核心文献，是“四书”

---

① 参见陈逢源《朱熹与四书章句集注》，第145—146页。
② 黄榦：“朝奉大夫文华阁待制赠宝谟阁直学士通议大夫谥文朱先生行状”，见《勉斋集》卷三十六。

研究的根本与宗旨。以“四书”来比喻圣人之道的大树，《大学》就是整个大树的主干，《论语》《孟子》是枝枝叶叶，《中庸》则是其根。

朱子对为学进程的安排实际上主要是对《大学》《中庸》做出独特的安排。简单来说，以《大学》作为《论》《孟》的纲领，置于两者之前。《中庸》作为《论》《孟》的旨归，置于两者之后。

朱子之所以将《大学》列于为学进程的首位，就在于其中有学问的等级次第。如：

> 《大学》一篇有等级次第，总作一处，易晓，宜先看。《论语》却实，但言语散见，初看亦难。《孟子》有感激兴发人心处。《中庸》亦难读，看三书后，方宜读之。(《语类》卷十四，《全书》十四，419 页)

《大学》中的为学的等级次第特别集中，实际上就是关于三纲领、八条目的内容。“明明德”、“新民”、“止于至善”是为学的纲领，是追寻大学之道所要达到的目标。格物、致知、诚意、正心、修身、齐家、治国、平天下则是达到三纲领的次第。八条目中的前四条可以说的内圣的过程，后四条可以说是外王的过程。其中体现出儒家所追求的内圣外王之道。内圣是外王的基础。格物致知又是内圣的根本。朱子作格物补传，显然就是重新建构儒家修养体系的最重要部分。《大学》位于“四书”学习的首位，不仅要学者在为学之初就建立为学的志向，也就是孟子强调的“先立乎其大者”，而且要明白实现政治上的远大抱负，关键要从内在的修养做起，不能舍本逐末。虽然说八条目是八个条目，有一定的等级次第，格物致知是根本，但实际上能够格物致知，其后的六个条目实现起来自然水到渠成。如朱子说：

> 《大学》重处都在前面。后面工夫渐渐轻了，只是揩磨在。(《语类》卷十四，《全书》十四，421 页)

在朱子看来，格物致知所要达到的目标就是“则众物之表里精粗无不到，而吾心之全体大用无不明矣。”(D5)实际上是同时明彻了天理与人心的根本道理。朱子以《大学》定学问的规模本质上就是要人认识到为学的目标是实现“明明德”、“新民”、“止于至善”的道德自觉,以及内圣外王之道的为学工夫重点在格物致知上。如:

先读《大学》,可见古人为学首末次第。且就实处理会却好,不消得专去无形影处理会。(《语类》卷十四,《全书》十四,420页)

也就是在“实理处理会”,不须像佛老一样琢磨那些无形影的东西。

《论语》《孟子》是《大学》所言内容的具体与落实。如:

某《论语集注》已改,公读令《大学》十分熟了,却取去看。《论语》《孟子》都是《大学》中肉菜,先后浅深,参差互见。若不把《大学》做个匡纲子,卒亦未易看得。(《语类》卷十九,《全书》十四,644页)

《大学》譬如买田契,《论语》如田亩,阔狭去处,逐段子耕将去。(《语类》卷十四,《全书》十四,420页)

但《论语》与《孟子》在具体内容上又有不同。

《论语》易晓,《孟子》有难晓处。(《语类》卷十九,《全书》十四,645页)

孟子教人多言理义大体,孔子则就切实做工夫处教人。(《语类》卷十九,《全书》十四,646页)

孔子教人只从中间起,使人便做工夫去,久则自能知向上底道理,所谓“下学上达”也。孟子始终都举,先要人识心性着落,却下功夫做去。(同上)

孔子教人极直截,孟子较费力。孟子必要充广。孔子教人,合下便有下手处。(同上)

《论语》不说心,只说实事。《孟子》说心,后来遂有求心之病。(同上)

孟子言存心、养性，便说得虚。至孔子教人“居处恭，执事敬，与人忠”等语，则就实行处做功夫。如此，则存心、养性自在。（同上）

《论语》一书主要代表孔子的思想。在朱子看来，孔子只说实事，正是要人就在实事上做工夫。这对于学者在熟知学问纲领的情况下，切实地按照孔子所言做工夫即可，这样就可以建立学问的根本。《孟子》一书较《论语》多说心性，多说理义，说得虚一些。在学通《论语》之后，可以借《孟子》进一步探究心性等深义，了解到儒家思想的深层的阐述与发扬。

《中庸》的思想是道统的内容，是“孔门传授心法”，是圣圣相传的微妙之处，也是学问的归结所在。朱子本人也正是对《中庸》的中和之悟奠定其一生学问大旨的。所以《中庸》所需工夫密，学习难度大，在“四书”的为学次序上处在最后。朱子指出：

《中庸》之书难看。中间说鬼说神，都无理会。学者须是见得个道理了，方可看此书，将来印证。（《语类》卷六十二，《全书》十六，2003 页）

某说个读书之序：须是且着力去看《大学》，又着力去看《论语》，又着力去看《孟子》。看得三书了，这《中庸》半截都了，不用问人，只略略恁看过。不可掉了易底，却先去攻那难底。《中庸》多说无形影，如鬼神，如“天地参”等类，说得高；说下学处少，说上达处多。若且理会文义，则可矣。（同上）

《中庸》劈头就讲“天命之谓性，率性之谓道，修道之谓教”（Z1）的命、性、道、教，又说“未发”、“已发”、“中和”，还有“时中”、“诚”、“择善固执”、“鬼神”等内容，都是义理的微妙之处，也是大道的寄托，不通达儒家之道是难以遽晓的。

朱子建构的“四书”为学体系是一个渐进的求道过程，先立志，确定为学的规模与大纲，然后在具体实践当中一步步探求，从实事上下功夫，逐渐融通心性，最后达到儒家道统所传的中庸之道。如果我们将“四书”为学进程比作阐述儒家之道的大书，《大学》是其目录，《论语》就是其具体内容，《孟子》是具体内容的进一步引申发挥，而《中庸》则是其结论。

二、《大学章句》

《大学》原为《礼记》中的一篇，宋之前除韩愈、李翱之外关注的人还很少。入宋之后，《大学》受到特别的关注，二程大力表彰《大学》，重新编订了次序，在形式上做出了改造。至朱子则在二程的基础上又重新进行了编订，将《大学》分为经与传，以传附经，分析出原文中缺少了对格物致知的传文，从而大胆地补写了格物一章，从此《大学》真正从《礼记》中独立出来，取得了与《论语》《孟子》并列的地位。从《礼记》独立出之后，《大学》被赋予了多种使命。朱子改变了传统上将《大学》中"大"字读为"泰"的音读而改读如字，从而"大学"成为大人之学，然而内容上又与小学相对。在编次顺序上，朱子特别将《大学》置于《论》《孟》之前，以期在学习《论》《孟》之前，先定其学问的"规模"。

1. 经传相分

经传相分可以说是朱子经学解释思想中的一个重要思想，也是朱子能够做出巨大的思想创新的重要理论武器。朱子的经传相分思想，也可以说是"离传解经"的思想，指导了朱子摆脱传对经的改造，而直接面对经的原文，从而对经文的解释做出重大的革新。如朱子在解释《诗经》时抛弃了毛序的束缚，直接从其字面本义出发，从而发现很多诗其实不过是淫奔之诗，在解释《易经》时抛弃易传的束缚，发现《易经》本为卜筮之书等。《大学》的经传相分与《诗经》《易经》的情况略有不同，可以说是要证明《大学》内部存在"以传解经"的情况。朱子把《大学》本身一分为二，一部分为经，一部分为传，以其中的传来解经。这一思想使得朱子重新编次整个《大学》，亦不同于二程的编次，经过重新编次，使得《大学》本身出现了"阙文"，进而又补写了格物一章。可以说朱子经传相分的思想直接指引着朱子对《大学》做出最大程度的改造。

朱子在"其本乱而末治者否矣，其所厚者薄，而其所薄者厚，未之有也！"后将《大学》一分为二，而原本紧接着的"此谓知本，此谓知之至也"(D5)，则移到后面，作为有"阙文"的证据。《大学章句》中对经与传做了明确的说明。

“未之有也”后朱子标示“右经一章，盖孔子之言，而曾子述之”(D0)，其后又说明“其传十章，则曾子之意而门人记之也。旧本颇有错简，今因程子所定，而更考经文，别为序次如左”(D0)。据此，朱子以经为孔子之言，由曾子所述，传又是曾子之意，而由门人所记。这样的推测自然有其出于道统论建构的考虑，但也造成了作者的混乱。由朱子所言，从作者角度讲，《大学》是曾子门人对曾子作品的注解之作。而曾子所作又是根据孔子之言而来。朱子推崇二程的说法：

> 子程子曰：“《大学》，孔氏之遗书，而初学入德之门也。于今可见古人为学次第者，独赖此篇之存，而《论》《孟》次之。学者必由是而学焉，则庶乎其不差矣。”(《大学章句》题注)①

此处为了特别推崇二程，称“程子”还嫌推崇得不够，又特意在“程子”之前加“子”而成“子程子”，由此可见对二程的尊崇无以复加。根据二程的意思，《大学》是“孔氏之遗书”，也就是孔姓之人所作，可以推想其意大致是说，《大学》或者是孔子(孔丘)的著作，或者是孔子之孙子思(孔伋)的著作，由此表明《大学》一书与曾子无关。如果按照朱子将所谓的《大学》经文理解为“孔子之言而曾子述之”，那么经的著作权就在孔子。如果按照朱子将所谓的《大学》传文理解为“曾子之意而门人记之”，那么传的著作权虽在曾子，撰作者则为曾子门人，曾子门人中最重要的就是子思，撰作者是子思的可能性很大。无论是孔子还是子思，“孔氏”都带有明显的轻蔑意味，这与对“子程子”的无以复加的推崇则形成鲜明的比照，表现出朱子在解释上轻古圣重今贤的潜意识。总之，朱子引二程言“《大学》，孔氏之遗书”与他确定的经为“孔子之言而曾子述之”与传为“曾子之意而门人记之”的说法是自相矛盾的。

朱子将《大学》中曾子述孔子之言为经，而曾子门人记曾子之意为传是从多方面考虑的。根据《或问》，朱子的依据主要有：

---

① 依朱子的意思，全句皆为二程之言。据二程所言“《大学》乃孔氏遗书，须从此学则不差”、“‘棣初见先生，问初学如何？’曰：‘入德之门无如《大学》，今之学者赖有此一篇书存，其他莫如论孟’”等改编而成。

一、从言辞上看。朱子认为,《大学》前经的部分“辞约而理备,言近而指远”,“非圣人不能及也,然以其无他左验,且意其或出于古昔先民之言也,故疑之而不敢质”。(《全书》六,514 页)在朱子看来,从《大学》经文的言辞上判断,不是圣人(或特指孔子)是不能够说出这样的思想的,然而并没有其他确凿的证据,其中的意思有可能出自更古的先贤。《或问》中没有像《章句》中那样明确说明经文为孔子之言,表达出一种存疑的态度。对于《大学》的传文,朱子认为其中“或引曾子之言,而又多与《中庸》《孟子》者合,则知其成于曾氏门人之手,而子思以授孟子无疑也”。(《全书》六,514 页)朱子认为传文中引到曾子之言,即:

曾子曰:“十目所视,十手所指,其严乎!”(D6)

曾子称“子”,可见《大学》传文不可能是曾子自撰,只能是曾子门人。在朱子看来,《大学》传文的义理与《中庸》《孟子》多可类比,所以《大学》也就是子思授孟子的书了,体现出在道统上的授受关系。

二、从思想上看。《或问》曰:

> 盖《中庸》之所谓明善,即格物致知之功;其曰诚身,即诚意正心修身之效也。《孟子》之所谓知性者,物格也;尽心者,知至也;存心养性修身者,诚意、正心、修身也。其他如谨独之云,不慊之说,义利之分,恒言之序,亦无不吻合焉者。故程子以为孔氏之遗书,学者之先务,而论孟犹处其次焉,亦可见矣。(《或问》,《全书》六,514 页)

在朱子看来,由于《大学》的传文与《中庸》《孟子》可以类比,从而表现出其传文作者是曾子的门人,《大学》本身应当也是子思授予孟子的。具体来分析,《大学》中格物致知与诚意正心修身的功效分别就是《中庸》的明善与诚身。《孟子》中的尽心、知性其实对应《大学》致知、格物(此为朱子独特的解释),存心养性修身则对应于《大学》的诚意正心修身。其对应关系简列如下:

《中庸》	《大学》	《孟子》
明善	格物、致知	尽心、知性
诚身	诚意、正心、修身	存心、养性、修身

朱子从理学思想贯通“四书”的角度出发，将《大学》《中庸》《孟子》的内容类比起来。实际上，在具体的义理层面上，朱子也是从“四书”本身内容相贯的角度来解释的。比如，朱子对《孟子》“尽心知性”的解释就是在与《大学》“格物致知”思想联系起来而做出的。

2. 重新编次

朱子对《大学》的重新编次其实并不复杂。为了证明的确存在经传相分的情况，朱子调整了原本《大学》部分段落的顺序。调整的主要目的在于为所谓经中的“三纲领”找到对应的传。朱子在编次上的建构是：

一、以“康诰曰：‘克明德。’帝典曰：‘克明峻德。’大甲曰：‘顾諟天之明命。’皆自明也”，解释“三纲领”中的“明明德”。

二、以“汤之盘铭曰：‘苟日新，日日新，又日新。’康诰曰：‘作新民。’诗曰：‘周虽旧邦，其命惟新。’是故君子无所不用其极”，解释“三纲领”中的“亲民”。

三、以“诗云：‘邦畿千里，惟民所止’”至“与国人交，止于信”以及“诗云：瞻彼淇澳，菉竹猗猗”至“此以没世不忘也”，解释“三纲领”中的“止于至善”。

四、以“子曰：听讼，吾犹人也”至“大畏民志，此谓知本”，解释“本末”。

如果说引《尚书》的“克明德”之类作为“明明德”的传文，还较为合理，那么解释其他两条纲领就显得特别牵强。对于“亲民”，“亲民”之“亲”既然作“新”，那为什么传文中的“新民”之“新”原来不作“亲”。对于“止于至善”，显然中心语在“至善”，所谓的传文仅在“止”字上，只字未及“善”字(或以为“仁”、“敬”、“孝”、“慈”、“信”即至善)。

文字移动上，如下图所示(实线箭头指原本顺序，虚线箭头指改本的移动情况，圆括号内为字数)：

由此图可以鲜明地看到，朱子重新编次实际上只是移动了两个段落的顺

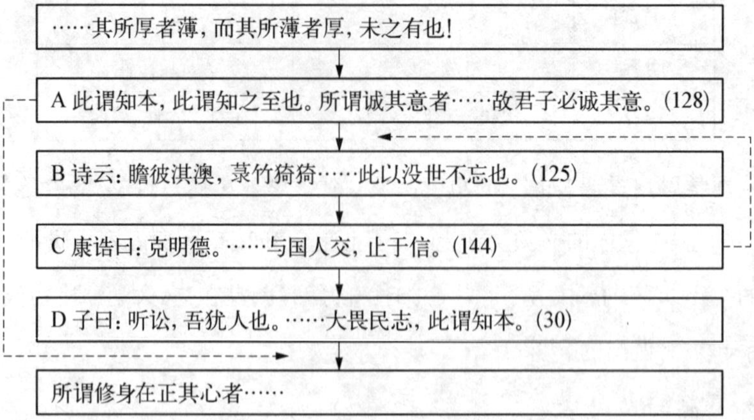

序。即是将“康诰曰：克明德”至“与国人交，止于信”(图中C段)移动到“诗云：瞻彼淇澳，菉竹猗猗”前(图中B段)。将“此谓知本，此谓知之至也”连同“所谓诚其意者”至“故君子必诚其意”(图中A段)移动到“大畏民志，此谓知本”(图中D段)之后。原来ABCD的段落顺序变为CBDA。移动的两个段落的字数大致相同(128、144)，以此说明朱子所谓的“错简”实际上是这两个段落的错位而已。经此移动，朱子以“此谓知本”为衍文，而“此谓知之至也”前缺少所谓对格物的传文，从而朱子补入“格物补传”134字。朱子补入的字数于这两个段落字数大致相似，可能亦是有意而为的。

朱子调整次序的原则是依据经传相分而来的，也就是认定原本《大学》中有经的部分，也有传的部分。经与传的关系是“以经统传，以传附经”，就是说经具有纲领性地位，传则要亦步亦趋地附属于经之下。如《或问》所言：

> 或问：一章而下，以至三章之半，郑本元在“没世不忘”之下，而程子乃以次于“此谓知之至也”之文，子独何以知其不然，而遂以为传之首章也？
>
> 曰：以经统传，以传附经，则其次第可知，而二说之不然审矣。(《或问》,《全书》六，515页)

朱子认定原本中C段中的“克明德”、“明命”、“克明峻德”、“皆自明也”是解释《大学》开篇所言的“明明德”，这样坚定地将C段移前作为改本的第一章、

第二章以及第三章的一半，这样就要论证其中的“日新”、“新民”、“惟新”是解释开篇所言的“亲民”，以及其后的各种“止”、“止于”是解释开篇所言的“止于至善”。朱子认为后者是不难理解，但关键是“新”与“亲”的问题。他为了证明改动有理，特别读“亲民”之“亲”为“新”，以与所谓的传文相应。《或问》中特意讲明原因：

> 曰：程子之改亲为新也，何所据？子之从之，又何所考，而必其然耶？且以己意轻改经文，恐非传疑之义，奈何？
>
> 曰：若无所考而辄改之，则诚若吾子之讥矣。今亲民云者，以文义推之则无理，新民云者，以传文考之则有据，程子于此，其所以处之者亦已审矣。矧未尝去其本文，而但曰某当作某，是乃汉儒释经不得已之变例，而亦何害于传疑耶？若必以不改为是，则世盖有承误踵讹，心知非是，而故为穿凿附会，以求其说之必通者矣，其侮圣言而误后学也益甚，亦何足取以为法耶？（《或问》，《全书》六，509 页）

由此可见，改“亲”为“新”的主要的根据是“亲民云者，以文义推之则无理，新民云者，以传文考之则有据”。这就是说，亲民从上下文的文义上来说是没有道理的，而新民则可以从后面的传文中找到依据。这里存在一个循环论证的情况，一方面，依据经传相分的思想将经文中的亲民与传文中的新民对应，另一方面，又根据亲民与新民的对应证明存在经传相分的情况。既然传文又与经文一一对应，那么传文中的新民只有与经文中的亲民对应起来才能够实现朱子所谓的经传相分的理想。朱子认为，他在改亲民为新民的时候并没有直接改动原文，而是说明亲当作新，这是采用汉儒解经的方法，对于理解原文并没有什么妨碍。相反，朱子威胁道，如果明知道原文有错误，而故意牵强附会、曲为之通，结果是不堪设想的，不仅侮辱了圣人的言论而且贻误了后学，这是完全不足取法的。实际上，到底是亲民还是新民对于整个理学思想并没有什么大的影响，而且在众多的理学思想中，并没有新民这一条，但是这里经文到底是亲民与新民则决定是否符合朱子所设想的经传相分的情况。朱子构造出一种非常完美的结构体系，在这结构体系当中经与传对应的十分整齐，如果不符合规则的则要经过改动等等使其符合。

> 或问：听讼一章，郑本元在“止于信”之后，“正心修身”之前，程子又进而置之经文之下，“此谓知之至也”之上，子不之从，而置之于此，何也？
>
> 曰：以传之结语考之，则其为释本末之义可知矣。以经之本文参之，则其当属于此可见矣。二家之说，有未安者，故不得而从也。（《或问》，《全书》六，521 页）

根据这种整齐划一的理想，朱子又将听讼一章作为解释本末的传文。朱子认为这段文字之后有“此谓知本”四个字，虽说“此谓知本”与经文中的“物有本末”从内涵上并不完全相同，而朱子则根据最小改动原则保持原文中的顺序不变。程子将这一段话放在所谓经文之后，也就是“其所厚者薄，而其所薄者厚，未之有也”之后，因为此段文字之后原文有“此谓知本”四字。但在朱子看来，经文之后紧接着解释“知本”是不符合经传相分的情况，在对这段文字不作移动的情况下，将其理解为解释经文中的“物有本末”则更能够体现经传相分的规整性。

> 曰：然则“听讼”、“无讼”于“明德”、“新民”之义何所当也？
>
> 曰：圣人德盛仁熟，所以自明者皆极天下之至善，故能大有以畏服其民之心志，而使之不敢尽其无实之辞，是以虽其听讼，无以异于众人，而自无讼之可听。盖己德既明，而民德自新，则得其本之明效也。或不能然，而欲区区于分争辨讼之间，以求新民之效，其亦末矣。此传者释经之意也。（《或问》，《全书》六，521 页）

将听讼一章作为解释本末的传文，产生一个问题，就是听讼与明德、新民到底有什么关系。朱子认为这个必须加以会通。朱子认为，圣人的道德盛大，仁义纯熟，已经达到天下的最理想的善的境界，而老百姓的心志没有不悦服的，那些没有根据的言辞也是不敢发出来的。这样圣人虽然也要听取诉讼，表面上看与众人并没有什么不同，实际上并没有什么诉讼可以听取。因为自己的德行既然光明了，那么老百姓的德行也就自然跟着革新了，这都是因为根本被了解了。如果做不到这一点，只去争辩诉讼的是非短长，也就达不到新民的效果，就只是末，而不是本了。

曰：然则其不论夫终始者，何也？

曰：古人释经，取其大略，未必如是之屑屑也。且此章之下，有阙文焉，又安知其非本有而并失之也耶？（《或问》，《全书》六，522 页）

将听讼一章作为解释本末的传文，还产生一个问题，就是经文中的“事有终始”在传文中找不到对应的文本，这又如何解释呢？这确实是一个尖锐的问题，朱子用两个理由来疏通这个问题。第一，朱子认为古人在解释经典的时候有一个“取其大略”原则，是不会斤斤计较、琐屑无比，而是仅仅取其大理而已。第二，朱子认为在此章之下有格物补传的阙文，所以如果真有“物有终始”的传文，那么也应当一并缺失了。实际上，原文中在物有本末之前还有知止、定、静、安、虑、得等，在朱子的传文中都找不到，他对此问题也没有作出解释。按照上面这一原则，朱子也可能认为是“取其大略”而省略，或者是有阙文。

3. 格物补传

《或问》指出：

或问：“此谓知本”，其一为听讼章之结语，则闻命矣。其一郑本元在经文之后，“此谓知之至也”之前，而程子以为衍文，何也？

曰：以其复出而他无所系也。（《或问》，《全书》六，523 页）

“此谓知本”四字在《大学》原文中出现过两次：一次是在经文之后，一次在听讼章的结尾。程子将听讼章移动到经文之后，朱子则将诚意章连带前面的“此谓知本，此谓知之至也”移动到后面，然而产生一个共同的结果：那就是“此谓知本"四字都变成了衍文。虽然移动方法不同,但是结果却相同了。所以朱子仍然引用程子的衍文的看法。

> 曰:"此谓知之至也",郑本元随"此谓知本"系于经文之后,而下属诚意之前,程子则去其上句之复,而附此句于听讼知本之章,以属明德之上,是必皆有说矣,子独何据以知其皆不尽然,而有所取舍于其间耶?
>
> 曰:此无以他求为也。考之经文,初无再论知本、知至之云者,则知属之经后者之不然矣。观于听讼之章,既以知本结之,而其中间又无知至之说,则知再结听讼者之不然矣。且其下文所属明德之章,自当为传文之首,又安得以此而先之乎?故愚于此皆有所不能无疑者。独程子上句之所删,郑氏下文之所属,则以经传之次求之而有合焉,是以不得而异也。(《或问》,《全书》六,523页)

"此谓知之至也"几个字对于朱子编次的问题至关重要。程子将听讼一章移动到前面之后,"此谓知之至也"几个字仍然试图在原来的位置上,也就是说,在程子看来,大学当中并没有阙文的问题。朱子则认为,经文中在论知本之后并没有论知至,所以不能接在经文之后,而在听讼一章之内,既然是以知本作为结尾,中间并没有提到知至的问题,所以"此谓知之至也"几个字也不能作为听讼一章的结尾,由此推出"此谓知本"与"此谓知之至也"中间可能存在一定的阙文。

> 曰:然则子何以知其为释知至之结语,而又知其上之当有阙文也?
>
> 曰:以文义与下文推之,而知其释知至也;以句法推之,而知其为结语也;以传之例推之,而知其有阙文也。(《或问》,《全书》六,523页)

朱子非常自信地认为,"此谓知之至也"几个字前面有阙文,主要有三个方面证据:首先,从上下文来看,既然前面解释知本,后面解释诚意,那么中间就是解释知至。其次,从句法上来看,"此谓知之至也"几个字是结语,那么其前面就应该是解释知至了。再次，从经传相分的体例上来看，既然诚意、正心、修身、齐家、治国、平天下在后面都有相似体例的解释，那么在这里也应当有对于格物致知的传文。

可以说，朱子苦心经营，对《大学》分别经传、重新编次，归根结底的目的在于对格物致知做出补传。本来“此谓知本，此谓知之至也”之前，《大学》中说明了“自天子以至于庶人，壹是皆以修身为本”，即以修身为本，“此谓知本，此谓知之至也”，就是说明知修身为本，以知修身之本为知之至的表现，并非必定有阙文。而朱子以为“此谓知本”为衍文，而“此谓知之至也”之前则缺少了格物致知的传文。

根据朱子的重新编次，诚意之后各章皆为完备，而“此谓知本，此谓知之至也”之前就缺少了格物致知的传文。原本《大学》全篇亦没有对格物致知做出更多的说明，这样在朱子看来，“独其所谓格物致知者，字义不明而传复阙焉，且为最初用力之地而无复上文语绪之可寻也”。(《或问》，《全书》六，524 页)格物致知在朱子看来是八条目中最初的两个条目，是属于为学用功的基础，但在《大学》原文中无可考察其意。基于这样的认识，朱子认为有必要对格物致知进行重新的阐发。在《大学或问》当中，朱子交代了相关的四类事宜：取自二程原文的内容；朱子自己对格物致知的理解；如此理解的格物致知是否是浅近支离之学；对司马光与二程后学格物说的批评。下面简要分析其前两类问题。

第一，三层意思。朱子声称，格物致知的义涵是根据二程的意思而来。在《或问》中，朱子共引二程之言 17 条，说明格物致知有三层内涵：格物致知所以当先；格物致知所当用力之地与次第功程；涵养本原之功。朱子最后指出：

> 凡程子之为说者，不过如此，其于格物致知之传详矣。今也寻其义理既无可疑，考其字义亦皆有据。至以他书论之，则《文言》所谓“学聚问辨”，《中庸》所谓“明善择善”，《孟子》所谓“知性知天”，又皆在乎固守力行之先，而可以验夫大学始教之功为有在乎此也。(《或问》，《全书》六，526 页)

朱子对自己格物补传的自信有如下三点：一、“寻其义理既无可疑”，这就是说朱子认同二程对于格物的说法。二、“考其字义亦皆有据”，二程关于“格物致知”的字训也并不是空穴来风。这前两者就符合了朱子对训诂与义理同等重视的要求。三、其他来自《易经》《中庸》《孟子》的证据。朱子指出《易经》乾初九《文言》所谓“君子学以聚之，问以辩之，宽以居之，仁以行之”，《中庸》所谓“诚之者，择善而固执之者也”(Z20)，《孟子》所谓“尽其心者，知其性也。知其性，则知天矣”(7A.1)，都于二程所谓格物致知的义理相近，都重视以固守力行为先务，从而证明大学始教之功并非虚言。

第二，朱子之意。具体来说，朱子依据二程思想所补的格物传为：

所谓致知在格物者，言欲致吾之知，在即物而穷其理也。盖人心之灵莫不有知，而天下之物莫不有理，惟于理有未穷，故其知有不尽也。是以大学始教，必使学者即凡天下之物，莫不因其已知之理而益穷之，以求至乎其极。至于用力之久，而一旦豁然贯通焉，则众物之表里精粗无不到，而吾心之全体大用无不明矣。此谓物格，此谓知之至也。(D5)

朱子即以“即物穷理”来解释“格物致知”，其中详细论述了为学之方，代表了理学的认识理论。《或问》中则有更为详尽的说明，其中首先指出天地之间有理存在：

天道流行，造化发育，凡有声色貌象而盈于天地之间者，皆物也。既有是物，则其所以为是物者，莫不各有当然之则而自不容已，是皆得于天之所赋而非人之所能为也。今且以其至切而近者言之，则心之为物，实主于身，其体则有仁义礼智之性，其用则有恻隐羞恶恭敬是非之情，浑然在中，随感而应，各有攸主而不可乱也。次而及于身之所具，则有口鼻耳目四肢之用，又次而及于身之所接，则有君臣父子夫妇长幼朋友之常，是皆必有当然之则而自不容已，所谓理也。外而至于人，则人之理不异于己也，远而至于物，则物之理不异于人也。极其大，则天地之运、古今之变不能外也；尽于小，则一尘之微、一息之顷不能遗也。是乃上帝所降之衷烝，民所秉之彝，刘子所谓“天地之中”，夫子所谓“性与天道”，子思所谓“天命之性”，孟子所谓“仁义之心”，程子所谓“天然自有之中”，张子所谓“万物之一原”，邵子所谓“道之形体”者。（《或问》，《全书》六，527 页）

朱子认为，凡是存在的一切事物则必定有其所以存在的法则，事物不由自主地受到这种法则的支配，这本身就是天然如此不是人有意强加上去的。最切近于人的莫过于心，心在人的身体之内，本性乃是仁义礼智的善性，可以表现出恻隐、羞恶、恭敬、是非等情感。心是人的中心，具有能够随着外境做出不同的感应。从心再往外就是身体，身体有五官四肢等，可以感应外界的各种刺激。不同身体之接触就产生了人伦之五常。所有这些都有其自然而然的法则，也就是理。别人所具的理与自己并无差别，万物所具的理与人又没有什么不同。天地之间，古往今来，大至整个宇宙，小至一一微尘无不具有此根本法则。对此法则，不同文献，贤者有不同的说法。《尚书·汤诰》曰：“惟皇上帝，降衷于下民。”《诗·大雅·烝民》曰：“民之秉彝，好是懿德。”刘康公在《左传》中所说的“天地之中”，孔子在《论语》中所说“性与天道”，子思在《中庸》中所说的“天命之性”，孟子所说的“仁义之心”，二程所说的“天然自有之中”，张载所说的“万物之一原”，邵雍所说的“道之形体”都是对此法则的不同表述。

但其气质有清浊偏正之殊，物欲有浅深厚薄之异，是以人之与物，贤之与愚，相为悬绝，而不能同耳。以其理之同，故以一人之心，而于天下万物之理无不能知；以其禀之异，故于其理或有所不能穷也。理有未穷，故其知有不尽，知有不尽，则其心之所发，必不能纯于义理而无杂乎物欲之私。此其所以意有不诚，心有不正，身有不修，而天下国家不可得而治也。（《或问》，《全书》六，527 页）

既然人与物都具有理的法则，那么为什么还要穷理呢？朱子指出，因为人物的存在并非是纯然理的形式，必须与气相结合，这样人物就要受到气质的束缚，同时也就受到了物欲的蒙蔽，从而有了种种贤愚等千差万别。因为在理的法则层面仍然是相同的，所以这样一个人的心就有认识天下一切事物之根本法则的潜能。因为人物都有不同的气质禀受，所以对于相同的理并不能够都穷尽的。根本之理没有穷尽，认识也就有待深入，这样心也就不可能纯然是理而掺杂上种种私欲。由此就出现了意有不诚，心有不正，身有不修，天下国家不可得而治的状况。

昔者圣人盖有忧之，是以于其始教，为之小学，而使之习于诚敬，则所以收其放心，养其德性者，已无所不用其至矣。及其进乎大学，则又使之即夫事物之中，因其所知之理推而究之，以各到乎其极，则吾之知识亦得以周遍精切而无不尽也。若其用力之方，则或考之事为之著，或察之念虑之微，或求之文字之中，或索之讲论之际，使于身心性情之德，人伦日用之常，以至天地鬼神之变，鸟兽草木之宜，自其一物之中，莫不有以见其所当然而不容已，与其所以然而不可易者。必其表里精粗，无所不尽而又益推其类以通之，至于一日脱然而贯通焉，则于天下之物皆有以究其义理精微之所极，而吾之聪明睿智亦皆有以极其心之本体而无不尽矣。(《或问》，《全书》六，527—528 页)

圣人穷尽了人物之理，以其天理之公，设教来教育天下之人。设教有小学，有大学。小学的目的是使人在诚敬方面修习，使得能够找到其丧失之心，滋养其德性。大学则进一步使人研究事物之理，根据其已经认识的道理推演穷究，以达到某种极致，从而一个人的知识得以周遍精切而无不尽。具体的研究方法有很多，可以考查各种事物的来龙去脉，可以观照思虑的起心动念，可以研究文字中的知识道理，可以探究义理于讲学议论中。能够从身心性情，人伦日用，天地鬼神，鸟兽草木等一事一物之中，都可以见到其中蕴含着的自然而然、永恒不变的根本法则。各个方面各个角度都穷尽无遗，进而举一反三，以类会通，日积月累，突然有一天就会达到一种质的飞跃，如桶底脱落水顿时倾泻而下一般，一个人的知识也顿时脱然而贯通。到这个时候，一切事物都穷究了其义理精微的极致,心的本体状态也得到了彻底的明了。

朱子的格物思想的理论基础是,一切事物都有其根本法则的理,人心亦具有理,但不得不为气质所拘,物欲所蔽,所以就通过格物致知才可以用心穷究天下之理。具体的格物由三个过程组成:(1)“即凡天下之物”;(2)“因其已知之理而益穷之”;(3)“用力之久,而一旦豁然贯通”。达到的结果是“众物之表里精粗无不到,而吾心之全体大用无不明”。其过程如下图所示:

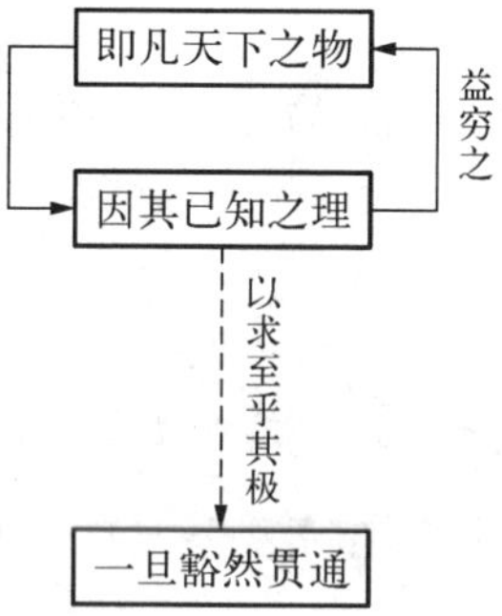

朱子格物说是由一个即物穷理的循环过程外加一个豁然贯通的飞跃结果组成的,是一个由渐变的知识积累到义理顿悟的过程,其本质上期望通过量变而引起质变。

三、《中庸章句》

朱子对《中庸》一书用功甚巨,而且对《中庸》一书的内涵寄托颇深。朱子说:“熹自蚤岁即尝受读而窃疑之,沈潜反复,盖亦有年,一旦恍然似有以得其要领者,然后乃敢会众说而折其中,既为定着章句一篇,以俟后之君子。而一二同志复取石氏书,删其繁乱,名以《辑略》,且记所尝论辩取舍之意,别为《或问》,以附其后。”然后朱子自诩道:“然后此书之旨,支分节解、脉络贯通、详略相因、巨细毕举,而凡诸说之同异得失,亦得以曲畅旁通,而各极其趣。”(《中庸章句序》)

与《大学》一样,朱子在淳熙元年重新编订了《中庸》本,并印刻了新定本《中庸》,新定本《中庸》将全书分为三十三章,三大段。朱子据此,重新改写了原来写成的《中庸章句》，在淳熙四年正式完成。朱子在《中庸章句》中突出首章，作为“一篇之体要”，在整个《中庸》中又具有经的意义。朱子新定本《中庸》在分章上与郑本最大的不同则是其第二十章，朱子根据《孔子家语》将郑本原分为六章的内容合并成一章。朱子之所以重视此章，是因为此章“所谓诚者，实此篇之枢纽也”。在一定意义上，朱子对二十章的建构与朱子对《大学》格物补传具有相似性质，是朱子特别要突出“诚”的地位的一种表现。

1. 分章分段

朱子在淳熙元年新定本《中庸》后有《书中庸后》，将中庸分为三十三章，三大段：

> 右《中庸》一篇，三十三章。其首章，子思推本先圣所传之意以立言，盖一篇之体要；而其下十章，则引先圣之所尝言者以明之也。（游氏曰：以性情言之则曰中和，以德行言之则曰中庸，其实一也。）至十二章，又子思之言，而其下八章，复以先圣之言明之也。（十二章明道之体用，下章庸言庸行，夫妇所知所能也。君子之道，鬼神之德，大舜文武周公之事，孔子之言，则有圣人所不知不能者矣。道之为用，其费如此，然其体之微妙，则非知道者孰能窥之，此所以明费而隐之义也。第二十章据《家语》，本一时之言，今诸家分为五六者非是。然《家语》之文语势未终，疑亦脱博学之以下，今通补为一章。）二十一章以下至于卒章，则又皆子思之言，反复推说，互相发明，以尽所传之意者也。（二十一章承上章总言天道人道之别；二十二章言天道；二十三章言人道；二十四章又言天道；二十五章又言人道；二十八、二十九章承上章为下居上而言亦人道；三十章复言天道；三十一、三十二章承上章小德大德而言亦天道；卒章反言下学之始以示入德之方，而遂极言其所至具性命道教费隐诚明之妙，以终一篇之意，自人而入于天也。）熹尝伏读其书，而妄以己意分其章句如此。窃惟是书，子程子以为“孔门传授心法”，且谓“善读者得之，终身用之有不能尽”，是岂可以章句求哉。然又闻之学者之于经，未有不得于辞，而能通其意者，是以敢私识之，以待诵习而玩心焉。新安朱熹谨书。（《文集》卷八十一，《全书》廿四，3830 页）

第一章至第十一章为第一段,以首章为“一篇之体要”,其下十章引先圣之言明首章。第十二章至第二十章为第二段,以十二章为子思之言,其下八章引先圣之言明十二章。第二十一章至卒章为第三段,皆为子思之言而反复推说,互相发明。

今《中庸章句》即是在此新定本基础上完成。分段的思想亦渗透其中,朱子在第一章之后、第十二章之后、第二十一章之后皆用非注文的方式特别说明这种大段的分法:

右第一章。子思述所传之意以立言:首明道之本原出于天而不可易,其实体备于己而不可离,次言存养省察之要,终言圣神功化之极。盖欲学者于此反求诸身而自得之,以去夫外诱之私,而充其本然之善,杨氏所谓一篇之体要是也。其下十章,盖子思引夫子之言,以终此章之义。(Z1)

右第十二章。子思之言,盖以申明首章道不可离之意也。其下八章,杂引孔子之言以明之。(Z12)

右第二十一章。子思承上章夫子天道、人道之意而立言也。自此以下十二章,皆子思之言,以反复推明此章之意。(Z21)

从上述分段内容与《书中庸后》相同。值得一提的是,在第三十三章之后章节大意亦用非注文的形式:

右第三十三章。子思因前章极致之言,反求其本,复自下学为己谨独之事,推而言之,以驯致乎笃恭而天下平之盛。又赞其妙,至于无声无臭而后已焉。盖举一篇之要而约言之,其反复丁宁示人之意,至深切矣,学者其可不尽心乎!(Z33)

仔细分析其中并没有包含分段的信息,之所以特别突出,则说明卒章在内容上具有的特殊意义。朱子的《中庸》题注中说:

其书始言一理，中散为万事，末复合为一理。

也就是在一定意义上说，卒章与首章相呼应，也就是朱子所说的“推而言之，以驯致乎笃恭而天下平之盛。又赞其妙，至于无声无臭而后已焉”。[①]

2. 首章中心

朱子在《中庸》题注中引程子之言称“其书始言一理”，说明首章对于整个中庸来说具有统说一理的纲领性质。朱子在阐述首章章旨时称：

右第一章。子思述所传之意以立言：首明道之本原出于天而不可易，其实体备于己而不可离，次言存养省察之要，终言圣神功化之极。盖欲学者于此反求诸身而自得之，以去夫外诱之私，而充其本然之善，杨氏所谓一篇之体要是也。其下十章，盖子思引夫子之言，以终此章之义。（Z1）

朱子的《中庸》首章为“一篇之体要”的思想与《大学》分经传的思想有类似的地方，但又不同。《中庸》首章作为“体要”说明其思想具有统领的性质，其他各章是对此章思想的阐述，而不是解释。朱子的这一思想体现了：

一、理一与分殊。朱子早年从学李侗的时候，李侗特别强调儒释之别在于理一分殊，理不患不一，所难者分殊也。所以中庸的大旨中有理一，也有分殊。

---

① 有人认为朱子将《中庸章句》分为四大段或五大段，此惑于首章与卒章的意义。卒章仍是在承三十二章而阐明二十一章之意，只是在文法上又“推而言之”，具有总结的性质。第三十二章末的关于章的注中亦没有明确说明从第二十一章而来的一段止此的文字。有人注意到朱子在分段上有“其下”与“自此以下”两种术语的不同，认为“其下”不包含本章，“自此以下”包含本章，仔细分析，“其下”与“自此以下”并无实质的不同，是否包含本章还须从上下文决定。《大学》中有“自此以下，并以旧文为正”（D7 注）的“自此以下”因为目的在于说明原本《大学》的文本顺序，则可理解从现在这一章以下。《中庸》第一章末注“其下十章”的“十章”不包含首章，第二章末注“此下十章”的“十章”则包含第二章。《中庸》第二十一章末注“自此以下十二章，皆子思之言，以反复推明此章之意”中“十二章”与“此章”并列，则“自此以下十二章”的十二章计数并不包含“此章”在内。一定要将“自此以下”理解为包含本章，则应该在二十二章末说明，自此以下××章，反复推明上章之意，而不应当在二十一章末说明。首章虽然具有整个《中庸》的纲领地位，但亦不可以脱离具体解释其内容的二至十一章而别为一段。另外，朱子淳熙元年新定本《中庸》（分三十三章、三大段）乃是为其淳熙四年《中庸章句》在文本上作准备，其对章节与段落的划分非为所谓未定之见，朱子后来对《中庸章句》集中在具体文义的解释上。若将首章独立，则似又应将第十二章独立为一大段（第十二章至第二十章一大段中，以十二章为中心，其下八章引先圣之言明十二章），似又应将第二十一章独立为一大段。朱子分为三大段的目的在于说明每一段中第一章具有中心的地位，而其他各章则围绕此章或引先圣之言阐明，或反复推说。独立首章则仅见首章在《中庸章句》中的纲领地位，独立卒章则仅见卒章在《中庸章句》中的总结地位，而不察乎朱子“四书”思想发展中新定本《中庸》（后有《书中庸后》）的地位，亦不察乎分段的意义所在。

首言一理，中散为万物，末又合为一理，正是这种由一理而分殊，由分殊而理一。

二、博与约的结合。博追求丰富性，多而广，约则强调其统一之处。过博之流弊则泛泛然而无所依归，过约之流弊则独守空理而不能触类皆通。

三、中和与中庸。朱子《或问》中辩论道：

> 曰：此篇首章先明中和之义，次章乃及中庸之说，至其名篇乃不曰中和，而曰中庸者，何哉？曰：中和之中，其义虽精，而中庸之中实兼体用，且其所谓庸者，又有平常之意焉，则比之中和，其所该者尤广，而于一篇大指，精粗本末，无所不尽。此其所以不曰中和而曰中庸也。（《或问》，《全书》六，549页）

此说明首章虽只阐述了“中和”，但“中庸”具有更广的意蕴，所以虽然首章未及中庸二字，但仍以“中庸”名篇，而不是“中和”名篇。

3. 诚为枢纽

朱子对《中庸》也作了新的分章，最为独特的是根据《孔子家语》把郑本分为六章的一大段合并为一章，补了“公曰”以下几句。朱子在《中庸章句》中指出：

> 所谓诚者，实此篇之枢纽也。（Z20注）

在朱子看来，《中庸》一篇的枢纽就是“诚”。《中庸或问》称：

> 诚者，实而已矣。天命云者，实理之原也。性其在物之实体，道其当然之实用，而教也者，又因其体用之实而品节之也。不可离者，此理之实也，隐之见，微之显，实之存亡而不可掩者也。戒谨恐惧而慎其独焉，所以实乎此理之实也。中和云者，所以状此实理之体用也。天地位，万物育，则所以极此实理之功效也。中庸云者，实理之适可而平常者也。过与不

及，不见实理而妄行者也。费而隐者，言实理之用广而体微也。鸢飞鱼跃，流动充满，夫岂无实而有是哉！道不远人以下，至于大舜、文武周公之事，孔子之言，皆实理应用之当然。而鬼神之不可掩，则又其发见之所以然也。圣人于此，因以其无一毫之不实，而至于如此之盛，其示人也，亦欲其必以其实而无一毫之伪也。盖自然而实者，天也，必期于实者，人而天也。诚明以下累章之意，皆所以反复乎此，而语其所以。至于正大经而立大本，参天地而赞化育，则亦真实无妄之极功也。卒章尚絅之云，又本其务实之初心而言也。内省者，谨独克己之功；不愧屋漏者，戒谨恐惧而无已；可克之事，皆所以实乎此之序也。时靡有争，变也；百辟刑之，化也；无声无臭，又极乎天命之性、实理之原而言也。盖此篇大指，专以发明实理之本然，欲人之实此理而无妄，故其言虽多，而其枢纽不越乎诚之一言也，呜呼深哉！(《或问》,《全书》六，594 页)

在这段论述中，朱子首先阐释了《中庸》前二十章有关概念和论述中“诚”的内涵；其次认为二十一章直至末后一章反复讲“诚”；最后提出《中庸》的枢纽在于“诚”。《中庸章句》指出：“诚者，真实无妄之谓，天理之本然也”(Z20 注)，所以朱子将“诚”与“实”对等起来。朱子在儒释之辨中，特别强调“释氏虚，吾儒实”，对其一个好佛的弟子使其皈依儒学，就是依据《中庸》“天命之谓性”，令其判断其虚实。从《中庸》全篇来看：

第一大段(首章至第十一章)。“天命之谓性，率性之谓道，修道之谓教。”(Z1)“天命”是实理之原。“性”是在物的实体，“道”是当然的实用，“教”则又是因其体用之实而进行品节的手段。

“道也者，不可须臾离也，可离非道也。莫见乎隐，莫显乎微，故君子慎其独也。是故君子戒慎乎其所不睹，恐惧乎其所不闻。”(Z1)因为此理是实理，所以不可离。隐与微之显现，就是实的存亡状态无法加以掩藏。戒谨恐惧而慎其独，则是所以实乎此理之实。

“喜怒哀乐之未发，谓之中；发而皆中节，谓之和。中也者，天下之大本也；和也者，天下之达道也。”(Z1)中、和是描述出实理的体与用两个方面。

“致中和，天地位焉，万物育焉。”(Z1)天地位，万物育，就是推极此实理的功效。

从第二章至第十一章，《中庸》主要围绕首章之义阐发“中庸”的思想。朱子将中庸理解为“中者，不偏不倚、无过不及之名。庸，平常也。”(《中庸章句》题注)所以中庸与诚的关系就是，中庸是实理的适可而平常的状态。没有做到中庸的过或者不及，则是不见实理而妄行的结果。

第二大段(第十二章至第二十章)。“君子之道费而隐。”(Z12)“费而隐”指出实理的用广而体微也。

“诗云：‘鸢飞戾天，鱼跃于渊。’言其上下察也。(Z12)”鸢飞鱼跃，流动充满，正因为有实才可以如此。

第十三章至第二十章，《中庸》又主要围绕第十二章的“费而隐”展开。大舜(Z17)、文武周公之事(Z18)、孔子之言(Z19)，都是实理应用的当然。鬼神之不可掩(Z16)，又是其发见之所以然。

第三大段(第二十一章至卒章)。第二十一章之下各章的主旨都是反复讲明诚的道理。

“唯天下至诚，为能经纶天下之大经，立天下之大本，知天地之化育。夫焉有所倚？(Z32)”“经纶天下之大经，立天下之大本，知天地之化育”都是真实无妄的极功。

“诗曰：‘衣锦尚絅’，恶其文之著也。”(Z33)“尚絅”又是本其务实的初心来说的。

“故君子内省不疚，无恶于志。君子之所不可及者，其唯人之所不见乎。”(Z33)“内省不疚”是谨独克己的功效。

“诗云：‘相在尔室，尚不愧于屋漏。’故君子不动而敬，不言而信。”(Z33)“不愧屋漏”是无时无刻处在戒谨恐惧当中。

“诗曰：‘奏假无言，时靡有争。’是故君子不赏而民劝，不怒而民威于鈇钺。”(Z33)“时靡有争”是说变。

“诗曰：‘不显惟德！百辟其刑之。’是故君子笃恭而天下平。”(Z33)“百辟刑之”则说化。

"'上天之载,无声无臭',至矣!"(Z33)"无声无臭"又是描述天命之性、实理之原的情状,与首章相呼应。

朱子用"实"的思想将整个《中庸》大致贯穿起来,进而认为《中庸》一篇的大旨都是专门要发明实理的本然状态,目的在于使人能够实此理进而达到无妄的境界,虽然从各个角度讲了很多,但其枢纽仍就是一个"诚"字。

四、《论语集注》

1. 表彰颜曾

在朱子的道统谱系当中,颜回、曾子具有重要的地位。在这种道统思想的构造下,特别是曾子在《论语》中得到重新诠释。

(1)"四科十哲"与曾子的地位

"四科"中因为没有曾子,朱子通过重新解释否定"四科"的权威。

据《论语》记载,孔子弟子中:

> **德行:颜渊,闵子骞,冉伯牛,仲弓。言语:宰我,子贡。政事:冉有,季路。文学:子游,子夏。(11.2)**

朱注称:

> 弟子因孔子之言,记此十人,而并目其所长,分为四科。孔子教人各因其材,于此可见。(11.2注)

经过朱子的考证,此处对弟子的分科是孔子门人据孔子的说法记录的,而非孔子直接所言。朱子在《或问》中提出考证的证据:

> 曰:何以知其为门人所记也?曰:吴氏例曰:"凡称名者,夫子之辞,弟子师前相谓之辞;称字者,弟子自相谓之辞,亦或弟子门人之辞。"得之

矣。诸说或以此章尽为夫子之言者，考之不审也。(《或问》,《全书》六，787页)

朱子通过这种考证否定了各家认为“四科”是对孔子之言的直接引语。(参考《论孟精义》中的各种说法说明各家皆以为孔子之言?)朱子根据吴棫的说法认为如果此分科是孔子所说，其中不应该称字而应该称名，因为孔子对弟子是直呼其名的，而弟子或弟子门人对其他孔子弟子则以字相称。这种情况应该说是符合《论语》的实际情况的，或者是从《论语》归纳得出的。

“四科”为《论语》中品评臧否孔门弟子提供重要的尺度。通过朱子的考证，否定“四科”的表述为孔子亲口所说，在一定意义上降低了“四科”的权威性。因为在朱子看来，“四科”中的“十哲”虽然有传道的重要人物——颜回，但是缺少传道的另外一个重要人物——曾子。因为根据朱子道统论的建构，孟子之后道断而不传，孟子受业于子思的门人，子思与孔子之间的重要衔接就是由曾子来担当的。曾子在《论语》中被称作“子”，已经具有了一定传承的意义，其中可见曾子后继有人(若《论语》部分为曾子门人所记，或许子思也参与到记录《论语》当中)，然而曾子所占的重要地位则不及颜回。《论语》当中孔子屡屡称赞颜回，为颜回英年早逝而扼腕叹息，虽然这种对颜回的偏爱固然有对颜回早逝的感伤而愈加赞叹的可能。降低“四科”的权威性，就使“四科”在一定意义上具有了开放性与灵活性。

朱子进而引用程颢的说法进一步降低“四科”的权威性：

四科乃从夫子于陈、蔡者尔，门人之贤者固不止此。曾子传道而不与焉，故知十哲世俗论也。(11.2注)

程颢的观点在一定意义上帮助朱子降低“四科”的权威性，同时也和朱子自己的说法产生了矛盾，主要表现在两个方面：

一、程颢认为“四科”的分类本身不是对所有弟子中的贤哲的分类，范围仅仅局限在当时孔子困于陈、蔡之间跟从孔子的弟子当中。然而是否因为曾子年纪较小,当时并没有在跟从孔子困于陈蔡的弟子当中,对于这一点,程颢并未作考证。程颢此说的依据在于"四科""十哲"的说法上面紧接着"子曰:'从我于陈、蔡者,皆不及门也'"(11.2),这种依据在一定意义上与朱子否定"四科""十哲"的说法乃是孔子所亲言的说法有矛盾。根据各家的说法(上面《精义》中的引述),"四科""十哲"的说法乃是孔子所亲言,这样"四科""十哲"就是孔子对当时并不在门的曾同困于陈、蔡的患难弟子的追忆。朱子则认为"四科""十哲"非孔子亲言,这样就与上句"从我于陈、蔡者,皆不及门也"之间来开了一个鸿沟。在一定意义上说,两句当分别归属于两章。朱子则将这种矛盾统一在一起,仍然归属于同一章。

二、程颢根据曾子传道而没有列入"十哲"认定所谓"十哲"乃"世俗论"。在一定意义上来说,程颢的这种说法帮助朱子进一步降低了"四科""十哲"的权威性,将"十哲"归为"世俗论"。"世俗论"也就是世俗所说,没有什么很大的价值。然而据朱子所说,此"十哲"的十个人乃是孔子门人根据孔子之言所记。至于"四科",虽然从朱子的语言中难以判断"四科"的分类是否为孔子所分,但是根据语脉,朱子大致认为"四科"与孔子的因材施教有关,可能也是孔子作的分类。程颢认为"四科""十哲"是"世俗论",而朱子认为是"弟子因孔子之言,记此十人,而并目其所长,分为四科",显然是依据的是圣人之言,绝对不是"世俗论"。

朱子漠视自己的说法与引用程颢的说法之间的区别所造成的矛盾,一面认定"四科""十哲"非孔子亲言将"从我于陈、蔡者,皆不及门也。"一句与"四科""十哲"分成两截,一面又为了支持程颢说法的依据,将"四科""十哲"一句强行与上一句归为一章,总的目的非常明确,即是通过重新解释打破"四科""十哲"的框架,降低其权威性,留出缺口,能够把曾子这位所谓的传道之人容纳进来。在这个根本解释目的上,朱子与程颢的说法是没有矛盾的。

(2) 曾子与"鲁"

曾子担负着重要的传道的使命,不仅"四科"中没有曾子,而且《论语》中还有孔子对曾子的批评。

《论语》中曾经批评高柴、曾子、子张、子路说:

柴也愚，参也鲁，师也辟，由也喭。(11.17)

《论语》中曾评价其中的子张说“师也过”(11.15)，子路更是经常受到批评。也就是子张等不能处中，做到中道。孔子此句将曾子与子张、子路等放在一起，显然对曾子有一定的批评。朱子也引用杨时的说法：

四者性之偏，语之使知自励也。(11.17注)

称四个人在“性”的层面上有“偏”，也就是说曾子在“性”上也是一偏的。《论语》中并没有对颜回有类似的批评。然而朱子在解释中连续引程颢、程颐、尹焞的说法反复申明曾子之“鲁”不仅不偏，其缺点恰恰是其优点，反而成为其能够传道的重要资质。朱子引程颢的说法：

参也竟以鲁得之。(11.17注)

“之”字当指道之传，曾子的“鲁”本为缺点而反因之收益而得道。朱子引程颐的说法：

曾子之学，诚笃而已。圣门学者，聪明才辩，不为不多，而卒传其道，乃质鲁之人尔。故学以诚实为贵也。(11.17注)

曾子的“鲁”与“诚笃”联系了起来。朱子引尹焞的说法：

曾子之才鲁，故其学也确，所以能深造乎道也。(11.17注)

曾子的“鲁”使得曾子学起道来能够确实，进而深造于道。

朱子还认为此章与下章有一定的关系。朱子引吴棫的说法：

此章之首，脱“子曰”二字。（11.17注）

根据《或问》中吴棫的说法：

凡称名者，夫子之辞，弟子师前相谓之辞；称字者，弟子自相谓之辞，亦或弟子门人之辞。（《或问》，《全书》六，787页）

本章“柴”、“参”、“师”、“由”皆称名，则为孔子所称，之前似缺“子曰”。朱子同时提出一种错简的可能：

或疑下章子曰，当在此章之首，而通为一章。（11.17注）

下章即：

子曰：“回也其庶乎，屡空。赐不受命，而货殖焉，亿则屡中。”(11.18)

其中的“回也……”与“柴也……”等句式相似，所以产生这种怀疑。这种猜想目的是解决“柴也愚”一章起首缺少“子曰”的问题，从而将下章的颜回、子贡与高柴、曾子、子张、子路一并评价，但具体分析可以知道，“回也其庶乎”一章对颜回、子贡多所肯定，与“柴也愚”一章对四人的批评显然不同。如果依据这种假设列为一章，那么孔子此处同时对曾子、颜回做出评价，说曾子“鲁”，说颜回“庶乎”，一方面评价标准不同，另一方面更加造成解释的困难，即此处批评曾子，而赞扬颜回的目的又何在？

2. 圣贤气象

朱子在《论孟精义》中的《论孟精义纲领》首论孔孟气象，可见朱子对体察圣人气象的重视，然而朱子在《四书章句集注》中以《读论语孟子法》为首，未特别强调圣人气象，目的在于对于初学者来说，观圣人气象并非学之先务。虽然如此，朱子对圣人气象的体察仍然是十分重视的。这一点特别体现在对《论语》的解释当中。

《论语》中记载，有一次，孔子让颜回与子路谈谈自己的志向。子路说：愿意把自己的车马衣裘与朋友一起分享，即使用坏也不后悔。颜回则说：希望做到不自夸有能，也不自夸有功。子路进而询问孔子的志向，孔子说：“老者安之，朋友信之，少者怀之。”(5.25)朱子对此十二字解释道：

老者养之以安，朋友与之以信，少者怀之以恩。一说：安之，安我也；信之，信我也；怀之，怀我也。亦通。程子曰：“夫子安仁，颜渊不违仁，子路求仁。”又曰：“子路、颜渊、孔子之志，皆与物共者也，但有小大之差尔。”又曰：“子路勇于义者，观其志，岂可以势利拘之哉？亚于浴沂者也。颜子不自私己，故无伐善；知同于人，故无施劳。其志可谓大矣，然未免出于有意也。至于夫子，则如天地之化工，付与万物而己不劳焉，此圣人之所为也。今夫羁靮以御马而不以制牛，人皆知羁靮之作在乎人，而不知羁靮之生由于马，圣人之化，亦犹是也。先观二子之言，后观圣人之言，分明天地气象。凡看《论语》，非但欲理会文字，须要识得圣贤气象。”(5.25 注)

此处，朱子特别引用程子之言“凡看《论语》，非但欲理会文字，须要识得圣贤气象”，对阅读《论语》提出了更高的要求，即对圣人气象的体察。此处从志向上看出孔子所谓的圣人气象。对“老者安之，朋友信之，少者怀之”的文义有两种不同理解。其一，对于老者，养之以安，对于朋友，与之以信，对于少者，怀之以恩。其二，老者安我，朋友信我，少者怀我。无论哪一种理解，朱子都强调要从中看出圣人的气象。首先对比子路、颜回、孔子三人的志向，可以看出孔子安仁，颜回不违仁，子路求仁的不同。这是从仁的最高境界来说的，孔子达到了仁的境界，自然时时处处在仁的境界当中，颜回大贤已经能够瞥见仁的境界，但没有达到纯粹的地步，所以力求做到不违反仁的要求，而子路则仍以仁的境界为追求目标。三个人的志向都是要大公无私，但是有小大的不同。子路勇于义的行为，从其志向来看，势利之类难以对其束缚。颜回要做到无私，所以不自夸能，但其所作所为还没有自然而然的状态，不免仍然是一种努力的结果。对照起来，孔子的境界就不是如此，孔子的气象已经与天地的气象同一，其所作所为完全是犹如天地自然的变化，任由万物自运自行，而自己则处在无为的状态当中。一些看似有为的行为，似乎是人有意识的人为造作，但本质上仍然是顺应其自然之理，属于天地自然的行为，比如要用马络头和缰绳等驭马之物来驾驭马，看似是一种人为，但实际完全是依据马的本性而来，是一种自然的行为。圣人的气象也是如此，完全是一种与天地造化向往来的自然境界。

又有：

子与人歌而善，必使反之，而后和之。(7.31)

孔子与别人一起唱歌，如果唱得好，一定请别人再唱一遍，然后和着一起唱。朱子注曰：

> 必使复歌者，欲得其详而取其善也。而后和之者，喜得其详而与其善也。此见圣人气象从容，诚意恳至，而其谦逊审密，不掩人善又如此。盖一事之微，而众善之集，有不可胜既者焉，读者宜详味之。(7.31 注)

从孔子与别人唱歌一件小事，朱子竟看出圣人的气象是从容不迫的。要真正体会此处朱子所言的圣人气象首先就要想象一幅孔子与人一起唱歌的图画。孔子以大公无私之心，无任何利益之心，处在一种天地自然之化的仁的境界当中，对于一件小事也能乐在其中，心中坦荡，与别人一起尽情歌唱，没有过去未来一切烦恼，从歌唱中乐得其所。如果唱得尽情，就真诚恳请歌唱者再唱一遍，从中体会歌唱带来的一切快乐，没有嫉妒，没有怨恨，称扬其善而不加掩饰，从容大方。最终进而与之和而唱之，怡然自若，从善如流。朱子从圣人的一举一动中挖掘出其中深层的气象，启发读者深入体会，自然亦是以圣人境界为最高追求的。

《论语》中，“侍坐”一章(11.25)，曾点在问及志向时说：

鼓瑟希，铿尔，舍瑟而作。对曰：“异乎三子者之撰。”子曰：“何伤乎？亦各言其志也。”曰：“莫春者，春服既成。冠者五六人，童子六七人，浴乎沂，风乎舞雩，咏而归。”夫子喟然叹曰：“吾与点也！”(11.25)

朱子注曰：

曾点之学，盖有以见夫人欲尽处，天理流行，随处充满，无少欠阙。故其动静之际，从容如此。而其言志，则又不过即其所居之位，乐其日用之常，初无舍己为人之意。而其胸次悠然，直与天地万物上下同流，各得其所之妙，隐然自见于言外。视三子之规规于事为之末者，其气象不侔矣，故夫子叹息而深许之。而门人记其本末独加详焉，盖亦有以识此矣。(11.25 注)

曾点的回答由于说出了孔子的心声，得到了孔子“喟然”的叹许，这样曾点所言就包含了圣人的气象。圣人的气象就是天地自然而然的境界。曾点所言不是惊天地泣鬼神的壮举，只是一个平平淡淡的生活缩影。可以仔细想象一下：在春暖花开的时节，换上轻便的服装，与五六个同道好友，六七个少年学子，轻松愉快地沐浴于沂水之中，迎着和风游览于祭坛之下，唱着诗歌、哼着小调尽兴而归。这是何等的怡然自若的情景。朱子仔细分析其之所以能够认识到如此的圣人气象，是因为曾点已经能够见到仁的境界，即人欲灭尽而天理流行的大公无私状态。此种无私大公的境界在任何事物上都体现了出来，无论举手投足都能够从容不迫。谈论道其志向，则从其目前所处的现实出发，在日常的小事当中得到快乐，其胸中坦然，能够与天地万物同流而化，没有阻隔，皆顺应其本来之妙，其境界亦是非言语所能穷尽的。

五、《孟子集注》

“四书”中有对儒家工夫与人性方面的说明，特别是在《孟子》一书中。朱子在对《孟子》的解释过程中，特别注重从中详细阐发儒家的工夫论与人性论。在《孟子序说》中，借二程之言，他指出：

孟子有大功于世，以其言性善也。

孟子性善、养气之论，皆前圣所未发。

由此可见，性善的人性论与以养气为核心的工夫论被认为是《孟子》中最重要的内容。以性善作为成圣成王的人性基础在理论上是相当精致的。正因为人性本善，才可能最终发明其本性之善而成为圣人。理学的人性论在性善论的基础上用理气二分的思路来解决恶的起源问题，在朱子看来，恶不是人性，是善性在受到气质所拘，私欲所缚之后出现的结果。要光复人性的善性，就要存天理而灭人欲，从而可以人性之善得以重新显现出来。在理学工夫论方面，朱子重点推崇主敬的思想，对孟子养气等工夫论亦非常推崇。

1. 阐扬工夫论

《孟子》中有关工夫论的内容有很多，比如知言养气、集夜气、尽心知性等。其中知言养气章(2A.2)重点讨论知言、养气、集义等，是《孟子》中最受宋明理学诸家关注的一章，朱子也予以特别的关注。《语类》中关于这一章的师弟子之间的讨论几乎占了整个第五十二卷。

此章在内容上是孟子与公孙丑的一场师徒之间的对话，其中孟子重点介绍了自己的修养方法。讨论首先是从公孙丑的一个假设开始的。公孙丑假设孟子能够在齐国得到一定地位而得以实行自己的道的话，那么由此而成就霸业或王道，也不是什么奇怪的事。责任如此重大，心会不会因为恐惧疑虑而有所动呢？孟子回答说自己不会动心，自己 40 岁的时候就不动心了。朱子找到四十的这条线索：

四十强仕，君子道明德立之时。孔子“四十而不惑”，亦不动心之谓。(2A.2 注)

在朱子看来，孟子乃是先秦儒家道统的最后传人，在40岁达到了"不动心"，正是孔子所说的"四十而不惑"。朱子在《或问》中还联系孟子的另外一个重要思想——"尽心知性"来解说。朱子说：

> 尽心知性，无所疑惑，动皆合义，无所畏怯，虽当盛位行大道，亦沛然行其所无事而已，何动心之有？（《或问》，《全书》六，931页）

由此，在朱子眼中，孟子所处的境界已经是一种近似于自然而然的状态。孟子通过"尽心知性"的功夫，已经可以知天事天了，已经掌握了天下的大道。对自己所行的大道也没有半丝疑惑，处理起事情来自然也不会有任何畏惧。朱子认定动心的原因是恐惧与疑惑，与想要会通《论语》孔子的"四十而不惑"是分不开的。这可以说是朱子在解释"四书"时候追求系统性与一贯性的一个直接结果。

孟子进而举例说明不动心并非难事，告子可以先他不动心等，这样就引出公孙丑对孟子最擅长的本领的疑问，也就是孟子所谓的浩然之气与知言。

> 浩然，盛大流行之貌。气，即所谓体之充者。本自浩然，失养故馁，惟孟子为善养之以复其初也。……养气，则有以配夫道义，而于天下之事无所惧，此其所以当大任而不动心也。告子之学，与此正相反。其不动心，殆亦冥然无觉，悍然不顾而已尔。（2A.2注）

孟子称自己善于培养浩然之气。培养浩然之气，就是养气。朱子发明浩然之气本来就是浩然的状态，失养才成为馁的状态，这与性本善的思维方法是相似的。在朱子看来，养气就是要通过养的方法，实现其原初的浩然状态，这可谓对养气的创造性发挥。如果说不动心是一种表面状态，那么通过养气就能够做到无所畏惧。朱子在讨论孟子的不动心、养气、集义、知言往往与告子相比较。告子不懂养气，从而以"冥然无觉"作为修养方法实现其不动心的效果。朱子讨论告子之学，寄托了对佛道二教的批判。

“敢问何谓浩然之气?”曰:“难言也。(2A.2)

难言者,盖其心所独得,而无形声之验,有未易以言语形容者。(2A.2 注)

朱子借孟子之文义表达出养气的神秘性,表现出气无形声之验,从而不能付诸言语,只能心领神会。

其为气也,至大至刚,以直养而无害,则塞于天地之间。(2A.2)

至大,初无限量,至刚,不可屈挠。盖天地之正气,而人得以生者,其体假本如是也。惟其自反而缩,则得其所养;而又无所作为以害之,则其本体不亏而充塞无间矣。(2A.2 注)

浩然之气本身虽然难言,孟子毕竟言之,朱子仍用本有的思想来说明。浩然之气乃是天地之正气,人本身亦禀受此气而生,也就是人先天就具有此气。朱子认为“直养而无害”与“昔者曾子谓子襄曰:‘子好勇乎?吾尝闻大勇于夫子矣:自反而不缩,虽褐宽博,吾不惴焉;自反而缩,虽千万人,吾往矣。’”(2A.2)中“自反而缩”是同义,朱子认为:

缩,直也。(2A.2 注)

曾子的“反身而缩”就是“曾子之反身循理”(2A.2 注)的意思。这里朱子以曾子为传道的关键人物,所以曾子的“反身而缩”就与孟子的“直养而无害”联系起来。同时“反身而缩”也与《论语》中曾子的“吾日三省吾身”(1.4)关联起来,体现朱子在解释过程中对四书整体的把握与解释的贯通性。

其为气也,配义与道;无是,馁也。(2A.2)

言人能养成此气,则其气合乎道义而为之助,使其行之勇决,无所疑惮;若无此气,则其一时所为虽未必不出于道义,然其体有所不充,则亦不

免于疑惧，而不足以有为矣。（2A.2 注）

朱子“配义与道”，强调道义的重要性，说明养气的手段。养气之所以可能，就在于用道义来作为助动力，以道义为准绳，行为就会特别的勇敢，无所疑惑或恐惧。朱子指出：

是集义所生者，非义袭而取之也。行有不慊于心，则馁矣。我故曰，告子未尝知义，以其外之也。（2A.2）

言气虽可以配乎道义，而其养之之始，乃由事皆合义，自反常直，是以无所愧怍，而此气自然发生于中。非由只行一事偶合于义，便可掩袭于外而得之也。慊，快也，足也。言所行一有不合于义，而自反不直，则不足于心而其体有所不充矣。然则义岂在外哉？告子不知此理，乃曰仁内义外，而不复以义为事，则必不能集义以生浩然之气矣。上文不得于言勿求于心，即外义之意，详见《告子上》篇。（2A.2 注）

朱子以义内为说，指出养气的过程。养气的开始要做到事合宜合义，真实不妄，这样为人处事都问心无愧，这样浩然之气自然就显现出来。孟子指出“必有事焉而勿正，心勿忘，勿助长也”（2A.2），并讲了揠苗助长的故事。朱子解释道：

此言养气者，必以集义为事，而勿预期其效。其或未充，则但当勿忘其所有事，而不可作为以助其长，乃集义养气之节度也。……如告子不能集义，而欲强制其心，则必不能免于正助之病。其于所谓浩然者，盖不惟不善养，而又反害之矣。（2A.2 注）

此处讲养气要做到中庸的原则，不能过，也不能不及。朱子理解“知言”与《大学》中“格物致知”义大略相同，朱子解释“知言”为：

知言者，尽心知性，于凡天下之言，无不有以究极其理，而识其是非得失之所以然也。(2A. 2 注)

盖惟知言，则有以明夫道义，而于天下之事无所疑。(2A. 2 注)

朱子以“尽心知性”为“格物致知”，此又以“知言”为“尽心知性”，实际上仍使用《大学》来解释《孟子》的思想。将《大学》的为学工夫与孟子的修养工夫会通起来。从朱子“于凡天下之言，无不有以究极其理”的解释中，可以看出“知言”实际上是“格物致知”的一种。“知言”就是在言方面的格物致知。通过“知言”，最终也可以达到对天下之事无所疑惑的状态。知言与养气是相辅相成的。具体来说：

“何谓知言？”曰：“诐辞知其所蔽，淫辞知其所陷，邪辞知其所离，遁辞知其所穷。生于其心，害于其政；发于其政，害于其事。圣人复起，必从吾言矣。”(2A. 2)

四者亦相因，则心之失也。人之有言，皆本于心。其心明乎正理而无蔽，然后其言平正通达而无病；苟为不然，则必有是四者之病矣。即其言之病，而知其心之失，又知其害于政事之决然而不可易者如此。非心通于道，而无疑于天下之理，其孰能之？彼告子者，不得于言而不肯求之于心；至为义外之说，则自不免于四者之病，其何以知天下之言而无所疑哉？(2A. 2 注)

朱子以“心明乎正理而无蔽”，做到“心通于道，而无疑于天下之理”，就是格物致知所要达到的境界。

2. 发明性善论

性善论是孟子思想的一大特色。性善论特别强调人的性善本有，与儒家复性理论相统一。性善论相比性恶论从义理上具有其优越性。性恶强调善为后天教育使然，而性善则强调善为人本有，由于气禀等原因，善性被蒙蔽，需要通过复性工夫，使善性重放光彩。《孟子》中性善首见于《滕文公上》，其曰：

孟子道性善,言必称尧舜。(3A.1)

朱子对此特加重视,注称:

> 道,言也。性者,人所禀于天以生之理也,浑然至善,未尝有恶。人与尧舜初无少异,但众人汩于私欲而失之,尧舜则无私欲之蔽,而能充其性尔。故孟子与世子言,每道性善,而必称尧舜以实之。欲其知仁义不假外求,圣人可学而至,而不懈于用力也。(3A.1注)

此处朱子用理来诠释性,此性是人之性,是人从天那里所禀受而来并由此具有生命的理,所以本质上就是理的一种表现。性善就是强调人性是完全彻底的善,其中不掺杂任何恶的成分。此善性为私欲所害,被私欲迷惑而失去,而作为圣人的尧舜却没有私欲的蒙蔽,所以能充实自己的本性。这里也体现了朱子复性的思想。朱子此章后加案语说明:

> 愚按:孟子之言性善,始见于此,而详具于告子之篇。然默识而旁通之,则七篇之中,无非此理。其所以扩前圣之未发,而有功于圣人之门,程子之言信矣。(3A.1注)

此案语正强调性善论在孟子中所据有的重要地位。孟子在《告子上》中主要通过否定告子的说法来为自己性善立论。朱子在对孟子的思想梳理时特加说明:

> 性即天理,未有不善者也。(6A.2注)

此处朱子再次说明,性与天理是相通,都是善的。孟子对告子湍水比喻进行反驳,指出性善之善并非如水之东西之流,而如水之就下。朱子对此概括道:

> 此章言性本善，故顺之而无不善；本无恶，故反之而后为恶，非本无定体，而可以无所不为也。(6A.2注)

朱子强调用“顺”的方法来对待本性之善，而为恶则要与本性相反。告子从所谓性的本义出发以“生之谓性”，孟子用牛之性与人之性不能相等同来进行反驳。朱子特加案语说明：

> 性者，人之所得于天之理也；生者，人之所得于天之气也。性，形而上者也；气，形而下者也。人物之生，莫不有是性，亦莫不有是气。然以气言之，则知觉运动，人与物若不异也；以理言之，则仁义礼智之禀岂物之所得而全哉？此人之性所以无不善，而为万物之灵也。告子不知性之为理，而以所谓气者当之，是以杞柳湍水之喻，食色无善无不善之说，纵横缪戾，纷纭舛错，而此章之误乃其本根。所以然者，盖徒知知觉运动之蠢然者，人与物同；而不知仁义礼智之粹然者，人与物异也。孟子以是折之，其义精矣。(6A.3注)

朱子用理、气二分，形而上、形而下二分来分别“性”与“生”。从气的角度说明人与物具有相似性，而从理来说，只有人具有仁义礼智等善性，物是不具有的。这可谓对孟子性善论进行深度解析，从而使得性善的理论更加精微。

小结

《四书章句集注》乃是朱子对《大学》《中庸》《论语》《孟子》四部书的注解的汇编。四书本身各自具有相对的独立性。《大学》《中庸》是从《礼记》中抽出单行的两篇，篇幅不大，朱子对之加以高度的重视，采用章句体，重新分章句解。《论语》《孟子》两书，历来有汉魏古注，朱子在分章上虽有一些创见，但主要是采摘以宋儒为主的义理加以阐发，称集注体。朱子章句体与集注体在形式上虽然表现出很大不同，但仔细分析两者之间的界线却是相对模糊的。朱子在章句体中仍然采摘汉魏训诂,特别是宋儒的义理。如《中庸章句》中多有取自《中庸辑略》的地方。朱子在集注体中也很注重继承前人的分章特色,篇下有章,章下有节,也提出不少不同于前人的分章。

"四书"由于体例不同,篇幅有异等原因,关于"四书"的顺序在历史上还形成了多种形式。对于朱子来说,重要的有学习进程顺序、刊刻顺序、撰作顺序等。其中《大学》《论语》《孟子》《中庸》的学习进程顺序又最重要,体现着朱子《四书章句集注》经学体系在为学次第方面的整体建构。朱子清楚地认识到"四书"在内容方面的各自特色以及在学习过程中所起的重要作用。在为学进程顺序中,最鲜明的特色自然是朱子对《大学》《中庸》地位的安排,其次对《论语》《孟子》在为学进程中的作用认识也很有特点。《大学》中的三纲领、八条目等可以为学者搭建为学的框架,其中蕴含的内圣外王之道是为学的根本目标,而朱子苦心经营的格物致知说更是学者为学的下手工夫。《中庸》因被认为是孔门传授心法,其中的内容天命、率性、时中、择善、固执等是孔门传授的最为重要的道统内容,其理论性与抽象性的程度都很高。如果一个人没有在具体事物上对根本道理的深入体会,对《中庸》义理是很难把握的,所以朱子将之作为为学的根本归宿,列之于"四书"为学进程之末。在一定意义上说,以《中庸》为"四书"学习的归宿旨在承续道统。《论语》《孟子》相较《大学》《中庸》则更多讨论在具体事物上的道理,体现孔子、孟子对儒学真理的融贯。从总体上说,为学进程顺序渗透了朱子理一分殊的思想,《大学》为理一,《论语》《孟子》为分殊,《中庸》又复归理一。在通达《中庸》之后,更要将所学运用到具体的道德实践当中去,又是进一步的分殊。理一与分殊也是不断的循环的过程。用"四书"所言义理指导具体的道德实践,而在具体道德实践上加深对"四书"所言义理的领会。

朱子将"四书"汇编成一书,融贯了统一的理学义理,运用新的道学话语、解释框架、概念诠释等方法,形成一个圆融的大整体。然而《四书章句集注》毕竟是单独成书,又具有一定独立性。比如对"柳下惠"的解释,《论语集注》为"柳下惠,鲁大夫展获,字禽,食邑柳下,谥曰惠"(15.13 注),《孟子集注》则为"柳下惠,鲁大夫展禽,居柳下而谥惠也"(2A.9 注),显然是因为所取来源不同造成的。这样“四书”内部又形成一定的小整体,“四书”的解释从形式到内容又各有特色。本章的分析认为《大学章句》《中庸章句》在形式上与内容上的特色都很鲜明,而《论语集注》《孟子集注》主要是内容方面的特色。

《大学章句》在形式上的调整是为其内容方面的创新服务的。朱子殚思竭虑地将郑本《大学》一分为二,有经的部分,有传的部分,以传附经,一一对应。朱子在经传相分的思想指引下,还重新调整了传文的顺序,其最终调整的结果则是得到缺少格物致知的传文。朱子的这种做法显然是要重新建构新的为学入手工夫。朱子的格物补传不是依照《大学》本文的义理文脉对所谓阙文的补充,而是依据二程的思想的一种浓缩,显然是一种理学的重构,不是历史文献的还原。朱子以“即物”为“格物”,以“穷理”为“致知”,在具体过程中不仅引入了理的概念,还引入了心的概念。其构造的即物穷理是一个即物与穷理之间不断的循环过程外加一个豁然贯通的飞跃。“即物”与“穷理”之间的不断循环也就是认识与实践的不断循环,体现的是对分殊的逐渐把握。豁然贯通的飞跃则是知识的积累由渐变到质变,体现的是对理一的顿悟。

《中庸章句》也是通过形式的调整凸显其义理创新的。首先突出首章,使得在整个《中庸》中具有经的意义,显然是为了强调其中性、道、教等具有本体的地位。在分章上则重点建构了一个文字繁多的二十章,体现出其中“诚”思想的枢纽地位。在朱子看来,诚是天理本然状态的描述,表明天理是真实无妄的。朱子以实虚来判别儒家与佛老,认为佛老在本体上是虚无,而儒家在本体上是实在。其重要依据就是《中庸》一书。以诚为天理的本然,旨在说明天理的真实不虚,是着实可以通过修养等方法认识的。

《论语集注》《孟子集注》在形式上并无很大特色,主要是其内容上有所发明。如果说《中庸章句》侧重发挥诚的本体地位,属于本体论方面的内容,那么《论语集注》推崇颜曾则属于道统论,追求圣贤气象则属于境界论,《孟子集注》知言养气等则属于工夫论,性善论等则属于心性论。朱子中特别将颜回与曾子列在道统谱系当中,然而《论语》当中并没有处处推崇曾子,比如曾子没有被列入“四科十哲”,曾子有“鲁”的缺点等。《论语集注》中朱子即以曾子为道统的继承人,就改变了诠释方向,如否定“四科十哲”的权威性以及提高“鲁”的优点等。《论语集注》还特别强调对圣人境界的体察，如孔颜乐处、曾点气象等，其中都展现出理学所关注的独特方面。《孟子集注》则侧重发挥其中知言、养气、集夜气等修养方法以及人性本善的心性理论。

朱子对《四书章句集注》中各书的解释有不同的侧重，而每一书又有不同的中心。从而使得《四书章句集注》的一个大整体之下又形成四个小的整体。圆融统一的四个小整体又圆融统一地形成一个大整体。

第九章　经典解释与思想创新

认识自己与认识世界是人类永久的课题。从远古以来,人类就在这种不断的认识当中进步与发展。外在世界的知识在不断积累,为人们的生活提供着种种便利。以知识的载体形式而言,从传说的结绳,到甲骨、金属、竹简、石头、绢帛、纸张等,一直到最新流行的电子格式,在记录与传播的简便程度上不断进步。古代认识世界的很多知识不断被淘汰,后代在深度与广度多方面都超越前人,可以说今人与古人对世界的知识迥然不同。然而,认识自己的知识则似乎并没有增长,人们仍然要不断地从古人的智慧中汲取营养。古人的智慧仿佛是一个无尽的宝藏。关于古代文明中那么多高深的思想到底从何而来,用认识世界的最新知识仍然无法解释清楚,可能将永远地保持神秘。认识自己就是认识人自身的价值与意义。一个洞彻宇宙人生奥秘的人无法将其经验直接传达给后代。后代也必须通过同样的努力才能够认识到同样的秘密。在对自己的探索的旅程中,每一个人都必须自己亲自走过。对生命智慧的获得,一个人必须自己去体验,别人无法代替,别人的经验只能成为借鉴。那些重要的借鉴成果逐渐成为经典,成为后人借以参考的资料。

在中国历史上,远古文明留下了众多的文献资料,这些资料经过整理成为后代学习的经典。在先秦诸子百家中,儒家是传承古代文明最为突出的一支。儒家学者在研习经典的过程中又写出自己的体会,可以说是对古代经典的消化与吸收。每一次对经典的成功研习都是思想在继承与发展两个环节上起的作用。对经典研习的目的都有其针对当下的现实关怀。认识自己的内在旅程虽说不能够直接通过简单的方式传授给下一代,但是其中的道理则仍然可以通过言传身教与文献资料由后代继承下来,如孟子所谓的"见而知之"与"闻而知之"的差别。前代留下的对内在认识的经验可以通过后一代同样的践履得到印证。如果是处在同一时空之下,其话语所指明确,言传身教可以取得非常显著的作用。人们在运用过去经验的过程中不难感觉到过去经验与自身经验之间的重大差异。然而要对更加古老的文献进行深度探索,时空造成的种种解释上的距离就不可能不成为理解上的重大挑战。时空的距离越大,理解上产生误差的可能性也越大。古代文明中每一次对先代思想的创造无不是一种挑战这种解释上的时空距离的成功尝试。古人早就认识到时间距离能够对理解造成如何大的障碍,并且已经做出种种尝试。富有时代开创精神的思想家无不对经典文献进行深入的研究,即使是异常激进地反过来否定经典价值的特例也有过对经典文献的深入研究。

文明的进步在外在旅程上必须在前一代的努力上继续前进,在内在旅程上虽说难有根本性意义上的进步,但也必须彻底了解与掌握前代的探索过程。一般来说,外在探索与内在探索在方法上并不具有相似性,不可能做出严格的、精确的规范。甚至相反,一种有意的严格化、精确化的知识反而容易僵化与教条化。在外在探索上特别注重建立在概念知识上来对世界进行理性的解释,仅止于此,严格意义上来讲,其正确的探索结果具有高度的客观性,不存在因为主体差异可能会出现的主观性。内在探索的过程虽然在继承前代经典文献上与外在探索有一定的相似性,但从本质上来说是完全不同的。一些失败的探索过程就在于将外在探索的方法运用到内在探索的过程中。如果将内在探索的过程仅仅停留在一种对古代文献进行知性的把握上,可以说内在探索的旅程尚未展开。当然对古代文献进行语言学方面的解读是一种近似于外在探索的过程,然而一旦从语言本身深入到义理的实际所指就立即超越其原来的位置。

人们往往倾向于将儒家思想理解为一种道德伦理学,从一个角度上来看,的确有一定的合理性。然而,儒家思想从本质上来说更是一种道德自觉,特别是宋明理学在这一方面做出很大的努力。道德自觉本质上是一种个人积极自觉地对道德终极意义的内在探索。在儒家文献资料中自然有很多道德原则,但对于这些原则则可以有不同的态度。如果仅仅做一种知性的理解,就只是一种知识,与外在的知识无异。外在知识的丰富程度与其道德水平的高低没有关系。从另一角度来说,道德自觉并不是从外在知识中获得的,即所谓的"德性所知,不萌于见闻"。故而衡量一个人的道德水平完全不在于其言论水平的高低(“所言”),而在于其是否切实地落实在践履当中(“所行”)。对道德原则的真切理解与一个人的记忆水平无关,而与一个人对自己生命价值的内在探索息息相关。对自己进行内在探索也并非是一种封闭的探索过程,与个人直接面对生命、面对外在不可分割。从理学的角度来看,特别是程朱理学,将外在的天地之理与内在的人物之性完全统一起来。实际上,从哲学的高度上来看,外在的探索与内在的探索本身也不是截然相反与相互排斥的。在古人看来,单纯的外在探索是没有终点的,而内在的探索则有其终极目标,两者可以相辅相成,达到对自然法则与终极的道德法则的彻悟。朱子的格物说正是采取这种辩证的方式来进行论证的,从一个角度上来说是亦是其对中庸原则的应用。

道德规范要求人们去遵守,而道德自觉则强调人自觉地认识到道德的终极价值。规范只能是一种教条式的外在约束,有其便利性,但也有很大的局限性。道德自觉则具有很大的主体差异性,不同人在具体实现过程中具有很大的不同。道德自觉本身的探索过程难以用言语来描述,可以说每一个人的探索都具有其自身的特色。一个人往往要结合自己对现实生命的真切体会才可以自觉到道德的终极价值。在很多情况下,一个人往往要通过错误才可以认识到道德的真切存在。从理论与逻辑上可以完全否定道德的终极价值,但在一个人自身的切实感受中则无法否定。当然一些习惯风俗造成的具体道德规范可能不同,但原则性的道德价值则具有普遍的意义。比如,大公无私是一个很重要的道德原则,可以作为一个教条来要求人做到,如果僵化与教条化的滥用甚至可以严重束缚一个人的思想与行为,但作为道德自觉则需要一个人自身通过对生命与自我的深度探索理解到其终极价值,而一旦成为一个人的道德自觉则可以用无穷无尽的不同语言方式进行表述。爱因斯坦有一句名言:“一个人的真正价值首先取决于他在何种程度上和什么意义上把自己解放出来。”然而仅从外在行为则很难判断一个人是否是由道德自觉出发的。有可能是对此原则的教条式遵守,有可能是对此原则的盲目性追随,甚至可能打着此原则的旗号完全为了达到其相反的目的。同时一个真正具有对大公无私道德自觉的人,其所作所为反而有可能被误解为出于自私,《孟子》中就澄清了一些对圣人某些行为的误解。所以要达到大公无私的境界,仅仅依靠知性理解远远不够,是需要一个人在生命当中对自己的价值进行深入探索才能彻悟。当一个人从自己的生命当中切实地认识到自我的虚渺与无意义,就能够知道自己生命的价值指向他人,生命的真正意义实际上在于奉献,只有如此,一个人的生命才真正是有价值的。当然这里的利他精神并不否定利己,但利他是终极的。在一定意义上说利他与利己相辅相成,利己的终极目标在于更好地利他,而利他又反过来完善了自己的生命价值,也是一种狭义的利己。只有个人通过自己的独特的体会与实践,经受独特的挫折困难才能够真正达到道德自觉,而终极价值又具有普世性,所谓"同归殊途,一致百虑"。道德原则可以僵化为教条,对人的思想产生重大束缚,甚至需要从这些道德原则的反面才可以解脱这种束缚,所谓"矫枉必过正",而这些道德原则本身并没有错,关键在于如何运用这些道德原则,正所谓刀可以利人可以害人一样。道德原则虽然不是一种工具,但却是一种有用的指导,是一个人在道德自觉的探索过程所要达到的目的,可以减少人们在道德实践过程中的盲目性,然而如果使用不当,以目标代替过程本身,则会给人带上沉重的精神枷锁。

所以,内在探索往往就是一方面要继承前人留下的文献资料中的宝贵经验,另一方面则要积极地结合现实的需要进行真切体会。对于具体的经典解释来说,就是一方面尊重文本、尊重历史,也就是尊重文献自身,另一方面又要强调其真实意指,强调现实价值,也就是合理的当下关照。前一方面要对历史、文本进行尽可能的客观的梳理与理解,后一方面则要对历史、文本从实际出发来探索其真理层面的义涵,从而解决现实中遇到的独特问题。当然历史、文本也要从解释的基本法则出发,理解为在历史特定语言、文化环境当中的特殊表达。从现代意义上的理解原则来看,本身对历史、文本做出类似科学的、客观的、一致的理解是不符合人文科学的独特性的。主体的差异自然会造成对同一历史、文本产生种种不同的理解。然而这种理解却绝非是一种任意的理解。对历史、文本需要借助对之进行理解的语言等方面的基本工具。以期能够在多角度、多层面对历史、文本进行准确的理解是必不可少的,任意的、完全主观的倾向自然是要竭力反对的。从解释角度来看,历史文献本身就具有面向主体性本身的多元结构,而作为解释的主体又具有种种的差异,其解释的结果也不可能不打上主体的一定色彩。但解释本身的主体性绝非是真理层面的任意性,恰恰相反,理解可以是多元的、主观的,但从真理层面来说,只要是正确的理解其真理意义都是统一的。实际上,理解的多元性与主观性是由具体的主体、时代、地点等决定的。时代、地点的不同造成了语言文字、所处环境、所面临的问题等不同,而理解本身又要求理解必须是结合具体时代、地点、语言文字等进行理解,以理解根本真理为最高准则。这样真正的理解必然是一种思想上创新,在理解的过程中,针对时代、地点、语言文字等,甚至主体本身做出重新的构造。在这个过程中,一些因时代、地点、语言文字等失去其现实价值的东西或被淡化,或被忽略,或被抛弃,一些因时代、地点、语言文字等具有很强现实价值的东西或被改造,或被强化,或被增入。

真理在于其鲜活性,其基本原则是永恒的,但其具体的表现则是无穷的,特别是向内探索的真理更是如此。文献资料是固定不变的载体形式,其中的真理绝非其具体的语言表述。在一定意义上说,真理与语言无关,真理用语言表达出来绝非真理本身,对真理的这种语言表达,一方面可以有助于人们认识真理,但另一方面也可能使人们落入谬误。真理作为真实的现实情况,需要一个人真真切切的当下体悟。一旦付诸语言,就有了指代与所指之间的关系问题,而这一关系往往会造成脱节。脱节的原因在于传播的过程可能导致失真,从解释角度来说,体悟真理者付诸语言的表达过程与从语言到理解者本身的理解过程两者都需要很高的技巧。正所谓"谁不认识某物,谁就不能从它的词得出它的意义"①,理解者必须结合事实本身来理解语言中所指代的真理。一个极端的说法就是,真理如果能够不失真地传达给理解者,那么理解者必须是已经知道这个真理的人。所以理解水平的高低其实不取决于理解过程本身,而在于理解主体掌握真理的程度。掌握真理的程度则在于直面现实,对生命价值的体验与实践。当然真理也是有很多层次的,文献资料也并非皆指代终极真理。所以对文献资料的理解与自己的体验本身并不存在先有鸡还是先有蛋的循环悖论。适当的文献资料可以指导人在实际的体验与实践过程中更进

① M.路德之语。转引自伽达默尔:《真理与方法》,第241页。

一步的深入。站在已经了达某种真理的角度上来看，过去用语言表述的这种真理则可以重新进行符合现实的表述，解决现实当中的新问题。从对文献资料的把握中理解其真理，而在理解真理之后又对文献资料做出符合现实需要的重新解释则是完全符合解释的基本要求的。在这一过程中，一方面作为继承要对经典进行解释，另一方面作为发展则要在解释的基础上根据现实需要进行合理的发挥，从而形成一种思想层面的创新。

一、层次性

解释具有的层次性其实是语言中蕴含的多种层次。[①] 在古代，人们早已认识到语言中有种种层次，如言意之辨等。荀粲主言不尽意说，欧阳建则认为言可以尽意，王弼则特别强调意的无上性，主张得意忘言。王弼的言意理论成为当时思想的主导方向。两汉时期的经学注重从文字层面精确地理解经典原义，成就很高，个人若能在此基础上把握经典的精神实质则并无妨碍。但经过长期的发展，片面地重视经文原义使人们舍本逐末，惟在表面文字上穷求，相关的知识很多，但对经典所表达的精神则忽略了。魏晋之际，随着汉代的终结，教条主义与烦琐哲学走上末路，人们急切渴望突破经典中文字章句的限制，进而能够把握经典的言外之意，即经典的精神实质。王弼的得意忘言成为新思想产生的重要理论武器。

实际上，具体分析来说，言意的"意"当中还有多个层次，在朱子的解释思路中则存在更为复杂的层级结构。《四书章句集注》中经常提到言、义、意、心、道等经典解释的层次。《四书或问》可以说是一部朱子专门对《四书章句集注》的解释方法与思想的说明之作，其中更为广泛地探讨经典解释的这些层次。通过对文本中圣人之"言"的考察，进而求得圣人之"义"、"意"、"心"，以及最根

① 朱子在解释方面具有的层次性已为学者广泛关注。如周光庆的《朱熹〈四书〉解释方法论》指出朱子的解释方法的层次中有语言层次、心理层次。朱汉民的《言、意、理——朱熹的〈四书〉诠释方法：语言—文献》认为朱子诠释有圣人言、意、天地之理三个层次。潘德荣的《经典与诠释——论朱熹的诠释思想》认为朱子在理解过程中是由经文原义、圣贤原意与读者所悟之意三者依次递进，目标在于这三种意义的整体圆融和谐的理。

本的“道”，而对这些层次的揣摩成为对诸家取舍的标准。而朱子的经典解释有一个理想就是通过朱子的解释将“理”蕴含在“经文”之中。如：

某集注《论语》，只是发明其辞，使人玩味经文，理皆在经文内。(《语类》卷19，《全书》十四，656页)

理是最为根本的真理，朱子设想能够通过自己的解释，直接让读者从经典原文深达根本的真理。这一点是朱子的主观努力与宗旨所在，也正是这一点促使朱子能够在经典解释的基础上进行思想创新。

将朱子解释的层次分为言、义、意、心、道等五个层次当然是一种基于朱子著作对朱子解释思想的重构，或许可以分析分为更多层次或更少层次。言、义、意、心、道等五个层次有时候明确区别起来有一定困难，如言、义、意可能有一定的交叉，心、道在一些情况之下往往所指相同。言的层面指经典本身的文字符号、语言表达等，其中有各种文辞、事实、概念等，具有最强的客观性，是一种类似外在探索的过程，可以以类似科学手段来进行研究。义的层面亦有一定的客观性，与言紧密的结合在一起，此处指文字符号、语言表达的原义，已经具有了一定相对性，往往不同的人根据上下文对文本原义会有不同的理解。意的层面可以说是义的进一步深入，深入到更为深层的文字符号、语言表达的意蕴。心的层面是探索文字符号、语言表达等作者的本来意图，可以说是一种心理层面的探索。理的层面则回到真实本身，试图将语言文字所要意指的真实实在说明出来，是解释的根本目的所在。言、义、意、心、道等五个层次是一个逐渐深入的层次，可以用下图形象的表示：

底层是言,最高层则为理。下面详细分析各个层次的主要内容,并以对“克己复礼”的解释为例进行简单说明。

1. 言

语言是经典解释的最基本的层次,也是经典解释的出发点。面对经典首先遇到的就是经典的语言表层。语言中的文字符号、语言表达等成为解读经典的第一层障碍。即使是处在同一时代,不同的地域、文化背景等仍然可以造成语言层面的障碍。对于不同时代而言,其相应的外在环境迥异,语言层面也是很大的一层障碍。语言往往随着时代的变化发生着种种改变,即使在力求言文分离的古代,不同时代的语言风格仍然是有很大差别的。所以仅从语言文字来深入其义理而言,首先就要攻克语言文字这层堡垒。准确的理解经典的语言是第一步。古代围绕这一目标产生一些专门的学问,如目录学、版本学、校勘学、辨伪学、辑佚学等,也就是古典文献学的范围,这些内容可以做到尽可能的客观,具有最强的科学性质。直接与解读语言层面有关的则是文字学、音韵学、训诂学等。这些部分是传统中所说的“小学”,这些学问可以具有较强的科学性,与文献资料的内容本身耦合性较弱。文字学主要研究文字的性质、造字法、起源、发展、形体与音义的关系、正字法、文字的创制与改革、个别文字的演变等。音韵学主要研究古代汉语各个历史时期声、韵、调系统及其发展规律。训诂学主要根据文字的形体与声音以解释文字意义,偏重于研究古代的词义,尤其著重于研究汉魏以前古书中的词义、语法、修辞等语文现象。文字、音韵、训诂可以极大地扫清文献资料在语文解读方面的障碍。

朱子本人“窃好文字章句之学”,对语文解读方面下过很大工夫,在扫清“四书”原文语言文字方面的障碍起了很大的作用,也正是在这一点上他能够超越之前的理学家。从《四书章句集注》来看,传统意义上的各种解读手段他都能娴熟地使用。朱子在对“四书”的语文解读上全面超越前人,是理解“四书”原义的一大跃进。在这一点上,朱子与当时理学解读经典的风气迥异,能够建立在深入理解原文本义上,进而渗透其理学思想是朱子在“四书”解释方面的一个显著特色。

在朱子看来,“四书”中多记录圣人之言,所以在解释的过程中特别在意对言的层次的考察。如《四书章句集注》中有：

圣人之言，逊而不迫。（3.13 注）

夫子之言，盖因其失而救之。（7.10 注）

圣人之言，上下兼尽。（9.7 注）

盖圣人之言，虽有高下大小之不同，然其切于学者之身，而皆为入德之要，则又初不异也。（12.3 注）

修己以敬，夫子之言至矣尽矣。（14.45 注）

仔细分析，此处所引之"言"实际上包含了后面的一些层次，但其出发点仍然是语言文字本身。语言文字是在理解圣人境界首先遇到的一个层面。如何理解圣人之言是解释经典首先需要解决的问题。

以对"克己复礼"的解释为例，朱子释为：

克，胜也。己，谓身之私欲也。复，反也。礼者，天理之节文也。（12.1 注）

朱子对"克己复礼"的解释具有很大的创造性，是富有时代性的一个体现，主要原因是克己复礼与仁的境界紧密相关。所以从词义的角度来看，朱子是有意在语言文字层面将"克己复礼"的原义与"存天理灭人欲"凑近。朱子对"克己复礼"的字义解读显然是有意的，与其对仁的境界、圣人之心、天地之理的理解息息相关。但由此也可以看出，朱子是期望通过在对原文的理解基础上建立富有时代性的理学思想的。

2. 义

言仅仅是语言文字的表面。语言文字皆有其义，义是对言的本义的把握。《四书章句集注》中有：

此释上文之义也。（1B.4 注）

《或问》中“义”的层次是评价诸家之说的一个标准,如:

> 然喻字之义,惟吕氏之释得之。(《或问》,《全书》六,694页)
>
> 大抵诸家皆不解此句之义,故其说多不通。(《或问》,《全书》六,700页)
>
> 诸说大意皆善,但其文义之间不能无可疑。(《或问》,《全书》六,965页)

上面提及的训诂的主要目的可以说就是寻求经典文本的原义。原义简单来说就是经典文本的字面意义。寻求文字的字面意义显然需要借助文字、音韵、训诂等手段。理解文字字面原义是理解文本深意的关键所在。

理解经典的原义往往也要与其作者所处的时代等因素联系起来。到底什么是经典文本的原义往往会因人而异,对经典解释的不同向度往往会对原义产生不同的理解。如果特别强调对文本历史原义的把握,其难度在于古今语言的巨大差异是难以较为全面地确定经典文本中词义的丰富内涵的。个别具有代表性的概念范畴由于其抽象性已经无法准确确定其义涵,这样如果片面追求文本历史原义可能就会流于肤浅表面,这样的理解看似是一种较为科学的理解,但未必是经典文本所要表达的真实意指。反之,如果特别强调对文本当下现实的关怀,其难度在于理解的主观性渗入程度难以准确掌握,可能会流为一种主观任意的理解。个别具有代表性的概念范畴可能会对应于现实中一些并非准确的概念。片面地强调文本的现实性原义则往往会产生对语言文字之学的漠视,形成望文生义之类的弊端。

对字面意义的理解并不是文本字义或词义的简单串列,与上下之文,乃至整篇之义皆有很大的关系。人们很早就意识到理解某一具体文本的原义往往要放在整个文本的语境中去理解。文本整体的意义基于每一具体文本的意义,而每一具体文本的意义又要服从于对文本整体的理解。整体与部分之间往往是一个循环过程,这种循环往往也需要进行多次才可以完成对经典文本的较为准确的把握。

即使是要对经典文本的原义进行改造也往往要建立在理解其原义基础之上。原义与其字面意义有很大关系，但又需要结合整个文本才能明确确定。当然有的时候由于文本本身具有的歧义性，字面意义往往有多个，其原义无法确定。对经典文本的原义进行改造实际上就是依据现实的需要从更高的意义层面出发对经典文本进行重新阐发，从一定角度来说其实就是对文本意义的一种有意识的重塑。这样改造过的原义与其字义的简单串列可能会有很大不同，也可能会遭到其他理解者的质疑。

以朱子对“克己复礼”的解释为例，朱子以“克”为“胜”，以“己”为“身之私欲”，以“礼”为“天理之节文”，串联起来意思就是，战胜身体的私欲复归到天理的节文状态，这很难说就是“克己复礼”的原义。朱子之所以这样理解，是因为将“己”理解为自己，将“礼”理解为礼仪本固无不当，但难以与仁的境界沟通起来。无论如何，使自己的行为符合礼仪的规范难以说明就体现出仁者的境界。所以朱子深入己、礼的深层意义，期望以此挖掘出“克己复礼”的真正本义。在朱子看来，“礼”绝非是一些礼仪制度的表面形式，而是其中所要体现的精神内涵，所以礼在这里不是其通常的意义，而是更深的精神内涵。“己”亦如此，为什么要使自己复归于礼的根本精神内涵呢，就在于自己有一些行为无法做到礼的根本精神的要求，这些行为在朱子看来就是人自身受无意识所支配的私欲，这些私欲是人达到大公无私的仁的境界的障碍。在这样的情况下，朱子将文本的原义进行了创造的深入，也对其表面字义进行了加工改造。

3. 意

意则是在言与义的基础上的更深一层次，指语言的意蕴与意指。朱子引二程之语的《读论语孟子法》中有：

> ……则圣人之意可见矣。
>
> 凡看文字，须先晓其文义，然后可以求其意。未有不晓文义而见意者也。

阅读经典文本目的是求得圣人之意，而求得圣人之意则要以晓其文义为前提。

《四书章句集注》亦有：

公西华仰而叹之，其亦深知夫子之意矣。(7.33 注)

《或问》中“意”则是评断诸家之说的一个更重要标准：

恐孔子之意，未必及此也。(《或问》,《全书》六,707 页)

孟子本文之意，似不如此。(《或问》,《全书》六,710 页)

杨氏过高无实，则其失圣人之意又益远云。(《或问》,《全书》六,712 页)

若吕氏之语，则亦皆未足以明圣贤之意。(《或问》,《全书》六,714 页)

此类甚多。

实际上，对经典文本原义的理解往往会受到其意蕴的制约。对意蕴的深入首先是要建立在对原义的理解上，然而其表面意义的建立又须在整体层面上的深入。例如在《论语》中，孔子对弟子的回答往往是因材施教，对其他人的疑问的回答也往往会因地因时而有所不同。这就要求理解者在理解的时候把握孔子说话的意图，这样才能穿透语言文字的表层意义，深入到其中所蕴含的意指。这种结合具体情况所进行的具体理解给予文本理解更大的灵活性。当然可能会造成与原义有所差异的理解，但也绝非是任意地抛弃原义的主观臆断。

对意蕴的探索可能会带上强烈的主观性，有所谓的仁者见仁智者见智的可能性。语言文字是固定的，虽然因为不同版本、流传过程等原因会造成一定小的差异，但往往难以对其意旨有大的影响。对意蕴的把握则有较强的主观性，即使是同一个理解主体，随着其对生命体悟的不同对其意蕴的把握往往会有很大差异。对文本所作的机械性理解一般只能达到文本原义的一个层次，要更为深入地理解其意蕴则需要理解主体自身对相对应体验的经验。不同的经验本身造成了对意蕴把握的一定差异性。

从作者角度来探求其意就是探求其写作或说话的意指。朱子往往强调的圣人之意就是探求圣人之所以如此言论的意图所在。圣人之所以不同于常人有其独特的思维方式与理解结构,其之所以如此言论可能会有其独特的意图在背后支撑。要对此意图进行准确把握在极端意义上说往往需要已经达到圣人境界作为基础。当然也可能理解者否认其所谓的圣人境界而采取常人的思维方式,那么这样探究出的原言论意指可能就打上明显常人的烙印。在朱子的理解结构中,显然是从对言论主体为圣人的假设出发的,所以其言论意图自然要与其对圣人的理解贯通起来。

对文本意蕴的探索往往离不开解释者自身的相同体验。要探求文本意蕴需要对文本所指代的体验进行过类似的经验。之所以理解主体对理解对象做出某种判断其本身也都是立足于理解主体自身的体验,往往与理解对象并没有客观上的联系。所以要对理解对象进行较为准确的理解就需要尽可能的排除自身所强加其上的主观性,同时借助自身类似的体验进行体会,特别是对于古代蕴含丰富的对生命体验的经典文本。脱离了自身体验的理解过程就只能沦为一种知性上的对文本文字的记忆,与文本所要达成的意指亦是相反的。

意蕴往往会与原义产生一定的距离。既然意蕴代表更为深层的意涵,这就往往与表达此意的文字本身产生了一定的距离。这其实也是语言艺术的一种体现形式,以文学作为体裁的经典文本更是如此。意蕴之美往往也表现在其因理解主体的不同而略有差异。这种差异为文本的解释提供了丰富多彩的广阔空间。意蕴是难以直接从文本推演出来,但同时也不能够离开文本任意推演,可以说是基于文本的合理性发挥。

再以朱子对"克己复礼"的解释为例,朱子将其理解为:

> 盖心之全德,莫非天理,而亦不能不坏于人欲。故为仁者必有以胜私欲而复于礼,则事皆天理,而本心之德复全于我矣。(12.1注)

这可以说是朱子在体会圣人之心、圣人之道之下做出的对"克己复礼"意指的发挥。这样的推演显然印上了时代的鲜明色彩。朱子本人曾深入禅学，对禅学的精髓有自身独特的体悟，对禅学无欲的本质自然也有一定的理解。所以朱子以“存天理灭人欲”的解释框架来解释仁的境界显然也要打造出一种富有儒学特色的无欲境界。朱子的无欲境界，是一种无私欲的状态，有天理的制约，这样就在很高的程度上提升了儒学的心性论水平，同时明确地描述出富有时代特色的仁的境界。

4. 心

言、义、意更多还是从经典文本中出发的，而更为重要的是能够体会圣人之心，这可以说是经典解释的一个目标。《四书章句集注》中多有对圣贤之心的体察：

> 圣人之心，浑然一理，而泛应曲当，用各不同。（4.15 注）
>
> 颜子之心，惟知义理之无穷，不见物我之有间，故能如此。（8.5 注）
>
> 此见圣人之心，纯亦不已也。纯亦不已，乃天德也。（9.16 注）
>
> 有志于学者，求圣人之心，于斯亦可见矣。（15.41 注）

《或问》中能否发明圣人之心成为诸说高下的重要标准。如：

> 谢说有病，圣人之心岂其若是之支哉？（《或问》，《全书》六，743 页）
>
> 若如诸家之说，则孔子坐视童子之逾僭而恬不之正，岂圣人之心哉？（《或问》，《全书》六，744 页）
>
> 古今为说，迂回赘附，失其文字之本意，而于圣人之心又不能有所发明，由不察乎此而已。（《或问》，《全书》六，965 页）

对圣人之心的体察其实是对圣人境界的一种体察。这种体察需要对圣人境界有一定的体悟。朱子本人并非是纯粹的理论家，其所建构的理论并非与自己的体悟完全没有关系。朱子追求的理想是内圣外王的境界。内在达到大公无私的仁的境界，外在真正实现治国平天下的天下为公。朱子为学的目的就是成为圣人，而圣人的境界的一个体现就是绝不以圣人自居，相反，境界愈高，其心愈谦，行愈恭。朱子一生其实也处处以圣人的标准要求自己的言行，对圣人之心、圣人之道进行了孜孜地探索。

对圣人之心的体察类似一种心理学的解释。心理学的解释假设人心具有类似的理解结构，也就是在面对类似情况往往会以类似的心理过程来处理，所谓人同此心。大致相似的心理理解结构是人们能够进行对话的基础。对圣人之心的体察从一个角度来说就是对言论主体的心理状态做出一定的推测。不同时空的人在物质生活、政治环境等方面可能有很大的差异，但个人的生命结构并没有本质上的变化，这就形成了类似的心理结构，不同时空在心理层面进行交流就是有可能的。一旦要求理解文本要深入到心理层面往往就能够引起广泛的共鸣。一旦文字表面的义涵被穿透，其深层的心理触动则与语言文字本身没有关系。朱子在读书法当中特别强调切己，就是要理解主体能够穿透语言文字，切于自身从心理层面来体会文本的意义。比如“学而时习之，不亦说乎”，其文本原义不难理解，但要体会到学习的快乐则必须落实到心理的体验上。一个废寝忘食地投入学习中的人可能才会真正体会到此句的深意。

对圣人之心的体察要求更高层次的超越文本本身，跨越时空的距离，从而能够达到对文本理解更高程度上的一贯性。一种对文本所言落实到自己心理状态的要求自然就能够突破时间与空间带来的差异，在这个过程中，想象往往是必不可少的。朱子读书法中强调的设身处地的想象就是期望能够达到心理层面的共通性。通过对圣人之心的体察可以抹平文本表面看起来的种种差异。在《四书章句集注》中，圣人之心是具有一贯性的理论假设。朱子《四书章句集注》虽然在原义解释方面受到后代的种种质疑，但其在义理的系统性方面则前无古人后无来者，很大的原因就在于其以体察圣人之心为根本宗旨，所以其义理结构具有高度的统一性，各种差异的文本皆服从于这种统一性。

对圣人之心的体察极大地受到理解主体的制约。对心理的体察是最富主观性的，本身心理并不能够用外在的尺度进行衡量，即使现代心理学在个别心理反应上取得了很大成就，但是要对圣人之心进行测量仍然是天方夜谭。实际上，代表道德水平高低的心理是无法用仪器来测量的。主体本身具有的心理状态可以极大地映射到其所解释的对象上面。对于普通理解主体来说，自己的境界水平往往决定了他们所理解的圣人境界水平。在《四书章句集注》中，朱子反对那种以己心度圣人之心的做法，但在实际中这种做法则不可避免，以圣人之心来度圣人之心只是一种奢谈的想象。

理想的对圣人之心的体察是真正意义上以圣人之心来体察。在解释过程中，解释主体的境界高低是理解行为的决定因素。理解主体不可能理解自己本不知道的境界。只有理解者水平相当于或高于作者水平时理解过程才可能成为成功的理解行为。以圣人之心来体察圣人之心是理解的理想要求，但其中有一个悖论存在。从境界的提高上来说，既然已经达到圣人的境界，又何必去理解其他圣人的境界，除非是一种必要的印证手段。也就是说，理解过程本身要求理解主体与作者在境界水平上处于同一层次，但实际上如果理解主体与作者已经处在同一层次，理解过程本身就成了多余的。所以在实际操作层面，理解圣人之心要求的是一种按照圣人要求的心理状态来理解就已经是难能可贵的了。要真正理解圣人之心要求个人自身在生命探求过程中不断在践履中提高，以其境界作为指导而相印证。

以对"克己复礼"的解释为例，体察圣人之心就是体会孔子在面对颜回问仁的情况下为什么以克己复礼回答，其中体会孔子在心理层面的出发点。朱子以大公无私之心为圣人之心，仁者的境界自然是要达到一种无私欲的状态，在这样的状态中虽然可以"从心所欲"，做到了"不逾矩"，但是实际上"矩"仍然起着约束的作用，所以礼就是其中必不可少的约束手段。朱子体察孔子之心，得出自身的局限性就在个人的私欲，礼则是天理的具体表现，由此朱子做出了新话语的替换。

5. 道(理)

道(或者理)乃是经典解释的根本目标。《四书章句集注》中有：

> 程子曰："学以至乎圣人之道也。"(6.2 注)

也多有对圣人之道的描述，如：

圣人之道犹天然，门弟子亲炙而冀及之，然后知其高且远也。（7.23注）

圣人之道，更无精粗。从洒扫应对，与精义入神贯通只一理。（19.12注）

在朱子看来，圣人之心与天理是统一的。

圣人之心，清明纯粹，天理浑然，无所亏阙。（《或问》，《全书》六，551页）

圣人之道就是与天理的贯通之道。道是具有绝对的客观实在性的。虽然对圣人之心的体察往往会因主体的差异而不同，但是圣人之道则不容有异。道本身要求一种客观性的认识，虽然是认识主体对认识客体的一种彻底性明了，但本身具有很强的一致性。圣人之心因地因时可能有种种不同，但圣人之道则是永恒不变的。任何个体达到了对道的明了也就是达到对真理本质的明了。达到道本身需要个人在内在探索过程中对整个生命与宇宙价值的了达。了达的过程可能会因为主体的差异有种种不同，但其达到的结果则总相同。这种设想为先代哲人所承认，是一种对道的终极体验，无法用逻辑与理论来证明，即所谓“人同此心，心同此理”。

道是解释的终极目标。追求道是特别以四书文本为中心的解释的根本目标。在朱子看来，“四书”当中蕴含着儒家所主张的大道。学习“四书”文本不是抽象地学习一种理论，而是要切切实实地将其中的道理进行体会与领悟。最终所达到的道不仅包括了对万事万物本质的明了，而且对自身生命的价值也彻底的明了。不以此为最终目标，其他的任何解释思路都是不足或片面的。学习主体所预定的目标的大小决定了其最终能够达到程度的高低。以“四书”为儒家大道的载体，以达成此大道为终极目标就是朱子在解释《四书章句集注》中的前提预设。

道也是重新解释的根本依据。朱子之所以能够自信地对“四书”原文进行富有创新性的改造，其中一个原因就在于他自信自身已经达成此道。从而在此道的角度出发对“四书”文本做出符合时代性要求的新解释。以道为根本依据是出于解释表达的需要。朱子对“四书”的解释不是一种零起点的理解过程，而是站在掌握儒家大道的高度上对儒家义理所进行的重新组合，其理想是通过他自身的解释直接从“四书”文本当中理解到儒家的道。实际上，从最高意义上的道出发，建立在解释方式上的重新表达就是一种创造过程。这种创造过程寓创新于继承，寓体系建构于文本解释。从另一个角度来说，朱子是借助“四书”文本达到儒家大道，从而又反过来用儒家大道来重新解释“四书”文本。前者可以说是理解的过程，后者则可谓是表达的过程，两者统一起来形成了解释行为的全过程。

达到了道就可以对原文进行最大程度的改造，甚至完全与原文本义相反。文本本身并没有生命，只有在理解的过程中才获得了其生命。一般意义上的理解是对未知事物的了解，这样的理解本质上是失败的理解。成功的理解恰恰只是对其本来已知事物的再认识，所以一旦达到了道，文本本身的局限性就可以突破，从极端的情况来说，可以从道的高度对原文文本做出完全相反的阐述，但仍然不失其中仍然体现道的法则。道本身是完满性的，富有整体性的，脱离了一切二分的结构，而语言则必须用二分的结构来阐述。道与语言之间的鸿沟则需要通过一些手段来弥补。比如孔子采用的不拘一格的教育方法其实就是针对各异的具体情况所作的因时因地因人的权宜之策。这样，只要符合道的法则，文本本身的意义则可以做出千差万别的解释。当然，在《四书章句集注》中，朱子并没有走向这个极端，而是竭力在文本的原义基础上发挥其大道的理论，而那种虽符合大道，但不符合原义的解释则受到朱子的摒弃。

朱子自信自己就是道统的继承人，所以从道的高度出发对原文进行重新的改造，体现出其思想上的巨大创新。在朱子的解释结构当中，道统理论是其指导思想，其中自然蕴含着他对大道具体为何物的理解。朱子以《中庸》为孔门传授心法，上与尧舜禹传授心法相通，下启二程的思想。他找到了其中一以贯之的理论核心，以“存天理灭人欲”为富有新时代意义的道统新内容。在解释“十六字心传”时，朱子用天理与人欲的解释框架将“十六字心传”与《中庸》

的思想会通起来。他还用天理与人欲的框架来解释“仁”等儒家核心价值。这样，朱子就能够站在道统所蕴含的大道角度对整个“四书”文本进行统一性整合，在解释的基础上发挥其理学思想。

以“克己复礼”的解释为例，朱子认为其中是“传授心法切要”(12.1 注)，所以从“存天理灭人欲”中所蕴含的大道出发对“克己复礼”进行解释，甚至还改变了字义的一般解释，做出富有创新性的发明。当然，如今“存天理灭人欲”中的思想已经在一定程度上被扭曲，需要做出符合其历史实际的现代新诠释。但不可否认朱子是从儒家之道的高度来理解“克己复礼”的。

二、向度性

经典解释具有向度性，也可以说是侧重不同的解释方向。从古至今，很多人意识到解释具有的某种方向性，特别是历史向度与现实向度。[①] 仔细分析起来，其实还有多种不同的向度，比如下述的理解向度与表达向度，文义向度与意蕴向度，经典向度与真理向度等。这种种向度与理解的层次性有紧密的关系。解释本身有多种层次，面向于其中某一层次自然会形成不同向度的对立。此处的分析不可避免地要与上一节的分析有一定的重合。

区别不同的向度有利于区别不同的解释。不同的解释往往侧重并不相同，仅从解释来说并没有大的区别。比如从思想发展的历史来看，历史向度的解释作品基本是没有多大价值的。但是从对文本本身探索的角度来看，现实向度的作品又基本上没有参考价值。举一个极端的例子，对一个已经理解文本中真理的个人，只有历史向度的解释作品才是最有价值的。当然此人可以在理解文本历史向度之后创造出优秀的现实向度的作品。但是对于尚未认识到文本中真理的人来说，历史向度的作品相反地树立起一堵不可跨越的厚墙，这样现实向度的作品就能够更好地为此类理解者服务。所以，不同向度的解

① 很多学者已经意识到解释的方向性问题。近年有刘笑敢《诠释与定向》一书，认为中国哲学研究在方法上要有解释的方向性意识，特别指出有历史的、文本的取向与现实的、自我表达的取向两种定向，而“六经注我”、“我注六经”以及“郭象注庄子”、“庄子注郭象”就是这两种定向的古代形式。关于这两种向度，有各种不同表述，参见刘笑敢：《诠释与定向》，北京：商务印书馆 2009 年版，第 62—63 页。

释本身并不存在明确的优劣,但针对理解者而言则会有很大的差异。

在解释过程中,有必要有对向度性的自觉。一般来说,解释者与理解者是不同的。解释者可以说是在表达向度上来说的,理解者则是在理解向度上来说的。对于解释者而言,如果他可以洞穿文本中的真理,那么他可以采用任何向度的解释。反之,如果他不能够洞穿文本中的真理,那么往往他只能采用对立向度中前一种向度。当然一般来讲,能够洞穿文本中的真理,而采用现实向度、真理向度等是比较困难的。这里就需要解释者的真诚与谦虚,如果不能够洞穿文本中的真理而非要采取现实向度的解释手段最终导致的结果就是彻底的谬误。所以在解释过程中,足够的谦逊是必要的。对于解释者而言,往往应该站在自己力所能及的向度上对文本进行解释,其中就包含对解释向度的充分自觉。

向度性本身具有一定的侧重性。各种不同的对立向度之间,并非是完全平等的关系,特别在古代不同的时代,往往会侧重于不同的向度。比如宋明时期,现实向度往往受到更多的重视,而在清代,历史向度则成为主流。整个古代,意蕴向度较文本向度更受到人们的关注。宋明理学中陆王心学较程朱理学更重视真理向度。

不同的向度之间本身的界限是模糊的,很难截然二分。向度的区分只是一种权宜之策,不同向度往往是相互融合的,没有一部作品是纯粹的某个向度。即使是任意发挥的纯粹个人性的作品其中也有取材于历史的成分。相反,一部纯粹的文献考证著作中的问题意识也可能与当下的现实需要有一定联系。真理向度上的作品往往更积极地利用经典文本中资料来印证,经典向度上的解释也可能会包含作者对真理的一瞥,因为即使纯粹的谬误中也有真理,因为谬误往往也是真理未处理得当的表现。

1. 历史向度与现实向度

经典有解释的必要,就在于其内容有被后代学习与应用的必要性。经典本身有其产生的时代背景,也就是任何经典都必定是特定时间与空间中的产物。当时间与空间发生了改变,其内容就有了解释的必要。时空的不同,造成语言本身的发展变化,以及不同时空中所面临的问题的不同等。

历史向度就是从文本所处的具体时空来思索其内容。文本所处的时代背景成为理解文本的关键因素，所强调的是对历史本身的还原。历史向度追求对文本本身进行客观的研究与分析，目的在于求得历史的真相，富有较强的科学精神。注重从文本原义出发，进行朴素的解释，不作过多的发挥，得出相对较为保守的解读。可能会对文本的义理进行重构，但目的完全是为了更好地再现其本身的理论。

现实向度则指解释的目的在于从文本中发掘能够解决当下现实问题的内容，对于其过时的思想则予以抛弃。现实向度必定注重把握文本的精神。以现实为导向的解释自然以现实的眼光对文本进行取舍，建立起立足于当下、现实的理论，较文本本身更有系统，更哲学化。

历史向度的作品其实也是有一定的现实取向的。历史向度的解释也绝非是抽象的脱离现实的解释。在历史向度上，可以用训诂的方法对文本原义进行重新表述，其中的理解自然也渗入对现实的体会。实际上，在任何理解过程中，必定会掺杂着实践性的要求，否则任何对文本的理解都是不可能的。任何理解本身都必须立足于现实经验，没有现实经验的理解是不存在的。

现实向度的解释也不是脱离历史的盲目发挥。现实向度的解释中蕴含的理论结构与思维方式往往要依据对文本历史地探索取得，特别是对于哲学性的文本。哲学本身就是哲学史发展本身，两者密不可分。 种新体系、新理论往往是在历史中某种理论的基础上进行重新整合与梳理而成的。所谓的“新”更多只是同一思想针对不同问题用不同术语、不同方式等的重新表述。

现实向度的作品往往要打着历史向度的旗号。传统具有一定的连续性，已经在一定意义上具有权威的性质。针对现实的新思想固然有强大的生命力，但并不容易得到普遍的认可。这样很多的新思想就是在重新解释历史文本中提出的。现实向度的作品的重要方式就是对历史文本的重新解释，古代很多解释著作都是如此。富有现实精神的著作往往要强调其著作是更好地展现了历史文本的原义。

2. 理解向度与表达向度

根本上来说，解释有两种向度，可以说有理解的向度，有表达的向度，两者都是一种解释,并不能完全等同视之。理解的向度是一个从外到内的学习过程。理解具有不确定性,需要逐步深化,其所追求的目标是理解文本的原义与其中所蕴含的真理,但却也不可避免地带上了理解者的主观性因素等。理解的属性,从本质上是一种对所谓真理的无穷逼近。

表达的向度则是一种从内到外的创作过程。这一过程以从外到内的理解过程为基础,但被认为是达到了一种理想的理解境界,其主要任务不再是对文献的理解,而是将文献本身所蕴含的深义根据不同时代、不同对象而重新表述,从而表达出一种“述而不作”、“时中”的解释精神。这种情况实际上只有少数精英,或所谓的圣人、贤者才能达到。朱子的格物补传中,首先阐述了从外到内的一个过程,就是从积累逐步到飞跃的过程,乃所谓“豁然贯通”。表达则是这种飞跃与贯通之后的解释行为。

理解的过程是“己立”的过程,表达的成果是“立人”的过程。这两个向度的界线当然也不是绝对的。以朱子为例,朱子在学习的过程中,在方便自己吸收以二程为核心的理学解释过程中,也不断地依据自己的理解编写了一些汇编性著作,最终的经典是《论孟精义》等。这些著作在方便自己学习的同时,也融入自己的体会。

理解向度体现继承性,表达向度则成就创造性。理解的过程中固然也有其对现实的关切,完全脱离现实的理解是不可能的,但理解向度则主要是强调对经典本身义理的重构。如果理解向度上的理解本身不具有可靠性,那么其表达向度的创造亦是奢谈。真正的理解方式要求理解能够尽可能设身处地去体会经典本身可能蕴含的义理。如果用一把固定的尺子对经典本身进行截长补短则毋宁说根本称不上是一种理解行为。表达向度则要求理解能够站在自己所切实领悟的真理层面上对经典中蕴含的义理思想等进行符合时代、针对新问题的重构。这样的过程往往就是新思想与新理论产生的过程。

《四书章句集注》作为解释性作品本身是表达向度的,也就是说在表达的过程中对原来文本进行了解释。《四书章句集注》一书的创制是朱子一生参研“四书”义理的经验总结。朱子在理学义理的影响下,对“四书”文本中蕴含的真理进行了体系性的探索,形成多次认识上的跃进,特别是形成中和新说之后，其对四书义理大旨基本确定下来，他剩余的工作就是如何用富有时代特色的理学话语来重新阐述四书中蕴含的真理。朱子采用理学的新话语体系对“四书”思想进行创造性发挥，对其中的概念进行了新诠释，对其中的深意进行了新勾勒。

理解与表达作为解释的两个不同角度可以统一起来。一般来讲，理解向度为一切理解行为所具有，而表达向度只是专业解释者才可能会遇到的问题。实际上，表达行为也是理解行为本身已经蕴含的。广义上来讲，对理解的检验就要依靠表达来完成。

对于理解解释性作品的人来说，包含着对原文与解释文字的双重理解。解释行为本身主要是理解向度上来讲的。历史上遗留下来的解释性作品只是解释行为加上表达方式的一种体现形式。解释性作品本身并非是解释行为本身。这样，分析解释性作品就包含着对解释性作品本身的解释，于是就要考虑到其中的表达因素。

3. 文义向度与意蕴向度

文本本身具有多种层次，文义与意蕴两个层面往往代表了两种不同的倾向，从而形成了解释上的不同向度。古代的言意之辨在本质上实际是对这两种向度的不同的关注造成的。文义与意蕴的具体内容在前面的有关层次性一节已经分析。

文义向度着眼于字词的分析，本义的探讨，更关注于文本本身，与语言符号、表达方式等关系最为密切。意蕴向度则更注重把握文本的义理精神，往往是富有主观性的，是在原义基础上对其深层义涵的探讨。

文义向度的局限。语言符号等具有较强的稳定性，一般不随时空的变化而变化，所以对于文义的探讨往往也相对固定。然而语言本身随着时空的变化发生着或多或少的变化，这就为追溯文义本身也带来了困难，而且时空造成一些关键性富有抽象意义的语汇可能会遭到歪曲。如果此类语汇在新的语言环境中已经消失，则很难重构其本来的原义。当一种语言在衰败的时候是很难理解其处于鼎盛时期的文本原义。一些本身需要理解者具有足够的体验水平的文本对于一般理解者则必定无法达到应有的理解效果。

意蕴向度的来源。一般以为意蕴是附着于文义本身的,实际上并非如此简单。意蕴乃是解释者赋予的,本质上是属于解释者自身的。朴素的看法会认为意蕴是作者附加在文义当中的,但实际上此种所谓意蕴对于解释者来说是不存在的。意蕴是解释者对文本精神的探讨,是解释者对文本依据自身体验的再创造。文本的原义虽然是基础,但在一定意义上只是意蕴的钩子。

文义是否能够穷尽意蕴。了解了意蕴的来源,文义是否能够穷尽意蕴的问题自然迎刃而解。对于富有科学性的说明文来说,实际上只有文义,并无意蕴。有意蕴性的作品带来了理解的多样化与不确定性。单一意义的作品才是所谓言可以尽意的,而富有真理性的作品的意义就不可能是明确的。其中的意蕴可能会因人而异。

注重意蕴向度往往是思想创新的发端。古人较为重视得意忘言,以意为根本,强调对意蕴的把握。认为如果得到意蕴,言语本身就不重要了。在一定程度上来说可以重新用言语来展现。

4. 经典向度与真理向度

解释的经典向度与真理向度是更高层次上的向度。讨论此类向度的前提就是富有真理性的经典解读与建立在经典基础上的真理展现,不含真理因素的作品首先谈不上此类向度。

经典向度立足于对经典的解释,讲求将真理本身蕴含在其历史的、文义的层次当中,通过对经典自身的把握,揭示文本本身的涵义,把其他经典之外的可能空间留给读者。

真理向度则更着眼于对真实的体验,强调穿透语言文字表面直达事实的真相。在真相当中,语言文字的不同不再是障碍,只要是现实中相同的都可以贯通起来。

经典向度强调传统的连续性。经典之所以为经典在于其本身所蕴含的超越时空的特殊价值。个人的理解行为首先总是建立在一定的传统基础之上。通过经典认识到最终的真理,而这种真理与其认识过程中所借助的手段就有了密切的联系。在对真理表达的过程中往往利用经典来扩展其思想内容,但又不以个人的体验来代替经典本身,而强调从经典本身找出正确通达的方式。

真理向度具有最强的批判性甚至破坏性。一旦在真理角度来看，经典本身的框架已经无法容纳其思想内容的情况下，经典就处于下风的地位，经典成为印证其思想内容的工具。经典中的概念等仍然是必不可少的内容，但已经在其真理内容的支配之下进行重新的改造。从本质上来看，真理向度要求突破经典的框架与束缚，甚至对一些原义进行颠覆性的破坏，以达到重新确立其真理内涵的目的。

经典向度与真理向度并非是对立的。实际上经典向度与真理向度是不同侧重造成的两个极端表现。在经典向度中真理的成分是不可缺少的，只是其中的真理内涵并非又多又新到非要突破其框架结构的地步，所以仍然可以在经典的解释下容纳。真理向度中仍然继承与包含经典的成分，只是因为在经典的框架之下已经无法容纳真理中又多又新的内容，但经典的元素仍然是真理表达的工具。

文以载道，凡是没有体现道的解释从根本上都是无价值的。实际上，解释中只有体现真理才具有鲜活与永久的价值。无论经典向度或是真理向度的作品都只是形式上的不同，都可以在一定意义上针对不同人起到积极的作用。对于解释者而言，强调以了达真理作为解释的终极目标，只有在真理的高度上作出的解释才是真正有价值的。

朱子在读书法上不断强调切己体察、熟读玩味都是要学者能够达到对经典理解的真理向度，也就是对经典层面之下的真理进行体会，不把经典当做一场文字看过。

三、统一性

朱子《四书章句集注》在解释上能够以了达儒家之道为解释的最高宗旨，并以此对四书文本进行了体系性、创造性的解释，取得了多方面的成就，成为后代通达“四书”中蕴含的圣人之道的重要桥梁。从解释的层次性与向度性来说，朱子的解释达到对多层次的统一与多向度的结合。

朱子以《中庸》为孔门传授心法，其中的不偏不倚、无过无不及成为朱子把握经典的一个标准。朱子在经典解释的过程中，力求对各种极端现象得到折衷。为了纠正时人脱离文义的任意发挥，朱子在《或问》中经常批评谢良佐等人的过度诠释，从而表现出对汉唐诸儒的训诂之学的赞赏。但朱子又何尝不知汉唐诸儒之失，否则朱子也不会以二程作为承孟子之后的道统继承者。二程之学正是在于通过圣人之言，求圣人之意，达圣人之心，以成就圣人之道为最高目标的。朱子的《四书章句集注》正是在坚持以文本原义为基础来全面继承以二程为中心的宋代理学思想。由此，朱子的经典解释实现了多方面的统一。①

1. 历史与现实的统一

时间被认为是单向延续的，可以分为过去、现在、未来三个阶段。历史代表了过去的一切，但对于现在更多是一串记忆的符号。这些符号中记录着前人的得失成败等经验总结，特别对于生命价值的探索而言，能够恰当地借鉴前人的成功经验，吸取其失败的教训是至为重要的。研究历史不是去真正意义上改变历史，重塑历史也是为了其现实的借鉴作用。自古以来，人们往往都是以此种态度对待历史，以史为鉴，即将历史作为现实的一面镜子。

历史最丰富的遗留物多数是以文字为载体的，即对历史进行记录而形成的各种文本。有些文本因为其思想内容等的典型性逐渐被认可为经典文本，成为历史经验记录的代表。“四书”对于儒家的思想内容就是如此。儒家历来重视人伦道德的价值，强调道德自觉，关注现实生活，期望建立公平合理的社会秩序，在历史上各种文化中特色鲜明。特别是儒家重视对历史传统的继承，传承历史经典文本，重视经典的教化作用，在历史上逐渐成为知识分子普遍的安身立命的准则。

在佛教文化传入中国之后，其迥异的处身之道对传统的儒家思想以巨大的冲击力量。以其强烈的出世精神指引下的神妙的境界、缜密的理论等给世俗中的知识分子心灵巨大的满足，而儒家思想只成为功名利禄的阶梯。儒家

---

① 很多学者看到朱子经典解释具有统一性。刘笑敢《诠释与定向》认为朱子《论语集注》徘徊在文本与历史定向与当下与现实定向两种定向之间。(刘笑敢：《诠释与定向》，第 209 页)钱穆认为朱子是“绾经学理学为一途”，后来学者多持类似见解，参见本书绪论“研究现状”一节。

内部一些有志的知识分子开始思索儒家的根本精神，期望实现对佛学冲击的抵抗。他们所能找到的唯一方法就是立足于现实对历史的重新塑造。

宋代以来的儒学是在不断与佛学进行斗争的过程中发展起来的。在建构其理论体系的过程中，儒释之辨是一个非常重要的内容。理学家通过对佛学的观照对儒学进行反思，以期建立吸收佛学长处但独具特色的儒学体系。在儒学较为欠缺的本体论、心性论、工夫论等方面进行最大程度的吸收。其最重要的理范畴亦难抹去其华严禅的思维特色。在朱子身上，历史与现实终于达到完美统一。朱子深入思考了儒释之别，划清了儒释之间的界限，对二程的理学进行了纯粹化，精确化，对二程后学中某些禅气则加以严厉批判，最终实现了儒学从理论到体系圆融的结合和统一，达成了立足现实对历史的成功借鉴。

要实现历史与现实的统一，解释是一个重要的手段，也就是通过对经典文本中的重新解释使其具有新的现实活力。对于以内在探索为核心的经典文本尤其如此。经典文本本身说明内在探索的过程是一个对自我、对欲望消解的过程。如果对待经典文本没有足够的谦逊，而成为树立自我，扩张欲望的手段，那么显然与其既定目标背道而驰，适得其反。对经典进行解释从形式本身就体现出一种谦逊，不是张扬地要展示自我。朱子本人的大多著作为解释性著作，而《四书章句集注》更特别突出。《四书章句集注》的解释本身又是集众家之所长而熔其为一炉。

儒家思想要在历史中不断发展而不遭到淘汰，就要具有不断的创新精神。经典文本作为历史遗留下来的产物，本身相对固定，要对现实产生适应性，就需要个人对其思想进行创新。"四书"文本在宋之前受到的重视程度远不及宋之后，正表明"四书"文本中的思想更符合儒学思想创新的需要。经典文本虽然都是历史传承的产物，但是不同文本其义涵亦各不相同。要体现历史与现实的统一，对经典文本进行重新选择也是重要的一项内容。

历史与现实的统一从一个角度来说也就是要实现训诂与义理的统一。通过训诂来把握历史，通过义理来应对现实。训诂本身具有相对的确定性，不因现实的不同有重大的区别。而义理则可以相对深入，具有较强的适应性。从解释的角度来说，义理并不能脱离训诂单独存在，但义理显然可以指导训诂，从而与训诂结为一个圆融的整体。通过训诂与义理的结合，历史中富有现实启发性的内容可以重新被阐释出来。

对于宋代儒学来说，义理并非就是经典文本的义理，而是经过时代的重新创造，在本质上与经典文本本身的义理有关，但又是吸收多种思想后经过重新改造的理学。这样历史与现实的关系在朱子身上又体现为经典原义与理学的结合。理学作为宋代以来的新型儒学，在哲学层面较以往儒学有巨大的变化，在朱子之前一直处在一种相对自然的发展状态，其中不乏对佛学与道家思想的明显吸收。朱子则从自身体验出发，坚持对儒学从经典原义出发的朴素发挥，努力划清与佛学与道家的界限，实现儒学思想自身的高度自觉与独立。

朱子立足文本原义，努力阐发其意蕴，从而实现了历史与现实的统一，完成其儒学思想的理论体系建构。

2. 方法与本体的统一①

本体是要达到的目的，而方法是目的实现的手段。一般来说，目的与手段完全是两个层次，不能混同。比如过河，到达彼岸是目的，而船则是手段，过了河，船就是不需要的。在内在探索的旅程中，从一个角度上来说，这样区分的也是有其意义的，然而在一定阶段，目的与手段的区分则反而成为障碍。比如成圣是目的，其手段则是格物致知、正心诚意等方法，并不是说成圣就不需要格物致知、正心诚意等。禅宗修行的目的是成佛，而佛就是觉悟的状态，所以禅作为方法其本质就是觉知，手段与目的高度统一起来。在朱子的解释视角下，手段与目的也是高度统一的。朱子实现了儒学思想上手段与目的的统一。

中庸之道是儒家的中心思想之一。中庸的思想是朱子在经典解释当中所要特别阐释的中心思想。② 中庸的思想是道统内容，被认为是孔门传授心法，在“四书”中研习的顺序在最后，也是“四书”研习的最终归宿。朱子“中”、“庸”都具有本体的性质，如“中者，天下之正道，庸者，天下之定理”(《中庸章句》题

---

① 朱松美的《经典诠释与体系建构——朱熹〈孟子集注〉的诠释特色及其时代性分析》曾提出朱子在诠释实践中弱化了“本体”与“方法”的紧张。

② 陈良武的《中庸之道与经典诠释——朱熹经典诠释思想述略》即认为朱子是站在中庸之道来对经典进行诠释的，融汉、宋于一炉，既重训诂考据，又重义理阐发。

注)，而且“道”就是“中”，如“道者，天理之当然，中而已矣”。(Z4 注)道是认识的最终结果。“诚”也是本体的另一种描述，如“诚者，真实无妄之谓，天理之本然也。”(Z20 注)但同时中庸、诚等方法又是实现本体的方法，不仅如此，中庸等方法还是经典解释中所使用的方法。方法与本体被统一起来。

朱子在解释中用到“时中”的方法。“时中”就是要求做到“随时以处中”(Z2 注)，在经典解释中也要不走极端。既不能执古不化，也不能以己见为圣人之见。不是一味地训诂章句，也不是专意于经文之下自作一段文字。把握经典原义的同时，又可以发挥其中的意蕴。尊重历代对经文的解释，但也要立足时代对经文进行理学建构。

朱子在解释中也处处体现“诚”的精神。在解释中以理为最高标准，不迷信，不固执，从自身的切己体会出发，不作虚浮无实的文字，力求做到心安理得。

“述而不作”的方法体现朱子赞赏的中庸精神。“述而不作”表面上看来似乎很不中庸，只有继承没有发展，但在朱子看来“其事虽述，而功则倍于作矣”(7.1 注)。《四书章句集注》也是以“述而不作”作为其撰作标准的。《四书章句集注》大量引用前人的说法，各种训诂、义理等文献无所不采，但同时又不是简单的材料汇编，而是经过仔细的遴选，以圆融一贯的理学思想作为其根本内核。

以中庸为原则，朱子对不足解释与过度解释则进行批评。朱子奠定了明确的理学解释标准，在训诂的基础上结合理学义理对“四书”进行圆融的解释，同时对于不能够达到或超越其解释标准的解释则予以批评。

朱子在具体对“四书”的解释中亦是以“四书”中蕴含的精神来解释“四书”，是以追求圣人之道作为最高目标。《四书章句集注》追求完美的逻辑结构，处处渗透对圣人之道的推崇，道统、本体、工夫、境界等方面都是为其解释的目标服务的。而且在朱子看来，“四书”的阅读、解释过程也是格物致知的内容，是达到圣人之道的手段。

方法与本体的统一从中国思想中的“道”字的意义就可以看出。“道”的本义是道路，是供人行走的，具有方法的意义，而“道”被引申为最根本的实体，可以说也是藉由方法所达到的本体。作为实体的“道”与作为方法的“道”是一体两面。道路和道路所导向的目标并不是两回事。道路只是目标的开始，而目标只是道路的结果。以探索生命价值为例，生命的价值不是最终的死亡，而是生命自身，是生命所经过的整个旅程。以结尾来代表目的，则生命看似毫无意义，只有把旅程作为目的才能真正体会出生命的价值。目的是手段的开花，是手段的达成。目的就隐藏在手段里，就好像树木隐藏在种子里。

3. 解释与建构的统一

虽然二程称其核心范畴“天理”二字是“自家体贴出来”的，但讨论的其他主要问题，还是出自儒家经典，主要是“四书”和《易传》。朱子在“四书”等的基础上，在二程思想的指导下形成其理学体系，同时又运用这种思想体系从整体上来解释“四书”。这就产生了一个矛盾的相互的关系，也就是解释与建构的关系。朱子通过对经典的解释逐步建构了其理学，然后其理学建构又支配着其经典解释，从而又进一步在经典解释的基础上完善其理学体系。朱子一生不断地在修改其对“四书”的解释的原因在于此。朱子理学建构与经典解释之间一直存在着彼此相长的过程，两者相互促进，互相影响。

通过解释来建构。在解释的同时，新的思想与体系就孕育在其中。朱子在解释中运用了新时代的话语，通过理学的解释模式，将理学思想与体系蕴藏其中。解释与建构本是两个相对的向度，解释追求的是对历史、对文本的再现，而建构则根据现实从义理上进行创造。在解释的基础上建构就要协调文本与现实之间的矛盾。比如“克己复礼”的“礼”在《论语》的语境中当然指孔子心中理想的礼治，以周礼为代表，但在朱子当时这样的礼治早已不复存在，而二程一系的理学亦不以复周礼为己任，这样如果将“复礼”理解为复周礼显然对现实没有任何针对意义，亦不能够在义理上与仁的境界贯通起来。朱子从现实的需要出发，将礼理解为“天理之节文”，一方面竭力从“礼”的“理”、“节文”两个训诂释义出发，另一方面则上通最富时代精神的“天理”，将一般形而下的“礼”与最具形而上的“天理”密切联系起来。这样“克己复礼”的义涵就具有了现实的针对性。朱子也就通过解释建立了新的思想。“克己复礼”被认为是孔颜道统授受之际，朱子将之纳入了道统论的体系。

建构对解释的支配性。[1] 解释对建构有一定的制约性，但终究来说，建构是最终的目标，解释亦是为建构服务的。建构指导着、支配着解释的方向。比如“尽心知性”是《孟子》中重要的思想。朱子则用毕生用力的《大学》中“格物致知”来会通“尽心知性”，即“知性则物格之谓，尽心则知至之谓也”。(7A.1注)朱子认为“人能尽其心者，只为知其性，知性却在先”(《语类》卷六十，《全书》十六，1931页)，由此改变了一般对孟子由尽心到知性的传统理解。朱子看到其中“者”字的语义作用，认为“尽其心者，知其性也”(7A.1)的“文势与‘得其民者，得其心也’相似”(《语类》卷六十，《全书》十六，1931页)。朱子将“四书”看成一个整体，部分的解释是服从整体建构的需要，在这里则用“格物致知”的思想来解释“尽心知性”。

融解释与建构为一炉。朱子从建构的高度对解释做出种种改造，又竭力立足于解释对其与建构的关系做出种种弥合，其目的是要将解释与建构有机的统一起来。从解释的角度来说，力图实现对经典文本更深意蕴的回归，从建构的角度来说，又尝试用富有时代性的理学对经典文本进行重新打造。其最终结果就是一个复杂的整合，解释与建构之间的矛盾重重，朱子究其一生不断弥合二者的隔阂，力求实现二者的完美统一。朱子在话语体系上，解释框架上，概念诠释上，语文解读上，文献征引上等多方面力求实现解释与建构的统一。

4. 知识与德性的统一

朱子对知识与德性关系的看法。蒙培元指出，“心之本体即德性与心之作用即知觉思虑，是相互作用的。一方面，心的认知功能作为德性的发用，是在德性的支配之下展开认识活动的，因此，不能脱离德性而‘游历’；另一方面，心的认识功能作为德性的作用，是以德性为其指归的，最终要回到德性自身，以唤起德性的自觉。”[2]这就是说，知识是德性的知识，德性是知识的旨归。

朱子本人对知识与德性统一的实践与对于二者关系的认识亦是统一的。

---

① 黄俊杰：《论经典诠释与哲学建构之关系：以朱子对〈四书〉的解释为中心》，载黄俊杰：《东亚文明研究丛书68 东亚儒学：经典与诠释的辩证》。

② 蒙培元：《朱熹哲学十论》，北京：中国人民大学出版社2010年版，第129页。朱子对知识与德性的关系的看法，蒙培元做了很好的阐述，详参《朱熹哲学十论》第七章“德性还是知识”。

朱子少年时代就立下了追求圣人之道的志向，对于各种知识都表现出极大的兴趣，朱子曾言“某旧时亦要无所不学，禅、道、文章、楚辞、诗、兵法，事事要学”（《语类》卷一百四，《全书》十七，3438 页），这皆与其格物的思想是相统一的。就哲学思想上而言，朱子早年学禅，晚年学道，更不用说一生都在孜孜追求的儒家之道了，皆贯彻着力行精神。朱子所学的一切皆在追求至善的德性。朱子一生皆通过自身的修养努力实现儒家之道。朱子推崇二程但又不迷信二程，坚持自已去亲身实践儒家之道，对儒家义理进行了深层探讨，同时也在行为上表现出道学人格。

《四书章句集注》本身是两者统一的一个结果。《四书章句集注》阐述了知识与德性相统一的思想，同时又是朱子一生实践知识与德性统一的记录。朱子所谓的知识是德性的知识，德性就是将这种德性的知识真正在自身体现出来。

德性即知识，知识即德性。朱子的哲学是求善的哲学，其所谓知识本质上亦是善的知识。他关注的是人的道德自觉以及实现道德自觉的修养过程。在这里，有德性的人就是有知识的，有知识的标志就是具有了善的德性。在具体实现从知识到德性的过程中，朱子还深入思考“尊德性”与“道问学”的先后问题，并与陆九渊等人展开广泛的争论。

小结

本章在前人研究成果的基础上归纳出层次性、向度性、统一性等三个方面，尝试以此来系统、全面总结朱子《四书章句集注》在解释与建构方面的特色。

解释的方向性问题是近年来学者在研究解释学理论方面普遍关注的一个问题。刘笑敢特著成《诠释与定向》一书，对此问题进行了总结，将古代的“六经注我”、“我注六经”以及“郭象注庄子”、“庄子注郭象”，以及今人对解释的方向性问题的各种表述归纳为历史的、文本的取向与现实的、自我表达的取向两种定向。本书吸收此一成果，将此重新归纳为历史向度与现实向度。[①] 刘笑敢

---

① “定向”一词是从英文 orientation 而来，不若“向度”一词易于理解，今用“向度”一词。

意识到历史向度与现实向度的普遍性，但未明确两种向度之所以成立的依据。本书认为不同向度之所以能够成立，其原因在于面向语言所具有的不同层次而成。朱子正是在经典解释的过程中，针对语言的层次性，形成对经典解释的不同向度。

本书依据朱子在“四书”解释中所关注的语言不同层次，将经典的意义分为五层：最底层是言，在言的基础上形成义、意，以及其所表达的心、道（理）。面向语言的文字、本义、意蕴等层次，以追求历史本来的原义就是历史向度。强调把握经典中所蕴含的精神，面向心、真理等层次，从而大胆对经典文本进行意义的重构，期在对现实做出一定的指导就是现实向度。

文义向度与意蕴向度，经典向度与真理向度两对向度从本质来说也是历史向度与现实向度的引申。文义向度与意蕴向度从古代言意之辨获得灵感，可以说是历史向度内部的两种向度，文义向度是一种重视文字表层的向度，相对较为客观，而意蕴向度则往往蕴藏着作者所要表达的意图以及读者所领会的意指，具有较大的主观性。经典向度与真理向度之所以也有从历史向度与现实向度中分出来的必要性就在于并非现实向度就能够面向真理。经典向度往往会执着于经典文本的言语、意蕴等，而真理向度则不受此束缚，能够发挥最大的创造力，可能会表现出巨大的破坏性。独立出真理向度就在于抛弃现实向度可能具有的多元性、相对性、任意性。

理解向度与表达向度是从遍历语言的各种层次角度来说的。理解的过程可能从语言入手，逐渐深入其意蕴、心、真理。表达的过程则从真理出发针对不同时代、不同对象做出解释。在研究古代解释性作品的时候，人们可能会忽略解释性作品与其被解释的文本一样都是表达向度的作品。也就是说，解释性作品代表的不是解释过程本身，而是解释结果的一种文字表达。一般所讲的解释主要着眼于解释过程，但从已经文字表达的解释结果中则很难看出其解释过程。也就是说一般所理解的解释其实是理解向度的，表达向度往往被忽略。用希腊神话中诸神使者的赫尔墨斯为喻，理解向度是指赫尔墨斯对诸神指令的理解，但更为重要的则是如何将他所理解的诸神指令中包含的义理用人类所能够听懂的语言做出表达。一般所讲的解释着眼于不同解释者针对解释对象形成不同理解的角度分析出解释所具有的历史性、多元性、相对性。但是从表达角度来说，特别是从认可真理的确定性的角度来说，解释就应当具有历史性、多元性、相对性。比如赫尔墨斯在理解诸神指令的情况下，针对不同时代、不同理解水平、不同地域的人完全可以有多种不同的解释，而各种解释皆指向同一指令而完全不相矛盾。

统一性则是对朱子《四书章句集注》解释与建构关系的总结，是解释的各种向度的一种统一。学者们普遍认识到朱子四书解释的特点是经学、理学的统一，或者训诂、义理的统一。其中的经学（训诂）角度指的是历史向度，而理学（义理）角度指的是现实向度。朱子则在道统内容“时中”（出自《中庸》）思想的指导下竭力实现两种向度的统一。然而，朱子在解释过程中所采用的时中或中庸方法，以及其中深层的“诚”思想亦是朱子“四书”解释的终极归宿，是被解释的对象，从而体现出方法与本体的统一。朱子实现历史与现实的统一的在解释方面的一个体现就是解释与建构的统一，朱子坚持在对经典的解释基础上建构其独有的哲学思想，恰当地协调了继承与创新的矛盾。同时朱子的解释又是实践儒家道德自觉的过程，朱子对知识的吸收即是其德性修养的过程，知识与德性在朱子的解释过程中亦是统一的。

第十章 《四书章句集注》的后世影响

朱子一生呕心沥血、字斟句酌打造的《四书章句集注》一书，融训诂与义理于一炉，合理学启蒙与进阶为一体，寓富有时代性的理学思想于古老的"四书"经文的字里行间，从而使其自身在后来一跃成为一代新经典。在朱子生前，他就将之用作理学教育最重要的教材，屡屡教导弟子要仔细阅读《四书章句集注》一书，字字句句都要仔细看过，不可将其中的话等闲看了，如果骤看，意思不见得就能够明了。实际上，如果参照《精义》《或问》两书来读《四书章句集注》，就能够更真切地体会到《四书章句集注》中没有一字为虚下。朱子在对各家的取舍、对具体表达的遣词造句、对概念诠释的关注、对语文解读的重视、对义理圆融性的考究等方面无不耗费了大量的心血。只有通过细心的体会才能了知其中的奥妙。

朱子《四书章句集注》一书经历了富有讽刺意味的历史。此书在朱子生前曾被列为禁书，是被焚毁的对象。在朱子死后不久则列为国学，在元代之后长期成为科举取士的官方教材，明初实行的八股文规定在内容上要完全依照此书。《四书章句集注》成为应试学子长期背诵与模仿的对象。近代废除科举之后，推行新式教育，《四书章句集注》一书从圣典的宝座上退下，仅仅成为一部富有代表性的"四书"注解之作。

一、解释性著作

朱子的《四书章句集注》因为其解释的优点而得宠，成为宋以后六七百年知识分子取士的必读之书，影响深远。从而《四书章句集注》本身也成为了这个时代的新经典，涌现出诸多阐发、辅翼之作，其中诸多著作专门为科举而作。永明后，讲《四书章句集注》的著作浩如烟海，以《四书大全》为滥觞。

朱子以《四书章句集注》为中心有意无意中建立起层层围拱的四书学体系。他一生在对"四书"研习的过程当中，不断撰作出各种各样的四书学著作，前出的著作或不尽人意而未传,或其优点被后出著作所继承等原因,最终形成以《四书章句集注》为中心,以《精义》《或问》为辅的四书学体系。此外,朱子一生中探究"四书"义理的过程中,与友人切磋或论辩了大量有关"四书"义理方面的问题以书信的形式保存了下来;而且朱子主要以"四书"教人,在师徒之间又多有对"四书"的讨论问辩也被记录成《语录》流传下来。这些种种与"四书"有关的资料都为后世学习《四书章句集注》所取用。

朱子门弟子众多,传播朱子思想不遗余力,形成了一个浩大的学派。弟子们受他的言传身教,多有能发明其思想者。朱子当时流行的各种学派都在一二传之后皆衰落了,而朱子后学则不断壮大,从而使得北宋以来以二程为代表的理学经朱子的集大成地继往开来之后成为后来儒学一枝独秀的力量。

朱子之后,"四书"中的四书已经不再作为独立的著作而存在。后代在编写艺文志的时候,专门增加了四书类,《学》《庸》《论》《孟》相关著作皆入此类。后代对"四书"的解释自然也会依据各家思想的不同而不同,但没有什么著作能够绕开《四书章句集注》。朱子《四书章句集注》中所讨论的话语型塑了后来"四书"解释者的问题意识。后代学者对《四书章句集注》的解释做了多种努力,有专门选录朱子或朱子后学的言论来辅翼《四书章句集注》的,有对朱子中的名物典据进行再考证的,当然少量能够发明朱子思想的著作。

我们知道,朱子《四书章句集注》在文献征引方面具有鲜明的特色。其文献征引并不是类似文献汇编(如《精义》《辑略》等书)一类著作,而是经过朱子煞费苦心的取舍工作的,从其记录其取舍之意的《或问》能够清楚的看到这一点,这种特色被后代看做是一种"述而不作"的精神,所以很多学者也模仿朱子文献征引的做法,对朱子《或问》《语类》《文集》等出现的矛盾或差异的说法进行判断取舍,采用以朱解朱的方式来解释《四书章句集注》。如真德秀的《集编》等。再后来的学者将朱子弟子等言论也添加在其中,其中当然也自然蕴含着取舍之意。当然,并没有哪个后学专门写出了对朱子不同说法取舍之书。此类著作中,后出的著作一般参考前面的著作,同时也蕴含了编者的取舍之意。取舍之意最难把握,如果朱子《四书章句集注》没有《或问》参看,也是很难看出其中的取舍之意的。对朱子自己思想做出种种取舍想来更是一件极为困难的工作。如果没有明确说明，也是无法考察出其中微妙的取舍。如果说取的材料显而易见，那么可以作为舍的背景资料就很浩繁，散见于《文集》《语类》中的各种说法比比皆是。基于这一点，朱子之后很多学者就朱子自身的“四书”思想做出取舍，再后来又将朱子后学的说法也吸收进来，当然其中的所谓取舍就更复杂了。

朱子《四书章句集注》本身虽然有大量的语文解读，与当时流行不重视语文解读已经有很大不同了，但是朱子毕竟更重视义理辨析，所以在语文解读、内容考实方面还是相对略一些，特别是对“四书”中的一些名物等只是点到为止，所以后代一些著作专门针对朱子的这一点进行补充，有人谓此即是用汉学的方法来治宋学。

有很多尊朱的学者走向了一个极端，也就是完全以朱子的注解为标准，如胡炳文《四书通》之类，与朱子注解之意不同的就不用。此类著作实际上是完全树立朱子的权威，与朱子本人注解“四书”的精神亦相违背。朱子的《四书章句集注》一生在修改，说明他所建立的“四书”体系并不是一个完全封闭的系统，容不得半点创新与发展。所以极端尊朱正是灭朱的前奏，不仅仅是纯粹思想的禁锢而已。这样，少量著作能够尊朱而不泥于朱注，并能对朱子注解之意有所发明则是很难得的了。

在后代对《四书章句集注》研究著作中大致可以分为以上三类。具体而言，朱子后学开出选辑朱子著作来辅翼《四书章句集注》的先河，如真德秀《四书集编》、蔡模《孟子集疏》、赵顺孙《四书纂疏》、赵德《四书笺义纂要》等。到了元代，《四书章句集注》成为举业所必学，涌现出诸多《四书章句集注》的疏解之书，如金履祥的《论孟集注考证》、胡炳文《四书通》、张存中《四书通证》、詹道传《四书纂笺》、朱公迁《四书通旨》、史伯璇《四书管窥》等。这个时期，朱子注如朱子后学赵顺孙早就称的“浑然犹经”的情况。到了明代，胡广等奉敕编撰《四书大全》，汇集空前众多前代儒学学者关于“四书”的注解，成为四书讲章繁多的滥觞。同时此书成了此一类书的终结，在后代也产生了很大的流弊。值得一提的是《四书大全》之后还涌现出一部虽辅翼《四书章句集注》却能发明朱子之学的著作《四书蒙引》。

二、成为官方意识形态

朱子生前郁郁不得志，虽几次被请出山，终究在统治者昏庸与官场黑暗的情形下无法实现自己的抱负。在他晚年的庆元党禁中，其所推崇的道学被诬为“伪学”而遭到禁止，他自己最终也是带着“伪学首魁”的恶谥而离开人世的。道学经过反道学的当权派、守旧的章句陋儒、放浪风流的名士等的竭力丑化，成为虚伪、空谈、迂腐等的代名词。然而正所谓“千秋万岁名，寂寞身后事”，就在朱子死后不久，随着韩侂胄的身败名裂，党禁解弛了，统治者们顿然从党争的残杀中清醒过来，发现朱子学说具有特殊的道德教化价值，于是发动了一场场造神运动，[①]逐渐朱子被偶像化，朱子学说被经典化，朱子的思想成为官方的意识形态。

不必讳言，朱子的学说能够影响最高统治者也是朱子生前所孜孜追求的。宋代以来的理学自身就有希望能够通过影响最高统治者进而实现其平天下的理想。在古代金字塔式的社会等级结构当中，位于塔尖的最高统治者对于整个社会具有最为明显的影响力。最高统治者的意志往往能够迅速有效地对现实产生巨大的作用。经筵进讲则是理学学者相最高统治者传播其思想学说的重要途径。许多理学家希望通过经筵进讲，充当帝王之师，能够在思想上影响皇帝。如程颐在元佑元年(1086 年)曾以布衣除秘书省校书郎，授崇政殿说书，为年幼的哲宗讲述《论语》等书。南宋初年，尹焞为高宗进讲《论语》《孟子》。“四书”中的《大学》一书受到朱子的特别重视，绍熙四年(1193 年)，朱子除焕章阁待制兼侍讲，为光宗进讲，在近 40 天的时间里，朱子进讲七次，内容皆为《大学》。[②] 朱子将《大学》看做是“帝王之学”，《大学》所阐明的内圣外王之道对于最高统治者最具针对性。一个普通人即使通过自我道德修养成为圣人，但这仅仅是内圣外王的内在条件，外王的外在条件则不一定实现，在一定意义上并不能实现内圣外王之道。比如，在理学家心目中，孔子之前的很多圣人都是内

---

① 束景南：《朱子大传》，第 1048 页。

② 详参朱汉民，肖永明：《宋代〈四书〉学与理学》，北京：中华书局 2009 年版，第 384—385 页。

圣外王的表率。被理学家推崇为千古圣人的孔子则被认为是"虽不得其位，而所以继往圣、开来学，其功反有贤于尧舜者"(《中庸章句序》)，亦被强戴上了王的高冠，成为无冕之"素王"，体现其为内圣外王的代表人物。对于封建帝王，虽然在理学家眼里多为昏庸无能之辈，绝非其理想的内圣外王之道实践者的坯子，但是他们也仍然抱有满腔热忱，殷殷期望通过影响帝王实现其渺茫的理想。因为帝王本身外在已经具有了王者的地位，一旦能够实现其内圣的条件，那么平天下的理想实现即指日可待。南宋王朝苟安于长江之南，积贫积弱，能够平定中原，光复天下则是理学士大夫潜意识中的殷切期望。

入南宋以来，最高统治者有普遍佞佛的倾向，上行下效，朝野一片好禅的欢呼之声。朱子对这样的现状极为不满，他经常与当权派辩论儒释之别。他所反对的乃是士大夫中亲近佛教者，故而不遗余力地对佛教进行批判，期望将他们拉回到儒家的阵营中来。朱子向最高统治者写了很多的奏折，其中包含了大量的"四书"思想。他希望通过这种方式来改变最高统治者，使最高统治者回归到儒家的正统道路当中来。朱子的奏折中往往有对"四书"思想的直接阐述，他将这种方式作为向最高统治者渗透四书学思想的一个重要方式。此外，他还经常通过书信的方式向统治集团的其他成员传播四书学思想。[①] 虽然这样，在朱子生前理学并没有得到官方的认可，在他死后，理学的地位不断上升，特别是以朱子学为核心的理学。嘉定二年(1209)，朱子赐谥曰"文"，从此朱子被尊为"朱文公"。嘉定五年(1212)，朱子的《四书章句集注》中《论语集注》与《孟子集注》被定为官学教材。宝庆三年(1227)，宋理宗颁布诏令，特别推崇朱子的四书学，赐封朱子为太师，追封为信国公。绍定三年(1230)，改称为徽国公。淳祐元年(1241)，宋理宗对北宋以来的理学大加褒扬，诏令学宫将朱子从祀庙堂，与周张二程并列为五大道统圣人，在肯定理学的时候特别强调"四书"在其中的重要地位。咸淳五年(1269)，宋度宗特下诏将婺源朱子故里定名为"文公阙里"，与孔子阙里并列为二。由此可见，到了南宋后期，以朱子为代表的理学已经得到政府的承认与重视，受到了统治集团的尊崇。

① 详参朱汉民，肖永明：《宋代〈四书〉学与理学》，第387—390页。

宋代以后,理学在元代、明代又进一步向最高统治集团渗透,不断得到官方的尊崇,社会的影响力进一步扩大,最终成为了统治阶级的官方意识形态。元仁宗延祐二年(1315),政府正式以“四书五经”取士,程朱理学成了科举取士的标准,朱子《四书章句集注》乃是官方钦定的权威注解。至元元年(1335),元惠宗下诏兴建朱子的文庙,次年改封为齐国公,从此朱子也像孔子一样受到统治者的顶礼膜拜。成书于至正五年(1345)的官修《宋史》以史书的形式对理学在宋代社会中的地位与影响做了充分的肯定,不仅在对人物事件中贯彻了理学的观点,而且还依据朱子的道统论,在传统的《儒林传》之外特立《道学传》,以此来褒扬宋代理学各家。明代开国皇帝朱元璋与朱子同姓,据载朱元璋并不认朱子为祖先,但仍然继续奉行元朝的政策,大力提倡尊朱崇儒,洪武二年(1369),科举以朱子等的传注为宗旨。洪武十七年(1385),规定乡会试四书义以朱子《四书章句集注》为标准,经义亦以程朱等注解为准,程朱之学成为官方学术。明成祖锐意提倡程朱理学,下诏修撰《性理大全》《四书大全》《五经大全》。永乐十三年(1415)修成之后,明成祖亲自为三部《大全》作序,颁行天下,成为科举取士的钦定用书。其中《四书大全》即是在朱子《四书章句集注》的基础上辑录了明永乐年前为“四书”注解者计106家编撰而成。从此,以朱子为核心的理学被正式确定为统治阶级的官方哲学与意识形态。从明成化开始,在科举考试采用一种叫八股文的文体,其形式固定,字数亦有一定的限制,由破题、承题、起讲、入手、起股、中股、后股、束股八部分组成,题目主要摘自“四书”,所论内容则依据朱子《四书章句集注》,不允许作者自由发挥。

清代基本上延续了明代的教育与考试制度,亦特别推崇以朱子为代表的理学。康熙五十一年(1712),康熙皇帝下诏升朱子配祀孔庙“十哲”之列,这样,朱子的排位从孔庙东廊进入了大成殿。接着,康熙帝又命李光地等人编《朱子全书》《性理精义》,颁行全国,康熙帝亲自为之作序。

三、理学思想的传播

朱子在一代代封建帝王的倡导下成为万世圣人,他的头上戴上了与孔子并列的圣人光圈。虽然朱子本人对自己的学问自负很高，但这么高的地位恐怕也是他自己都未敢奢望的。朱子之学在后代能够得到如此这般的殊荣，与其学问自身有很大关系。朱子一生都致力于发扬以二程为核心的理学思想，积极广泛地继承佛教与道教中有利于促进儒学发展的思想与内容，坚持对儒学的思想创新，走到了时代思想的最前沿，以重构儒家道统为己任，大力发掘出儒学在本体论、心性论、修养论等方面的新思想与新内容，打造出理论化与系统化都很高的庞大理学体系。朱子之学以成就圣人为宗旨，与以往的作为记诵词章或沽名钓誉的儒学有本质的不同，对于人生命的终极价值给予了关怀，可以奠定一个人处世立身的根本价值观念，得到当时很多青年学子的崇奉。理学的价值观念以知识分子为中介，通过书籍出版、书院教育等多种形式向社会各个阶层传播，最终转变为社会普遍的价值准则与行为规范。

宋以后书籍印刷技术得到了飞速发展，为理学书籍的出版发行奠定了物质基础。朱子的著作在朱子生前就已经多次刻板印行，为其流行奠定了最初的基础。其四书类的各种著作都有多次刻板发行，其名著《四书章句集注》就有好几个不同的版本。印刷出版方面还有一个有趣的现象就是不少理学著作乃由书坊盗印，朱子的《论孟或问》就曾遭到偷刻，张栻的《孟子解》也得到盗刻。这种现象的产生，表明当时知识分子阶层对理学四书学产生相当浓厚的兴趣，已经形成了一定市场需求。印刷技术的进步使得书籍成本大大降低，传播甚为方便，从而使理学思想更易渗透到社会的下层民众当中。理学著作的广泛传播，使得许多知识分子接受理学，在处世立身上践履起理学所倡导的价值观念与道德准则。①

书籍出版只是思想的载体，本身并不能够对社会产生积极主动的影响。理学思想的广泛传播更有赖于活生生的载体——庞大理学家群体，以及他们所开办的各式书院。北宋时期，理学主要通过私人授徒的方式进行传播。如二程受学于周敦颐，后来又在洛阳等地授徒讲学，培养出程门四学士等大量弟子。张载也曾在关中一带授徒。二程后学也都通过授徒的方式继续传播理学

---

① 详参朱汉民，肖永明：《宋代〈四书〉学与理学》，第 396 页。

思想。在北宋理学家的教授内容中,“四书”是其中的重要组成部分。入南宋之后,理学教育内容渗透进入公立学校系统。如杨时、胡宪、陆九渊等都担任过各级学校的教职。朱子早年曾任同安县主薄时兼主学事,曾整顿县学,以《论语》教授学生,后人南康知军时曾整顿军学,讲授的主要内容是《大学》《论语》。后在漳州时,亦整顿州县学校,讲授其《四书章句集注》。后任潭州知州时,以抽签的方式选取学生讲说《大学》,以此进行指导。[①] 在这样的发展导向下,朱子死后不久,理学著作正式成为公立学校系统的教材。宁宗嘉定五年(1212)朝廷已将朱子《论语集注》《孟子集注》二书立为官学教材。而事实上,早在嘉定初年出任国子正、太学博士的吴柔胜已经将《四书章句集注》全部都教授于国子学。到淳祐元年(1241)正月,理宗正式下诏确定朱子《四书章句集注》为太学教材,这标志着理学四书学在公办学校教育系统中的主导地位的确立。到淳祐四年(1244),“徐霖以书学魁南省,全尚性理,时竟趋之,即可以钓致科第功名。自此,非四书、《东西铭》《太极图》《通书》《语录》不复道矣”。[②]

南宋时期,许多理学家都以书院为基地著书立说,授徒讲学,进行思想学术的研究与传播工作,书院与理学之间也因此形成不可分割的紧密联系。当时一些重要的理学学派几乎都是以书院为基地形成并进行活动的。如湖湘学派之于碧泉书院、岳麓书院,象山学派之于槐堂书屋、象山精舍,考亭学派之于考亭书院、沧州精舍等,都是如此。由此,南宋书院教育在教学内容上具有以理学为主的特点,其中四书学又占有很大比重。特别是朱子在修复白鹿洞书院后,选取四书中一些精义,制订《白鹿洞书院揭示》,为后代书院所崇奉,对书院教育甚至公立学校产生了深远的影响。如南宋末徐元杰在《延平郡学及书院诸学榜》中就规定书院学生以朱子《四书章句集注》为主要学习内容,而且在研习次第上也要依据朱子所主张的先《大学》,次(论语),次《孟子》,次《中庸》的研习次第。[③]

---

① 详参朱汉民,肖永明:《宋代〈四书〉学与理学》,第397—398页。

② 详参朱汉民,肖永明:《宋代〈四书〉学与理学》,第399—400页。

③ 详参朱汉民,肖永明:《宋代〈四书〉学与理学》,第400—402页。

理学家们注重对儿童进行理学渗透的蒙学。儿童最终会成长为社会的主导力量，在其早年灌输的思想观念与价值取向必然会对整个社会的未来发展方向产生深刻的影响。可以说，谁掌握了儿童的教育，谁就掌握着未来世界的发展。朱子本人受过以理学四书学为主的蒙学教育，后来也特别注重在其以《四书章句集注》为核心的经学体系上完善出小学的一个环节。宋代的小学教育包括了公立学校教育和私人启蒙。主要课程大致有识字、诗赋、经术三类。各类课程都有相应的教材，如识字教材有南朝梁周兴嗣编的《千字文》及宋人编的《百家姓》、宋末学者王应麟编的《三字经》等；诗赋教材有南宋时编的《千字诗》等；历史课本有唐李翰撰写的《蒙求》、南宋初胡寅《叙古千文》等；经学教材有南宋初吕本中编的《童蒙训》、朱子及其学生刘清之编的《小学之书》、陈淳撰写的《启蒙初诵》、程端蒙《性理字训》等。这些教材中，理学四书学亦大量渗透。例如在识字教材《三字经》中，有对《中庸》《大学》的作者及内容的介绍："作《中庸》，子思笔，中不偏，庸不易。作《大学》，乃曾子，自修齐，至平治。"其中还谈到从"四书"而至"六经"的研习次序："《小学》终，至'四书'。《孝经》通，'四书'熟，如'六经'，始可读。"这些观点可以说就是取自朱子的。[①]

理学通过上述种种途径，甚至是口耳相传，在宋代以后得到了普遍的认可与广泛的传播，渐渐地理学所宣扬的思想内容与价值取向得到了社会各层的认同，深入人心，成为人们立身处世的准则。

四、反对者与新思潮

朱子身后，以朱子为代表的理学受到了从最高统治者到普通民众一致的信仰与认同。朱子的《四书章句集注》成为从官方到民间普遍使用的教材。朱子《四书章句集注》对后世思想家产生重大影响，其中的话语体系塑造了后来理学家们普遍的思维方式与问题意识。即使是卓有成就的一些思想家也多在朱子框定的话语中进行思维。

---

① 详参朱汉民，肖永明：《宋代〈四书〉学与理学》，第402—404页。

元延祐之后，朱子《四书章句集注》更成为科举取士的重要标准。《四书章句集注》进而成为新的沽名钓誉的手段。一些人于是将朱注极端化与教条化，朱注成了经，他们唯朱注是从，排斥与朱注不同的解释，而科举考试中以《四书章句集注》为标准、不容许不同的理解就更助长了这种风气。

本来，朱子创造性地用"天理人欲"对立的解释框架来理解儒学中最为重要的"仁"的概念，以期达到一种大公无私的圣人境界，然而实际上并不摈弃人的自然欲望。朱子理解的圣人并非是不食人间烟火的禁欲者，而是顺乎天理、从心所欲、感而遂通，能够从自己的私欲解脱出来的自由人。朱子所说的"存天理，灭人欲"是能够从执着于自己的私利中解放出来达到符合天理自然法则大公无私境界，从一方面说就是认识到个人的价值在于对他人的奉献。朱子推崇的古代圣人都是这样的内圣外王的典范，常常以不能够最大地博施济众为苦恼。然而在朱子被推为理学圣人之后，思想逐渐僵化为伦理教条，逐渐成为在思想上奴役他人的工具。朱子的思想被严重地曲解了。一些俗儒虽号称"道学先生"、"理学家"，但早已丧失了理学初起时的哲学思辨能力和社会批判精神，陈腐守旧，缺少创新精神，仅能读几本《语录》，断章取义地掇拾一些零篇碎句。最高统治者则有意识地推崇程朱理学，将其树立为统治臣民的工具，于是"天理"也就演变成为权势的代言人。

《四书章句集注》作为官方哲学与意识形态深深地禁锢着人们的思想，从而出现一批不苟同朱子的著作，如吕柟的《四书因问》，学宗关学，其《大学》从古本次序，《中庸》从古本分章。高拱《问辨录》则专取朱子《集注》疑义。较著名的有朱子的反对者王阳明，著《大学问》，推崇古本《大学》，在儒学修养方法上追溯朱子生前的反对者陆九渊之学，顿然改变了一代学风，形成了与朱子学鼎力为二的阳明学。特别是明末阳明后学的李贽对朱子及其《四书章句集注》的抨击最为激烈，他提出"穿衣吃饭，即是人伦物理"的主张，认为"理"就在百姓的日常生活当中。

受明代儒学特别注重朱注"四书"的影响，加之王学的刺激，到了晚明还出现佛教内部对"四书"的解释，如憨山的《中庸克指》等、澫益的《四书禅解》。

朱明王朝的完结和满清的崛起刺激了明末大儒遗老，如王夫之等，转而重视实用和考据之学，学风为之一变，学者得以从朱注的思想中解放出来，归于义理、考据、词章三大类的学问。清代的考据学家由此可以纠正朱注的许多错误，出现了专门指摘《四书章句集注》在内容考实方面失误的著作——毛奇龄《四书改错》（其后戴大昌《驳四书改错》对其中的偏激之处又进行了反驳）。也有从思想上批评朱注的戴震《孟子字义疏证》和《中庸补注》（补郑玄注），否定截然判理欲为二，认为"理者，存乎欲者也"。刘宝楠和焦循等则多方吸收清代考据学的成果，重新解释《论语》或《孟子》，体现出新的"四书"研究水平。

在清代，批判朱子最为激烈的当数倡导实学的"颜李学派"开创者颜元。颜元主张"见理于事，因行得知"，强调"习行"，猛烈抨击程朱，认为程朱"徒见道于纸，谈道于口，考道于笔"，故而"必破一分程朱，始入一分孔孟"，"程朱之道不熄，孔子之道不著"，力主恢复代表尧舜周孔之道的"六艺之学"。

然而朱子学仍然是清代的官方意识形态，在这样的形势下，很多考据家将考据与理学一分为二，在思想上仍然尊崇以朱子为代表的理学。一些考据学者甚至采用考据的方法来研究朱子学，即用考据的方法考证《四书章句集注》中文献征引等内容，力图纠正毛奇龄之后很多人将宋学与汉学截然分割的偏颇，如梁章巨《论语集注旁证》等。阳明之学在清代已经衰落，受到许多学者的批判，一些人甚至将之作为朱明王朝完结的罪魁祸首。

五、近代的命运

鸦片战争以来，中国被西方列强用尖枪利炮打开国门，从此中国人处处挨打受气，受尽了各种屈辱。有志之士逐渐开始反思其失败的原因，提出"师夷之长技以制夷"的思想，可"夷之长技"到底是什么呢？人们逐渐从军事、宗教、经济、政治的层面一直挖掘到文化上的层面。[①] 五四运动高举科学与民主，对传统的思想文化进行全盘否定，其中一个重要方面就是对儒家思想的否定（有所谓"打倒孔家店"的说法）。其内在原因就是以朱子为代表的程朱理学被尊

① 冯友兰：《中国哲学史新编》（下），北京：人民出版社 1999 年版，第 343—344 页。

为官方哲学之后被僵化与教条化了。

在激进的思想指引下,程朱理学成了腐朽没落的代名词,为中国没有科学与民主背上了黑锅。普通民众也逐渐对中国文化自身缺少了信心,错误地将由野蛮的殖民统治所造成的落后与倒退等罪恶转嫁到中华文明上,片面崇尚西方文明。在长达半个多世纪的时间里,传统思想文化中儒家文化被摘掉其光圈之后又一遍遍地被抹黑。在二条路线的简单划分之下,朱子被定性为客观唯心主义者,专门为腐朽没落的封建主义君主专制制度服务。1949 年以后很长一段时间,在对朱子的研究当中,多为否定的评价。在"文化大革命"时期,评法批儒,全国开展"批林批孔"运动。朱子被斥为无耻的投降派、大卖国贼。1974 至 1975 年,国内报刊杂志批朱文章连篇累牍,不惜歪曲历史,以诬陷、诽谤、谩骂为能。①

与五十多年中在其故土不断被丑化和扭曲形成鲜明对比,朱子学在海外却异常绚烂。钱穆、牟宗三、陈荣捷诸先生皆有名著问世。欧美本土的一些学者也出版了相关的专著。台湾地区还开展了传统四书教育,1954 年起,师范学院教授四书,所采用的教材就是朱子《四书章句集注》。② 1956 年起,高中也教授"中国文化基本教材",其中选录《论语》四分之三、《孟子》五分之三、《大学》全部、《中庸》五分之二,占"四书"三分之二。③

在粉碎"四人帮"之后,大陆地区的朱子学研究逐步走上正轨,朱子在历史上的应有地位逐步得到肯定。多次召开了相关的学术会议,相关的研究机构与中心纷纷成立,新的研究成果不断涌现。朱子学正朝向多层次、多角度并且与国际学术接轨的方向发展。④

---

① 王瑞明,张全明:《朱子导读》,北京:中国国际广播出版社 2008 年版,第 45—46 页。

② 参考陈铁凡:《〈四书章句集注〉考源》,载《论孟研究论集》,台北:黎明文化事业股份有限公司 1981 年版,第 11 页。

③ 转引自陈逢源:《朱熹与四书章句集注》,第 139 页,注 6。

④ 高令印、高秀华:《朱子学通论》,厦门:厦门大学出版社 2007 年版。

第十一章 结论

朱子《四书章句集注》是从南宋起影响后代六七百年的经典注释之作。它缔造了与“五经”并列的儒学新经典——“四书”，是儒学思想在宋代发展的新结晶。它融经典解释与哲学建构为一炉，凝结了朱子究其一生对“四书”义理探究与对理学体系建构的成果。本书即从解释学的视角来审视此书，通过详细的文献分析，重点考查其中解释与建构的关系问题，尝试以此为一斑，窥探出中国解释学的一般特色。本书采用问题的方式对解释与建构的相关问题进行了分析，然后尝试归纳出以《四书章句集注》为典型所见的一些解释特色。

朱子《四书章句集注》是“四书”升格的最终结果。“四书”的升格是时代对儒学新经典产生的召唤。“四书”升格说明了在对旧有经典的解释已无法容纳更多新思想的情况下，对解释对象的经典可以做出一定新的选择。这种对于新经典的选择本身也是符合解释的要求的。朱子清醒地认识到儒家“时中”思想的核心性与重要性，大胆地继承北宋以来诸儒对“四书”的逐渐重视的倾向，通过对“四书”的统一注解，将之集为一书，从而形成后来“四书五经”对立的格局，虽然名义上以“四书”为“五经”的阶梯，但实际上完全取代了“五经”的尊贵地位。“四书”本来在汉唐时期只是“五经”传记的角色。五经学在唐代走向大一统，解释空间逐渐狭窄，加上外来佛学的刺激，儒学思想在本体论、心性论、工夫论、境界论等方面的劣势逐渐暴露出来。这样的情况下，作为“五经”传记的“四书”蕴藏的本体、心性、工夫、境界等内容就受到具有儒家情怀的学者的重视。经过北宋二程、张载及其后学的研习，“四书”中本体、心性、工夫、境界等内容被开发出来。朱子《四书章句集注》则是在全面继承此种成果基础之上，加上了自己对“四书”义理的亲身探索，从而在哲学的高度对“四书”原文做出了符合时代性的新解释，使得本来作为传记的“四书”成为后代新经典。

朱子《四书章句集注》是朱子究其一生对“四书”解释的结晶，本身是理解向度与表达向度的统一。朱子在理学思想的指导下研读着“四书”，又在研读

“四书”的基础上形成了自己的理学思想。朱子对“四书”的理解可谓构成了一个不断的循环，从朱子诸多“四书”著作以及对《四书章句集注》的不断修改可见一斑。朱子借助二程及其后学对“四书”的解释对“四书”文本进行理解，在这种理解基础上又进一步在自己的体验与探索上检验，形成着自己对“四书”义理的再认识，从而达到一种对“四书”文本的系统理解。朱子早年即在其父亲的指引下开始学习《论语》等书，后来三君子也教导朱子学习渗透理学思想的《中庸》等书，在泛滥佛老时期，朱子也没有忘记对“四书”的研习，最终更是在李侗“四书”思想等方面的启迪下，重新返回儒家思想的道路。朱子对“四书”的研习坚持以二程思想为指导，在研习的过程中编成以二程及其后学对“四书”解释的汇编著作，其结果就是《论孟精义》一书。朱子在李侗死后还对中和、仁等问题进行参究，并与湖湘学者展开广泛的论辩。中和新说形成之后，朱子一生的学问大旨确立，从此也由理解向度转向了表达向度。朱子完成了《四书章句集注》一书，形成以之为中心的经学体系。之后随着自己理学思想的进一步圆融还对《四书章句集注》进行不断的修改，明确地体现出理解与表达的循环往复过程。

朱子《四书章句集注》是在解释的基础上进行了其哲学建构，凝聚了他全部重要的理学思想。自其出现之后，就一直应用到具体的理学教学实践当中，因为其巧妙地结合了“四书”思想与宋代以来的理学新思想，受到学者们的极大欢迎。朱子晚年的庆元党禁，《四书章句集注》成了禁书。党禁解弛之后，《四书章句集注》的地位又逐步开始上升，先是被确定为官学教材，到了元代更成为科举取士的钦定教材，此制度一直延续到清末。朱子《四书章句集注》产生之后，又出现诸多的辅翼性著作，从真德秀制作《四书集编》开始，相关的辅翼之作不断涌现。在元代，朱子《四书章句集注》注文的意见成为绝对权威，在诸多学者眼中浑然成为新的经典，一些学者甚至唯朱子注文是从，与朱子注文不同的意见一概摒弃。到了明代，尊朱的风气劲头不衰，特别是明永乐年间，胡广等奉敕编成《四书大全》，汇集众多前代儒学学者关于“四书”的注解附于朱子《四书章句集注》之下。从此之后，有关《四书章句集注》的各种讲章更是空前泛滥，层出不穷。此类作品大多为应科举之作，思想价值甚微。当然其中也有极少数经典之作，如蔡清的《四书蒙引》。如果以“五经”为经，“四书”为“五经”的传记，那么朱子对“四书”的注解则可谓传记的传记。这些时代中，《四书章句集注》中朱子注文得到空前的推崇，在一定意义上又凌驾在“四书”经文之上，所谓传记的传记又被奉为经。这种情况固然是因为最高统治者的推崇与朱子学被奉为官方哲学等因素造成的，但从另一方面也反映了作为传记的传记的朱子注文更能够适应时代对儒学思想的需求。实际上，《四书章句集注》中朱子注文中所蕴含着思想层面的严密性、系统性、深刻性直到现在也没有被完全超越。朱子《四书章句集注》对四书所进行的深度解读仍然亟需学者们进行多角度、多层次的深度探索。

朱子《四书章句集注》在解释方面值得今人借鉴的特色到底有哪些呢？本书在前人的研究基础上归纳出五个方面。朱子在对“四书”的具体解释中运用了富有时代性的话语体系，多种多样的哲学解释框架，细致深刻的概念诠释，广征博引的文献征引，一丝不苟的语文解读等。其中每一方面都体现出朱子在解释基础之上的建构设想。

朱子从哲学的高度对“四书”进行解释，实现了解释与建构的圆融统一。朱子对每一具体文本的解释无不服从其整体的思想体系，而每一具体文本又无不展现出其整体的思想，并且成为其思想的有机组成部分。这一点主要可以从话语体系、解释框架、概念诠释等角度看到。

话语体系是朱子在借用北宋以来理学新话语以及理学思想体系的基础上形成的。显而易见，《四书章句集注》的注文与“四书”原文之间在话语方面有着显著的不同，注文背后是一整套完整的理学思想体系。《四书章句集注》本身是“四书”原文与朱子理学思想的一种耦合，准确地来说是透过新的话语用理学思想对“四书”原文义理的一种重构。在朱子看来，这种采用新话语对“四书”原文的重构是完全符合“四书”原文义理本身的，可以说是有助于挖掘出“四书”原文本身所蕴含的真理。从另一方面来说则是朱子从其所领会的真理角度严格地依照“四书”原文对其中所蕴含的义理重新解读。具体来说，首先道统论成为朱子解释“四书”的指导方针。“道统”一词为朱子所创。其中的道统谱系与道统内容为其证明解读“四书”原文的合理性与权威性。朱子建立的道统新谱系连接着“四书”，使其成为相对于“五经”的新经典。同时，朱子会通了“十六字心传”的尧舜禹传授心法（代表“五经”）以及《中庸》思想的孔门传授心法（代表“四书”），并使“存天理灭人欲”的思想（代表朱子解释）成为新时代的道统内容。《中庸》中“时中”的理念指引朱子运用北宋以来的新话语，在心性论、本体论、工夫论、境界论等方面充实了“四书”原文所蕴含的思想。道统内容“十六字心传”中分道心、人心，其心性论又以心来统摄性、情两个方面。比如性的层面，朱子运用了本心等新话语，在情的方面，则运用了私心等新话语。至于作为本体的天理更是最富鲜明特色的新话语。“四书”原文无一处言及天理，而朱子注文则处处引天理来证。在朱子看来，天理是一切万物存在的根本法则，是人们一切道德行为所必须遵守的，也是一切认识活动的根本目的。圣人的境界正是认识到这种绝对的天理，才能以虚明之体随处感应而无所不通。朱子建构新的话语体系是符合时代的要求的，完全适应儒学思想在哲学深度方面发展的需要的。

解释框架是朱子哲学构造下在具体“四书”文本解释过程中所采用的一种二元框架。在具体的解释中，朱子采用了天理—人欲、体—用、本—末、人—己、内—外、公—私等多种分析框架。本书仅选取其中较有代表性的天理—人欲、体—用、本—末三对框架来说明，也可以说代表了三种较为典型的解释框架。此类解释框架得自于严密的二元思维结构。二元思维结构是人们在认识中普遍采用的，是非、善恶、美丑、高低、上下等无不为人们所熟知。朱子在解释过程中更是注重二元解释框架的使用。特别是天理—人欲这一对解释框架使用最为频繁与典型。朱子认为天理与人欲如水火不能相容，人欲灭尽天理流行就是仁的境界，能够循天理则是君子，反之殉人欲则只能是小人。天理—人欲的对立之所以能够成为最为鲜明的解释框架，就在于存天理灭人欲亦是道统内容，是更富时代特色的理论体现。在朱子看来，一旦能够深入理解天理—人欲的深层内涵，“四书”的深层义理亦得到解决。如果能够做到存天理灭人欲，就要能够从自我与私欲中得到解脱，达到一种大公无私的境界，也就是圣人的境界。“四书”记载的是圣人的言论，其中蕴含着圣人的境界，采用天理—人欲的解释框架则能够直抵本旨，深得其中奥义。体—用的解释框架则与天理—人欲不同，两者不是对立的，而是相辅相成的，虽然体更为根本，但用则不容忽视，体与用之间是一种二而不二的关系。体显于用，用即显体，即体即用，同一本原。“四书”原文中本来并没有明确的体用意识，而朱子则大量使用体用来解释，表现出严密的哲学思维。本—末的解释框架与体用有一定的相似性，本末对立在“四书”原文中已经出现，表达出朴素的崇本的倾向。朱子在对“四书”文本的解释过程中也多有秉持崇本抑末的倾向，但同时在一些地方则本末并举，本末被统一起来。本不离末，末即是本，更准确来说，本末关系即是理一与分殊的关系。

对概念诠释的重视也是朱子《四书章句集注》在解释过程中的一大特色。“四书”原文中虽然对仁、义等概念做出了一定的解说，但却没有明确、具体、详尽的义涵说明。《论语》中孔子针对不同弟子问仁做出迥异的回答，反而更为仁的内涵披上一层厚厚的迷雾。朱子在“四书”研习过程中对其中核心概念都进行了深度探索，力求实现对各种概念更富时代性的解释。比如，天在先秦文献，特别是“四书”所引《诗经》《尚书》中具有最高主宰以及祭祀对象的性质，而在朱子的解释中则尽量褪去这种色彩。在一些关键的地方，朱子明确强调天与理是等同的，以理来解释天。在朱子看来，天究其本质亦是一切万物的法则，理作为新的话语正能够与之相对应。在朱子的概念诠释中，处处渗透着天理的绝对统摄力，仁、义、礼、道、诚等概念无不如此。

朱子对“四书”的解释理念本身取自于“四书”。如，“四书”中“述而不作”的思想指引朱子对前代文献进行大量地汲取，其中主要包括汉唐为主的音读训诂、两宋理学家对“四书”义理辨析。朱子所理解的“述而不作”符合中庸的法则，不是复古，而是在解释的基础上进行哲学建构，在继承的基础上进行思想创新。朱子在音读、训诂方面则主要针对宋以前的文献，在义理方面则主要针对宋儒，特别是二程及其后学对“四书”的解说。

朱子《四书章句集注》作为宋代经典解释的代表，自然打上宋代经典解释注重现实、义理等烙印，但是《四书章句集注》却又表现出其有别于宋代其他经典解释的独特风格，那就是对语文解读的重视。朱子反对脱离经文原义的任意发挥，即使是符合义理的发挥亦不取用。在具体的解释过程中，朱子将义理与具体的语文解读结合起来。本书仅以音读、句读、字训为例，说明了其语文解读与义理辨析之间的关系。朱子将训诂与义理结合起来的特色为近代学者所广泛关注。训诂与义理皆重视实际上即是基于朱子坚持在解释的基础上进行哲学建构的设想。训诂追求把握四书原文的本义，而义理则强调发挥其中所蕴含的深层意指。训诂追求对文本进行历史的解读，义理强调立足现实需要做出体系化的思想建构。

话语体系、解释框架、概念诠释、文献征引、语文解读等方面主要立足于朱子对“四书”解释的整体来说。但《四书章句集注》还有一个特色就是它是由四部相对独立的解释著作的汇编，因为“四书”本身具有的差异性，所以朱子对“四书”各书的解释也各具特色。朱子对《大学》《中庸》的解释采取的是章句体，注重分章句解。《大学章句》通过经传相分、重新编次等方法突出其中所缺的格物致知的传文，对之加以补充，建构出朱子在为学方面的工夫入路。《中庸章句》通过确立首章的中心地位、重新分章等方法突出其中诚的枢纽特色。诚是天理的本然状态，是对道体本质性的规定。《论语集注》与《孟子集注》在形式上没有多少革新，主要通过对宋儒义理的汲取来深入“四书”文本的义理。《论语集注》当中特别从道统论的角度出发推崇颜回与曾子，特别是曾子在朱子的道统论中是承孔子于前，启子思于后的关键人物，但在《论语》原文中却没有被列入“四科十哲”，而且还有“鲁”的缺点，所以朱子进行了必要的解释转向，对《论语》中涉及曾子的相关文句皆予以推崇，从各个角度展现出曾子是道统中重要的角色。与之相反，除了颜回与曾子，孔子的其他弟子，朱子则多有批评，颇有微词。对于此点，清代毛奇龄等人对此大为诟病，称朱子不当地“贬抑圣门”。《论语集注》中还特别从境界论的角度强调对圣贤气象的体察。这一切都与其立学宗旨以求道为目的相适应。《孟子集注》中则针对《孟子》本身丰富的工夫论与心性论内容进行了重点发明，对其中的尽心知性、知言养气等内容大加推崇，对于孟子所讲的性善论更是无以复加的尊崇。

当代学者总结归纳朱子经典解释方面特色已经认识到其中所蕴含的一些规律性。比如，朱子经典解释具有言、意、理三种层次，天理是朱子经典解释的终极尺度，朱子的经典解释徘徊在文本与历史定向与当下与现实定向之间，朱子在解释中实现了经学与理学(或训诂与义理)的统一等。本书即在全面吸收如此种种成果的基础之上,用层次性、向度性、统一性三方面来系统归纳朱子在《四书章句集注》中展现出来的特色。此种特色或许也能够体现中国解释学理论在某一方面的特色。

本书所言解释的层次性、向度性都是为解释的统一性服务的,可以说是统一性体现了儒家时中、中庸、诚、道、理等思想在解释方面的运用。朱子在话语体系、解释框架、概念诠释、文献征引、语文解读等方面的解释无不是为了达成解释统一性的目标。话语体系、解释框架、概念诠释皆是在继承“四书”原文中话语、框架、概念解释的基础上进行符合时代性的重新构造,表现解释的统一性。文献征引汲取前人音读、训诂、义理等多方面成就,又都是在朱子自己思想的抉择之下构造而成。朱子的语文解读与其义理辨析密切关联,语文解读往往是为其义理建构服务的,也表现出解释方面的统一性。

从朱子在《四书章句集注》解释过程中提到的内容可以看出,朱子对“四书”解释的判断标准主要是针对文本所蕴含的不同层次进行的,如言语、文义、意蕴、心理、真理(大道、天理)。不同层次所蕴含的客观性与主观性并不相同。言语、文义、真理等层面具有较强的客观性,而意蕴、心理等内容可能主观性较强。

经典解释面向文本所蕴含的不同层次可以形成不同的向度,如历史向度与现实向度,文义向度与意蕴向度,经典向度与真理向度,理解向度与表达向度等。此处不同向度的区分是为了分别不同种类的解释作品。朱子耗其一生的心血来解释“四书”,其《四书章句集注》是经典解释的代表作品,体现了如上多种向度的统一。但是此外的诸多作品则并非如此。比如注重文本原义考证的作品是历史向度,注重文本对现实指导意义的作品是现实向度,仅针对文本中字词或文义进行训诂的作品只是文义向度,注重挖掘文本所蕴含的义理的作品是意蕴向度,仅以文本出发不能直达言外真理的作品只是经典向度,能够穿透语言直达言外的真理本身的作品是真理向度,理解经典过程中记录的读书笔记类作品是理解向度,而融汇经典蕴含真理内容从而在解释中予以重新表述的作品就是表达向度。本书之所以强调历史向度与现实向度之外还有多种向度，就是要避免将一切解释作品都看作是同等有效的合理解释，特别是避免不足解释与过度解释。当然其具体的理论方法还有待进一步探索。

解释的统一性是对朱子《四书章句集注》特色的一个总归纳。朱子《四书章句集注》不仅实现了多种向度的统一，更为突出的则是实现了如历史与现实，解释与建构，知识与德性，方法与本体等方面的统一。朱子坚持在文义基础上的义理发挥，体现出历史与现实的统一。朱子又是在对经典解释的基础上建构出其整个理学思想，体现出解释与建构的统一。朱子在解释经典求真的过程中又同时是其道德自觉求善的过程，体现出知识与德性的统一。此外，朱子在解释对象上意在解释经典中不偏不倚、无过不及的中庸本体，在方法上又追求不偏向两个极端的适中、时中等手段，体现出方法与本体的统一。

本书仅采用解释的意识，竭力避免将西方解释学的现成理论强加在中国经典解释文本之上，既不套用其名相术语，借用其分析手段，也不进行中西理论的比较，较其长短。本书尽量深入经典原文，探索其中解释与建构方面的内容，从而分析其中一些似或本有的解释特色。朱子《四书章句集注》虽然在后代在训诂、义理等方面均遭到一定程度的质疑，其重要的天理人欲思想亦遭到极大的歪曲，但仍然是儒家经典解释的代表之作，犹如一座高峰，难以被超越，这恐怕正是其中所具有的多种解释特色的缘故。朱子《四书章句集注》中所蕴含的甚深义理在如今新的时代如何继承与发展又成为一个新的时代课题，朱子本人在解释上如何处理解释与建构的思想抑或可以借鉴，从而反本开新，结出更多经得住时间考验的思想果实。

附论 《四书章句集注》的读书方法

“儒”就其字义来说是指古代从事文化传播的学者，这些学者传承古代经典，[①]从而形成了各种解读经典的方法，有抽象的，有具体的。出自《论语》中的“温故知新”、“举一反三”、“默而识之”等成语为一般中国人耳熟能详，再如《孟子》当中有“以意逆志”、“尽信书不如无书”等思想，《庄子》中有“得鱼忘筌”的思想等等。汉代又有所谓的古文经学与今文经学的争论，一方面是因为解读的经典对象具有一定差异性，另一方面也体现着不同的解经思路。后来各代文人学者，如王弼的“得意忘言”，陶渊明的“不求甚解”，苏轼的“八面受敌”，张载的“书须成诵”等也都代表了不同的读书方法。

朱子博览群书，又“窃好章句训诂之习”[②]，所以对读书的方法予以特别的关注。朱子之所以成为一代思想巨人，与其读书方法是分不开的。“工欲善其事，必先利其器”，一个好的“器”是“事”成功的关键，能够起到事半功倍的效果。如果说“学以至乎圣人之道”[③]，那么《论语》等经典就是圣人留下指示成圣成王的门径与方法。要了解成圣成王的方法，恰当阅读《论语》等经典的读书法就是成功的关键。朱子充分地自觉到读书法的重要性，于是在《论语集注》前选辑二程语录中有关阅读《论语》《孟子》的方法作为《读论语孟子法》。[④] 朱子本人是十分认可这些方法的，甚至可以说朱子就是通过二程之口表达自己的读书法的。除此之外，朱子还在《四书章句集注》的注文中时时提示阅读经文的方法，特别是经文当中意义丰富、内涵深奥的地方，往往提醒读者要“玩味”、“深思”、“不以辞害意”等。

---

① 赵吉惠：《现代学者关于“儒”的考释与定位》，《孔子研究》1995年第3期。

② 《文集》卷四十，《答何叔京》书二，《全书》廿二，第1802页。

③ 《四书章句集注》引程子语。

④ 受《读论语孟子法》启发，张洪和齐熙摘录朱子论读书法的语录编成《朱子读书法》一书，后被黎靖德收入了《朱子语类》，成为《语类》卷十和卷十一。元代程端礼在《程氏家塾读书分年日程》中讲到朱子门人把“朱子读书法”总结成了“读书六法”：循序渐进、熟读精思、虚心涵泳、切己体察、着紧用力、居敬持志。此六法成为朱子读书法的经典表述。

《读论语孟子法》共九条：

1. 程子曰："学者当以《论语》《孟子》为本。《论语》《孟子》既治，则六经可不治而明矣。读书者当观圣人所以作经之意，与圣人所以用心，圣人之所以至于圣人，而吾之所以未至者，所以未得者。句句而求之，昼诵而味之，中夜而思之，平其心，易其气，阙其疑，则圣人之意可见矣。"

2. 程子曰："凡看文字，须先晓其文义，然后可以求其意。未有不晓文义而见意者也。"

3. 程子曰："学者须将《论语》中诸弟子问处便作自己问，圣人答处便作今日耳闻，自然有得。虽孔孟复生，不过以此教人。若能于《语》《孟》中深求玩味，将来涵养成甚生气质！"

4. 程子曰："凡看《语》《孟》，且须熟读玩味。须将圣人言语切己，不可只作一场话说。人只看得二书切己，终身尽多也。"

5. 程子曰："《论》《孟》只剩读着，便自意足。学者须是玩味。若以语言解着，意便不足。"

6. 或问："且将《论》《孟》紧要处看，如何？"程子曰："固是好，但终是不浃洽耳。"

7. 程子曰："孔子言语句句是自然，孟子言语句句是事实。"

8. 程子曰："学者先读《论语》《孟子》，如尺度权衡相似，以此去量度事物，自然见得长短轻重。"

9. 程子曰："读《论语》《孟子》而不知道，所谓'虽多，亦奚以为'。"

其中6至8三条是特别针对《论语》《孟子》具体而言的，其余各条包含了丰富的一般读书法思想。

值得注意的是，《读论语孟子法》第二条称"凡看文字，须先晓其文义，然后可以求其意。未有不晓文义而见意者也"，其中提出语言包含文字、文义、意三个层次，而文义对于理解其意蕴具有基础作用。朱子重视对经典文本中文义一层的理解，但并没有提出理解文义的专门方法。朱子重视文义与其解释方法有重要关系，他坚持在文义的基础上进行理学思想的阐发，对于脱离文义的过度诠释是坚决摒弃的。《语类》中，朱子说：

> 读书，须从文义上寻，次则看注解。今人却于文义外寻索。（《语类》卷11，《全书》十四，351页）

注解的作用是理解经文本身，如果对于文义都没有理解只是揣摩注解的意思，这样就舍本逐末了，所以朱子特别强调对文本在文义层面的理解，文义是根本。

> 凡读书。先须晓得他底言词了，然后看其说于理当否。当于理则是，背于理则非。今人多是心下先有一个意思了，却将他人说话来说自家底意思；其有不合者，则硬穿凿之使合。（《语类》卷11，《全书》十四，341页）

朱子本人实际上更为重视对文本意蕴方面的理解，着重把握文本的精神实质，但他清醒地认识到，脱离文义，就失去了解释的根本依据，所以强调在读书时判断注解是否准确的标准仍要从文义上出发。

下面，就以此《读论语孟子法》为中心，并结合《四书章句集注》散见的读书法提示以及《朱子语类》论述读书法部分（卷十、卷十一）略析如下：

一、切己体察

《读论语孟子法》第四条称“须将圣人言语切己，不可只作一场话说。人只看得二书切己，终身尽多也”。朱子在《四书章句集注》的注文中亦加“切己”、“尽心”、“深戒”等语来提醒读者要反躬自省，在自己身上作工夫。在朱子看来，经典如《论语》《孟子》等中所讲的内容就是要改变自身，去恶从善，进行身心修炼，从而达到圣人的境界。要将经典内容中的“圣人之言反求诸身”（《语类》卷11，《全书》十四，337页），就是将圣人之言与自己的身心密切结合，看看圣人所说的到底指的是自己身上的哪一部分，到底对这一部分如何下功夫。经典中所说的是圣人言语，圣人言语中体现的是圣人之所以为圣人的思想境界，这种思想境界是需要学者真真切切地在自己身上体认的。

朱子提出理解经典要"切己"，实际上与朱子理学的解释方法是完全统一的。朱子认为，秦汉以后没有人强调读书要反过来在自己身上理会，而都是一味地在书册中穿求。① 朱子的"切己"主张乃是针砭这种时弊的。而且一般人读书也容易舍本逐末，"但于纸上看，文义上说得去便了"。② 这一类人可能是一般的不求甚解者，如程子所说的阅读《论语》的第一类人"读了后全然无事者"(见《论语序说》)。理学的方法注重经典的深义，善于发挥经典的余意，适应当时人理解经典的需要，从而发展经典中可能蕴涵的本体、心性等成分，构造出完整的儒家成圣成王体系。当时的另外一种时弊可能是"教外别传，以心印心"的禅宗带来的风气，"世上一等人说道不须就书册上理会"，"别自有个觉处，有个悟处"③。这些人所认为的不需要借助经典来理会道理，如果强调把握经典的精神实质固好，但是如果进而废除经典，将自己的意见置于经典之上，则走向一个极端，就是错误的。朱子的"切己"特别纠正前一种流弊，但是也关切后一种流弊，强调了经典的内在精神与读者自身的统一性，表达出经典内容与读者之间的一种流动。

"切己"就是要把经典从古代拉向当下，拉向阅读者本身。具体的做法乃是借助圣人的言语在自己身上推究。④《语类》中记载了朱子对此有两个形象的比喻：譬如我们生病了，医生开出了治病的药，如果要能治好病，就不能仅仅拿着药看而已，只有吃掉药，才能使我们的病痊愈。圣人的言语就好像圣人给我们病所开出的药，就必须将圣人的言语切己，才能真正对自己成圣成王有帮助。又譬如画上画了一个人，作画的人当然认识这个人，而不认识这个人的人，要认识这个人就需要依据这幅画来找到那个人才行，不能把画中人就当做

① "读书，不可只专就纸上求理义，须反来就自家身上推究。秦汉以后无人说到此，亦只是一向去书册上求，不就自家身上理会。"(《语类》卷 11，《全书》十四，第 337 页)

② "今人读书，多不就切己上体察，但于纸上看，文义上说得去便了。"(《语类》卷 11，《全书》十四，第 337 页)

③ 《语类》卷 11，《全书》十四，第 338 页。

④ "自家见未到，圣人先说在那里。自家只借他言语来就身上推究，始得。"(《语类》卷 11，《全书》十四，第 337 页)

那个人。圣人的言语就好比那画中人，圣人依据成圣成王之道说出的言语，当然知道自己所说话的意思，但是对于不了解成圣成王之道的人就需要通过圣人的言语来了解成圣成王之道。[1]

《语类》中对如何"切己"——"体认着自家身己"作了简单的说明：比如《论语》《孟子》中讲的"仁义礼智"，"切己"就要在自己身上体认出什么是仁，什么是义，什么是礼，什么是智。如果仁义礼智只是四个字，与自己元不相关则不可以。又如读《论语·学而》首章"学而时习之"，就要体认自己曾经如何学，又曾经如何习。"不亦说乎"，就要体认自己学和习之后，又如何喜悦了。[2]

"切己"的目的在于"知道"("求道"[3])，如《读论语孟子法》第九条中程子所说的"读《论语》《孟子》而不知道，所谓'虽多，亦奚以为'"。朱子建构了道统论，明确了儒家圣人之间传授的心法，指明了道的传承谱系，并将道作为人追求的最高目标。虽然在一定意义上说，朱子用理来诠释道，将道理解为理的当然状态，但道本身的卓越地位却没有改变。"理学"一词本身也是后起的一词，实际上，北宋以来的儒家是将道作为最高的追求目标。朱子在《四书章句集注》中，特别关注道体、圣人之道等问题。朱子引程子所说将"知道"作为《读论语孟子法》的最后一条是有深意的。学习圣人之道，并不是要通过其获取功名，获取知识等等，或者说目的并不在兹，而在追求圣人之道。如果一个人的追求目标不在圣人之道，那么通过《论》《孟》的学习最多也只能达到他所追求的，而作为根本的圣人之道则被忽略了。所以不能够本末倒置，以"知道"为本，其他一切为末。本不得不有，末则可有可无。朱子引程子之言特别强调"知道"的重要性，就是告诉学者为学的目的性。一个人的为学动机往往决定了其能够达到的目标。不以"知道"为目的是不可能知道的，一个人的发心的至关重要体现

---

① "因提案上药囊起，曰：如合药，便要治病，终不成合在此看。如此，于病何补！文字浩瀚，难看，亦难记。将已晓得底体在身上，却是自家易晓易做底事。解经已是不得已，若只就注解上说，将来何济！如画那人一般，画底却识那人。别人不识，须因这画去求那人，始得。今便以画唤做那人，不得。"(《语类》卷11，《全书》十四，第337页)

② "如说仁义礼智，曾认得自家如何是仁？自家如何是义？如何是礼？如何是智？须是着身己体认得。如读'学而时习之'，自家曾如何学？自家曾如何习？'不亦说乎'，曾见得如何是说？须恁地认，始得。"(《语类》卷11，《全书》十四，第338页)

③ "古人读书，将以求道。"(《语类》卷11，《全书》十四，第337页)

出来了。往往是,一个人的志向有多大决定了一个人能够走多远。朱子一生就是以追求“知道”为目的的。在少年得志高中进士之后,朱子没有像许多士子一样将圣贤之书作为功名利禄的阶梯,一旦考中,就将圣贤之书永远抛弃,更不会考虑知道不知道的问题,而是更加热心于学习圣人之道,而且尽可能将自己的知识面拓宽。朱子在《四书章句集注》中特别强调所谓的君子与小人的区别,甚至用天理与人欲来截然对二者做出区分,隐藏在背后的一个重要因素就是君子以知道为目的,而小人则徇于人欲,只晓得人世间的利益。“知道”作为为学目的的最终分野,就体现在读书的志向上。而“知道”又是“切己”的直接结果。一个人只有通过切己才能够知道,才可以以“知道”作为为学的目的。

为了做到“切己”,《读论语孟子法》中第三条朱子特别引用程子所说的“学者须将《论语》中诸弟子问处便作自己问,圣人答处便作今日耳闻,自然有得。虽孔孟复生,不过以此教人”。这段话形象地说明了如何能够让自己更加真切地体会到圣人的言语。这种方法是让读者充分地发挥自己的想象力,将《论语》当中弟子问孔子的地方想象成自己在对孔子发问,孔子回答的话当做当下所听到的话语。这样犹如自己亲列于孔门弟子当中,亲炙于圣人的谆谆善诱的教导之中。朱子在对《孟子》末章的注解中曾引用小程子所说大程子“生乎千四百年之后,得不传之学于遗经”的说法。《孟子》末章说到对于圣人的继承有“见而知之”,也有“闻而知之”,按照朱子的理解,“见而知之”即是亲炙于圣人门下,而“闻而知之”则是“得不传之学于遗经”,这种“得不传之学于遗经”所用的解释方法恐怕就是上述程子所说的“将《论语》中诸弟子问处便作自己问,圣人答处便作今日耳闻”的方法。此种方法能够忽略时间的界限,[1]或者自己骤然穿越到古代,将自身置身于古代圣人门下群弟子当中,或者将圣人骤然拉到现在。[2] 圣人拉到现在的思想在《孟子》当中就能找到线索,如孟子所说的“圣人复起,不易吾言”(3B.9)以表明自己思想与圣人思想的统一,又说不同圣人

① 《庄子·齐物论》有“万世之后,而一遇大圣,知其解者,是旦暮遇之也”。
② 这种想象可以借助犹如乘坐科幻小说中的时间机器一样,在时空中穿梭。

"易地则皆然"(4B.29)以说明圣人之间思想本身就是统一的。①

朱子在《语类》中提及:

> 做好将圣人书读,见得他意思如当面说话相似。(《语类》卷10,《全书》十四,313页)

其大概意思与上述意思相同。古代的文本作为一种死的文本,本身并不会给予人教导,人之后通过文本与文本所记录的古圣人对话,这种对话在一定意义上,可以说是单方向的,甚至不能称之为对话,而只能是自己与自己所映射的对象进行一种对话,自己所映射的对象自然受到自己本身认识的束缚。如同说,读者不可能通过文本认识一个自己本来不知道的东西。所以与文本的对话实际上是一种自己与自己的对话,而这种对话又不是一般自问自答,而是借助于文本做出一种跨越时空的对话,其中包含了读者作为当下需要对文本的重构。所以这种重构总是对文本的一种改造,而不可能也不必追求对文本做出所谓完全绝对的理解。朱子所强调二程的这种设身处地的方法,很容易被学者漫不经心的忽略过去,但却是具有重大意义的一种方法,在一定意义上说,为"切己"的方法找到一种心理学的实施技巧。在这种方法当中,学者要充分发挥自己的想象力,将自己置身于一种时间消失的状态当中,文本中的内容变得鲜活起来,甚至可以看到文本中圣人的颜容笑貌,这样的体会与现实生活中言传身教具有了一定相似性。朱子引程子所说的这种方法目的也是以"知道"为目的的,如果一个人只是在训诂章句上做文章,不能够以心来体会圣人的言语,也是不能够"知道"的。朱子推崇二程为继续孟子之后断续千五百年的道,其中一个重要的线索恐怕就是这种能够消除时间间隔的读书方法。消除了时间的间隔,就能够以心直达圣人之心,文本变得透明,圣人之心得以呈现,圣人之所以言能够同时洞穿,圣人的大意亦能够融会贯通。可以说这种设身处地的读书方法是在了解文义解其大意基础上更上一层楼的高级方法,

---

① 傅伟勋"创造的解释学"五个层次中的最高层次"必谓"层次所要阐明的"原思想家现在必须说出什么"的问题可能正是受此启发。

其并不排斥其基础的理解手段,而是强调对文本的一种更高的理解,更切己地对圣人之言、圣人之意、圣人之心进行体察。

二、熟读玩味

如果说“切己体察”是朱子读书法的根本原则,那么做到这一点又有多种具体做法。朱子《读论语孟子法》第三条“若能于《语》《孟》中深求玩味,将来涵养成甚生气质”中强调对《论》《孟》要“深求玩味”,第五条“《论》《孟》只剩读着,便自意足。学者须是玩味。若以语言解着,意便不足”,亦强调超越语言,以玩味来把握大意。第四条“凡看《语》《孟》,且须熟读玩味”中强调要“熟读玩味”,第一条又有“句句而求之,昼诵而味之,中夜而思之”,可以说是对熟读玩味的形象说明。

朱子说:

> 大凡看文字:少看熟读,一也;不要钻研立说,但要反复体验,二也;埋头理会,不要求效,三也。三者,学者当守此。(《语类》卷10,《全书》十四,318页)

类似的说法还有:

> 少看熟读,反复体验,不必想象计获。只此三事,守之有常。(《语类》卷10,《全书》十四,318页)

可见此乃朱子读书方法的一种固定总结。其中主要的精神就是熟读玩味。

朱子曾说:

> 读书之法,先要熟读。须是正看背看,左看右看。看得是了,未可便

说道是，更须反复玩味。(《语类》卷10，《全书》十四，317页)

为了做到不将圣人言语仅仅做一场言语看过，朱子特别强调读书要熟读。熟读的反面就是泛泛而读，完全是一种简单获取信息的状态，一边看一边忘，看与不看，前后区别不大，其中内容与自己也原无关系。熟读则要求对所读文本进行深度阅读，而且要反复阅读，对其中的内容达到一种熟烂于胸的境界。

熟读的一个要求就是要"少"，朱子说：

书宜少看，要极熟。小儿读书记得，大人多记不得者，只为小儿心专。一日授一百字，则只是一百字；二百字，则只是二百字。大人一日或看百板，不恁精专。人多看一分之十，今宜看十分之一。宽着期限，紧着课程。(《语类》卷10，《全书》十四，318页)

朱子在从学李侗的时候，读《论语》是非常仔细的。《延平答问》绍兴二十八年(1158)七月十七日、冬至前二日二书中，记录了朱子有关读《论语》中出现的疑问，其中的疑问主要集中在《论语》的前三篇，涉及第四篇的只有"一以贯之"章一章。可见朱子在大半年的时间里仅仅研读了《论语》中前面三章多一点。三年后，绍兴三十一年(1161)二月二十四日李侗答书中又记录了朱子有关《论语》的疑问，此时则主要集中在第十七篇，有一处涉及第十八篇。当然朱子在这段时间还校订了《上蔡先生语录》等，但也由此可以窥见朱子在阅读《论语》过程中的细致程度，也体现了朱子本人在阅读时是少而极熟的。

通过一个少，达到对经典文本的熟练程度。同样的时间与精力，要达到对原文的精熟，就要通过少来实现。朱子说少，重点在于让学者能够逐一理会，能够玩味出本文的意思。朱子所说的少的目的自然是要纠正一味求快，浅尝辄止的毛病，但也不是要学者为此拘束，死扣字眼，不要去领会文本精神。朱子说：

今人读书，看未到这里，心已在后面；才看到这里，便欲舍去了。如此，只是不求自家晓解。须是徘徊顾恋，如不欲去，方会认得。(《语类》卷10，《全书》十四，319页)

朱子针对这种读书不能用心的毛病，所以以熟读的精神强调对文本的“徘徊顾恋”。通过对文本反复仔细的阅读，将其中的意思榨出来。所以朱子特别强调不可贪多，朱子说：

读书不可贪多，且要精熟。如今日看得一板，且看半板，将那精力来更看前半板，两边如此，方看得熟。直须看得古人意思出，方好。(《语类》卷10，《全书》十四，318页)

朱子之所以重视读书，其中一个原因就是他将读书认做是格物的一事，所以读书本身也成为修身养性的重要功夫。朱子说：

读书是格物一事。今且须逐段子细玩味，反来覆去，或一日，或两日，只看一段，则这一段便是我底。脚踏这一段了，又看第二段。如此逐旋捱去，捱得多后，却见头头道理都到。(《语类》卷10，《全书》十四，319页)

熟读的过程，不可以松懈，也不可以紧张。而且还有心的作用，心不能迷迷糊糊，而要抖擞精神，注意力高度集中才行。

读书，只恁逐段子细看，积累去，则一生读多少书！若务贪多，则反不曾读得。又曰：“须是紧着工夫，不可悠悠，又不须忙。只常抖搜得此心醒，则看愈有力。”(《语类》卷10，《全书》十四，319页)

朱子对熟读的作用有一个生动的比喻。朱子说：

大凡读书，须是熟读。熟读了，自精熟；精熟后，理自见得。如吃果子一般，劈头方咬开，未见滋味，便吃了。须是细嚼教烂，则滋味自出，方始识得这个是甜是苦是甘是辛，始为知味。(《语类》卷10，《全书》十四，320页)

这个比喻所说的"细嚼教烂"与一般说的"囫囵吞枣"形成鲜明的对比。也就是对经典文本进行仔细品尝，就是一个熟读的过程。

朱子强调，读书当玩味，如：

读书着意玩味，方见得义理从文字中迸出。(《语类》卷10，《全书》十四，327页)

《论语》中，朱子在注解时，也往往强调要玩味，如：

子路愠见曰："君子亦有穷乎？"子曰："君子固穷，小人穷斯滥矣。"(15.1)

见，贤遍反。何氏曰："滥，溢也。言君子固有穷时，不若小人穷则放溢为非。"程子曰："固穷者，固守其穷。"亦通。愚谓圣人当行而行，无所顾虑。处困而亨，无所怨悔。于此可见，学者宜深味之。(15.1注)

古人对经典本文有一种百遍的精神，如"读书百遍而义自见"。[1] 朱子的熟读也要求要不断反复多遍，朱子说：

书须熟读。所谓书，只是一般。然读十遍时，与读一遍时终别；读百遍时，与读十遍又自不同也。(《语类》卷10，《全书》十四，321页)

---

① 《三国志》裴松之注。《三国志·魏志·王肃传》："明帝时大司农弘农董遇等，亦历注经传，颇传于世。"裴注：《魏略》曰："初，遇善治《老子》，为《老子》作训注。又善《左氏传》，更为作朱墨别异。人有从学者，遇不肯教，而云'必当先读百遍'，言'读书百遍而义自见'。"

经典文本由于时代等原因，在仅仅粗晓文义的情况下，是难了解到其中所蕴含的深意。而其中的深意并不是不可晓，需要的功夫就是反复多遍。这个反复多遍也不是顷刻间反复多遍就能够达到的。特别对于中国儒家经典文本，在学习的阶段需要反复多遍，然而粗会其意，亦不可就此自以为是，需要一个人在一生中反复多遍来体会。年轻与年老对文本的理解区别应当说是巨大的。文本本身体现了古代贤人的教导包含着其对人生人事的各种体会与理解，一个人只有在经历一定世事之后才能够更好地体会其中道理。人往往难以反躬自省，容易嘲笑别人所犯的错误，而却忽略自己本身也存在着同样的问题。也往往看别人做的时候觉得特别容易，等自己亲自为之的时候才能知道其中的甘苦而知其不易。所以在一定意义上说，要达到对文本彻底地了解是非常困难的。要有《中庸》中“人一能之，己百之”的精神才可以，体现在读书上，就是反复地对经典文本进行深入体会与理解。

朱子说：

> 为人自是为人，读书自是读书。凡人若读十遍不会，则读二十遍；又不会，则读三十遍至五十遍，必有见到处。五十遍暝然不晓，便是气质不好。今人未尝读得十遍，便道不可晓。(《语类》卷10，《全书》十四，322页)

朱子从理学立场出发，认为一个人在读非常多遍之后仍然不能对文本加以理解就是所谓的“气质不好”。朱子认为，除非是“气质不好”，否则很多所谓的“不可晓”都是没有下苦功夫去反复理解。朱子的理念就是，不断反复，直到领会。十遍未领会，就二十遍，二十遍未领会，就三十遍，以此类推。朱子为了不造成死读书、瞎读书的偏激，所以说五十遍应当就有见处了。但若是五十遍仍然不能明了，就可能是在气禀上稍微有所欠缺，恐怕需要更多遍的努力。

朱子通过百十遍的反复理解，目的是要达到读者与文本的水乳交融。如：

> 李敬子说先生教人读书云：“既识得了，须更读百十遍，使与自家相乳入，便说得也响。今学者本文尚且未熟，如何会有益！”(《语类》卷10，《全

书》十四,322 页)

只有通过不断的反复,文本才能够逐渐融入自己的思想,自己的思想才能够与文本的思想逐渐吻合。另外,为了纠正单纯追求多遍的遍数,朱子说:

读书不可记数,数足则止矣。(《语类》卷 10,《全书》十四,322 页)

可见,朱子的目的在于能够达到读者对文本熟读,而不是以达到了一定遍数为标准。仅仅追求遍数的多少,也就舍本逐末了。

参考文献

绪论

王国良:《朱熹理学的解构与中国哲学传统的再诠释》,载《安徽师范大学学报(人文社会科学版)》2003 年第 2 期

匡鹏飞:《〈论语〉郑玄与朱熹解释之比较》,载《孔子研究》2001 年第 4 期

成中英:《论重新诠释、理解与评价朱子——朱熹与中西哲学比较》,载《中国文化论坛》2006 年第 1 期

朱汉民:《朱熹"四书"学诠释的二重进路》,载《求索》2004 年第 1 期

朱汉民:《言、意、理——朱熹的〈四书〉诠释方法:语言—文献》,载《孔子研究》2004 年第 5 期

朱汉民:《实践、体验——朱熹的〈四书〉诠释方法》,载《中国哲学史》2004 年 4 期

朱松美:《经典诠释与体系建构——朱熹〈孟子集注〉的诠释特色及其时代性分析》,载《孔子研究》2005 年第 4 期

汤一介:《论创建中国解释学问题》,载《社会科学战线》2001 年第 1 期

汤一介:《论创建中国解释学问题》,载《学术界》2001 年第 4 期

汤一介:《再论创建中国解释学问题》,载《中国社会科学》2000 年第 1 期

汤一介:《三论创建中国解释学问题》,载《中国文化研究》2000 年第 2 期

汤一介:《关于僧肇注〈道德经〉问题——四论创建中国解释学问题》,载《学术月刊》2000 年第 7 期

汤一介:《"道始于情"的哲学诠释——五论创建中国解释学问题》,载《学术月刊》2001 年第 7 期

李方泽:《重诠与开新——从经典诠释学视角看朱熹对〈大学〉文本的解读》,载《孔子研究》2006 年第 5 期

张锦枝:《对朱熹解释思想的再思考——以〈大学章句集注〉为例》,载《同

济大学学报(社会科学版)》2008年第1期

陈良武:《中庸之道与经典诠释——朱熹经典诠释思想述略》,载《大庆师范学院学报》2007年第6期

荀志效:《试论朱熹的解释理论及其思维教训》,载《福建论坛(文史哲版)》1996年第4期

周光庆:《朱熹〈四书〉解释方法论》,载《孔子研究》2000年第6期

黄俊杰:《论经典诠释与哲学建构之关系——以朱子对"四书"的解释为中心》,载《南京大学学报(哲学·人文科学·社会科学版)》2007年第2期

景海峰:《中国哲学"体知"的意义——从西方诠释学的观点看》,载《学术月刊》2007年第5期

景海峰:《从训诂学走向诠释学——中国哲学经典诠释方法的现代转化》,载《天津社会科学》2004年第5期

景海峰:《以制度化为背景的中国哲学建构》,载《学术月刊》2007年第3期

景海峰:《汤一介与新时期的中国哲学建设》,载《深圳大学学报(人文社会科学版)》2007年第1期

景海峰:《诠释学的研究现状及前景》,载《儒家典籍与思想研究(第一辑)》,北京大学出版社2009年

景海峰:《儒学的现代转型及其哲学化诠释》,载《易学与儒学国际学术研讨会论文集(儒学卷)》2005年版

景海峰:《儒家思想现代诠释的哲学化路径及其意义》,载《中国社会科学》2005年第6期

谢晓东:《走向圆融——朱熹的理学诠释学原则探析》,载《江淮论坛》2005年第6期

谢晓东:《经学与理学之间——朱熹之理学诠释学原则初探》,载《唐都学刊》2002年3月

蒙培元:《朱熹是怎样注释"四书"的——从方法的角度看》,载《湖南社会科学》2007年第5期

蔡方鹿：《朱熹经典诠释学之我见》，载《文史哲》2003 年第 2 期

潘德荣：《经典与诠释——论朱熹的诠释思想》，载《中国社会科学》2002 年第 1 期

刘志刚：《从〈四书章句集注〉看朱熹的训诂学与义理学》，载《广东教育学院学报》1996 年第 1 期

王淑霞：《〈四书章句集注〉“理”的思想浅析》，载《江西行政学院学报》2010 年 4 月

周春健：《元代四书学研究》[博士论文]，武汉：华中师范大学，2007 年

许家星：《朱子四书学研究》[博士论文]，北京：北京师范大学，2008 年

钱穆：《朱子新学案》(四)“朱子之四书学”，台北：三民书局 1971 年版，第 180—229 页

蔡方鹿：《朱熹经学与中国经学》，北京：人民出版社 2004 年版

朱汉民、肖永明：《宋代〈四书〉学与理学》，北京：中华书局 2009 年版

吴展良：《朱子研究》，http：//www. eastasia. ntu. edu. tw/member/Wu/article. html

林维杰：《朱熹与经典解释》，台北：台湾大学出版中心 2008 年版

尉利工：《朱子经典诠释思想研究》[博士论文]，上海：华东师范大学出版社 2007 年版

曹海东：《朱熹经典解释学研究》[博士论文]，武汉：华中师范大学出版社 2007 年版

邱汉生：《四书集注简论》，北京市：中国社会科学出版社 1980 年版

顾歆艺：《〈四书章句集注〉研究》[博士论文]，北京：北京大学，1999 年

陆建猷：《四书集注与南宋四书学》[博士论文]，西安：西北大学，1999 年

柯玫妃：《朱熹〈四书章句集注〉研究——以诠释传意方法分析》[博士论文]，高雄：高雄师范大学，2007 年

高荻华：《朱熹〈四书章句集注〉解经研究》[博士论文]，台北：台湾师范大学，2007 年

张国华：《朱子〈四书章句集注〉理学义理探微》[硕士论文]，新北：华梵大

学，2009年

K. Gardner Daniel, *Zhu Xi's Reading of the Analects: Canon, Commentary, and the Classical Tradition*（朱熹对《论语》的解读：文本，注解与经典传统）. New York: Columbia University Press, 2003.

陈逢源：《朱熹与四书章句集注》，台北：里仁书局2006年版

王公山：《朱熹〈四书章句集注〉阐释方法研究》[硕士论文]，济南：山东大学，2002年

王淙德：《朱熹〈四书章句集注〉成书研究》[硕士论文]，台北：台北大学，2005年

钱倩：《朱熹〈四书章句集注〉注音考》[硕士论文]，新乡：河南师范大学，2007年

朱悦坤：《论〈四书章句集注〉成书及文献学特色》[硕士论文]，武汉：中南民族大学，2009年

武娟：《从伽达默尔哲学诠释学看朱熹注"四书"》[硕士论文]，成都：四川师范大学，2009年

第一章　四书的升格

朱修春：《四书学史研究》，北京：中国文史出版社2005年版

佐野公治：《四書学史の研究》，東京：創文社，1988年版

朱修春：《四书学史研究》[博士论文]，北京：中国人民大学，2003年

焦桂美：《南北朝经学史》，上海：上海古籍出版社2009年版

章权才：《魏晋南北朝隋唐经学史》，广州：广东人民出版社1996年版

章权才：《两汉经学史》，广州：广东人民出版社1990年版

陈逢源：《朱熹与四书章句集注》(第一章)，台北：里仁书局2006年版

章权才：《宋明经学史》，广州：广东人民出版社1999年版

许道勋，徐洪兴：《中国经学史》，上海：上海人民出版社2006年版

刘泽亮：《从〈五经〉到〈四书〉儒学典据嬗变及其意义——兼论朱子对禅佛思想挑战的回应》，载《东南学术》2002年6期

刘起釪等:《十三经说略》,北京:北京燕山出版社 2002 年版

景海峰:《中国哲学的现代诠释》(第一章),北京:人民出版社 2004 年版

陆建猷:《宋代四书学产生的历史动因》,载《西安交通大学学报(社会科学版)》2001 年第 1 期

陆建猷:《宋代〈四书〉学的多重观念文化理性》,载《合肥学院学报(社会科学版)》2009 年第 3 期

王党辉:《"四书"概念的形成与儒家心性论的彰显》,载《郑州轻工业学院学报(社会科学版)》2007 年第 5 期

肖永明、殷慧:《北宋心性之学的发展与宋代"四书"学的形成》,载《中国哲学史》2008 年第 1 期

王铭:《论唐宋间"四书"升格为儒经的原因》,载《人文杂志》2003 年第 6 期

刘斌:《四书的前世流转:汉唐间学庸论孟的整体考察》,载《社会科学战线》2008 年第 5 期

束景南、王晓华:《四书升格运动与宋代四书学的兴起:汉学向宋学转型的经典诠释历程》,载《历史研究》2007 年第 5 期

郭齐勇:《由"四书学"的形成看儒学的开展》,载《中山大学学报(社会科学版)》2007 年第 6 期

第二章　朱子四书思想的形成

束景南:《朱子大传》,福州:福建教育出版社 1992 年版

束景南:《朱熹年谱长编》,上海:华东师范大学出版社 2001 年版

陈逢源:《朱熹与四书章句集注》(第二章),台北:里仁书局 2006 年版

许家星:《朱子四书学研究》(导言)[博士论文],北京:北京师范大学,2008 年

朱汉民、肖永明:《宋代〈四书学〉与理学》(第六章),北京:中华书局 2009 年版

王懋竑：《朱子年谱》，北京：中华书局1985年版

戴金波：《朱熹诠释〈论语〉的学术历程与学问宗旨》，载《湖南科技学院学报》2010年3期

第三章 《四书章句集注》的话语体系

钱穆：《朱子论人心与道心》，见《朱子新学案》（第二册），台北：三民书局1971年版，第99—122页

陈荣捷：《新道统》，载《朱子新探索》，台北：学生书局1988年版，第429—435页

陈荣捷：《朱熹集新儒学之大成》，载《朱学论集》，台北：学生书局1982年版，第13—18页

张亨：《朱子的志业——建立道统意义之探讨》，原载（台湾）《台大中文学报》第五期（1992年6月），第31—80页。收入张亨：《思文之际论集：儒道思想的现代诠释》，北京：新星出版社2006年版，第218—267页

蔡方鹿：《中华道统思想发展史》，台北：中华道统出版社1996年版，第409—471页

钱逊：《〈四书集注〉与中国文化传统——兼谈"道统"的实际内容与意义》，载《朱子学新论——纪念朱熹诞辰860周年国际学术会议论文集》，上海：三联书店1991年版，第294—304页

余英时：《绪说》，载《朱熹的历史世界：宋代士大夫政治文化的研究》上册，北京：三联书店，2004年版，第7—36页

金春峰：《朱熹哲学思想》，台北：东大图书公司1998年版

金春峰：《朱熹道统说的建立与完成》，载郑培凯主编：《九州学林2006·春季4卷1期总第11期》，上海：复旦大学出版社2006年版，第45—87页

金春峰：《〈中庸章句〉的诠释思想及其方法论》，载刘笑敢主编：《中国哲学与文化：第3辑·经典诠释之定向》，桂林：广西师范大学出版社2008年版，第186—208页

柯玫妃：《朱熹〈四书章句集注〉研究——以诠释传意方法分析》第六章第四节[博士论文]，高雄：高雄师范大学，2007 年

许家星：《朱子四书学研究》(第一章)[博士论文]，北京：北京师范大学，2008 年

朱汉民，肖永明：《宋代〈四书〉学与理学》，北京：中华书局 2009 年版，第 356—361 页

徐公喜：《朱熹十六字心传道统思想形成论》，载《宜宾学院学报》2004 年第 1 期，第 10—13 页

解晓东：《朱子道心人心思想探微》[硕士论文]，西安：陕西师范大学，2003 年

解晓东：《寻求真理：朱子对道心人心问题的探索》，载《河北大学学报·哲学社会科学版》2005 年第 3 期，第 97—102 页

陈良中：《十六字心传理论的形成及内蕴》，载《兰州学刊》2007 年第 4 期，第 158—160、184 页

第四章 《四书章句集注》的解释框架

陈来：《中国近世思想史研究》(修订本)，北京：三联出版社 2010 年版

第五章 《四书章句集注》的概念诠释

陈荣捷：《宋明理学之概念与历史》，台北："中央研究院"中国文哲研究所筹备处，1996 年

邓克铭：《宋代理概念之开展》，台北：文津出版社 1993 年版

冯耀明：《"致知"概念之分析：试论朱熹、王阳明致知论之要旨》，肯特岗：新加坡国立大学东亚哲学研究所，1986 年

葛荣晋：《中国哲学范畴史》，哈尔滨：黑龙江人民出版社 1987 年版

钱穆：《从朱子论语注论程朱孔孟思想歧点》，载《孔子与论语》，台北：联经出版社 1991 年版

麻尧宾：《〈大学〉〈中庸〉天人范式议论：以朱子疏释为关键的视域》，载

《哲学研究》2011 年第 5 期

田浩：《论朱熹和天：跟随史华慈老师研究宋代思想史》，载《华东师范大学学报(哲学社会科学版)》2008 年第 1 期

郭齐：《性与天道：朱熹“理从天出”说辨析》，载《四川大学学报(哲学社会科学版)》2004 年第 2 期

桑靖宇：《朱熹哲学中的天与上帝：兼评利玛窦的以耶解儒》，载《武汉大学学报(人文科学版)》2011 年第 2 期

白奚：《二程与朱子对“仁”的诠释及其思想史意义》，载黄俊杰编《中日〈四书〉诠释传统初探》，上海：华东师范大学出版社 2008 年版，第 166—184 页

白奚：《孟子对孔子仁学的推进及其思想史意义》，载《哲学研究》2005 年第 3 期

白奚：《儒家“仁”观念思想渊源之考察》，载程恭让主编《天问：丁亥卷》，南京：江苏人民出版社 2008 年版

白奚：《从孟子到程、朱：儒家仁学的诠释与历史发展》，载《首都师范大学学报(社会科学版)》2003 年第 6 期

白奚：《援仁入礼仁礼互动：对“克己复礼为仁”的再考察》，载《中国哲学史》2008 年第 1 期

赵中伟：《“仁”的诠释之转化与延伸——以朱熹《论语集注》为例》，载《辅仁国文学报》增刊 2006(民 95.1)，第 99—120 页

王瑞婷：《朱熹“仁”观念的再诠释》，载《史苑》65，2005(民 94.7)，第 1—33 页

何俊：《由礼转理抑或以礼合理：唐宋思想转型的一个视角》，载《北京大学学报：哲学社会科学版》2007 年第 6 期

杨根东：《朱子“礼”论》[硕士论文]，上海：复旦大学，2009 年

殷慧：《朱熹礼学思想研究》[博士论文]，长沙：湖南大学，2009 年

牟坚：《朱子对“克己复礼”的诠释与辨析：论朱子对“以理易礼“说的批评》，载《中国哲学史》2009 年第 1 期

张崑将:《朱子对〈论语·颜渊〉"克己复礼"章的诠释及其继起争议》,载黄俊杰编《中日〈四书〉诠释传统初探》,上海:华东师范大学出版社 2008 年版,第 111—148 页

郭晓东:《善与至善:论朱子对〈大学〉阐释的一个向度》,载黄俊杰编《中日〈四书〉诠释传统初探》,上海:华东师范大学出版社 2008 年版,第 185—207 页

郭晓东:《论朱子在对〈中庸〉的诠释过程中受吕与叔的影响及其对吕氏之批评》,载黄俊杰编《中日〈四书〉诠释传统初探》,上海:华东师范大学出版社,2008 年版,第 208—230 页

冯达文:《从朱子与阳明之《大学》疏解看中国的诠释学》,载黄俊杰编《中日〈四书〉诠释传统初探》,上海:华东师范大学出版社 2008 年版,第 231—245 页

第六章　《四书章句集注》的文献征引

陈逢源:《朱熹与四书章句集注》(第五章),台北:里仁书局 2006 年版

[日] 大槻信良:《从四书章句集注论朱子为学的态度》(黄俊杰译),载《大陆杂志》第六十卷第六期,1981 年 2 月,收入黄俊杰:《历史的探索》,台北:水牛出版社 1981 年版,第 175—220 页

陈逢源:《朱熹四书章句集注征引书目辑考》,载《政大中文学报》第三期,2005 年 6 月,第 147—180 页

陈铁凡:《四书章句集注考源》,载《论孟研究论集》,台北:黎明文化事业股份有限公司 1981 年版

大槻信良:《朱子四书集注典据考》,台北:学生书局 1976 年版

顾歆艺:《〈四书章句集注〉研究》[博士论文],北京:北京大学 1999 年版

第七章　《四书章句集注》的语文解读

朱熹:《四书章句集注》,北京:中华书局 1983 年版

北京大学《儒藏》编纂中心编:《儒藏》(精华编)110 册,北京:北京大学出版社 2008 年版

钱穆:《朱子新学案》(五)“朱子之校勘学”、“朱子之辨伪学”、“朱子之考据学”,台北:三民书局1971年版

钱穆:《朱子学提纲》,北京:三联书店2002年版

柯玫妃:《朱熹〈四书章句集注〉研究——以诠释传意方法分析》(第四章)[博士论文],高雄:高雄师范大学2006年版

茹菲:《〈论语集注〉声训研究》[硕士论文],北京:北京语言大学2008年版

王学文:《〈论语集注〉音义初探》,载《洛阳师范学院学报》2008年第6期

胡进:《试析朱熹〈论语集注〉中的训诂》,载《安徽水利水电职业技术学院学报》2006年第4期

国建强:《〈四书章句集注〉训诂研究》[硕士论文],乌鲁木齐:新疆师范大学,2005年

李小明:《〈四书章句集注〉训诂研究》[硕士论文],兰州:兰州大学,2007年

舒拥军:《朱熹〈集注〉〈集传〉训诂研究》[硕士论文],武汉:华中师范大学,2007年

罗小如:《论朱熹〈论语集注〉的训诂价值》[硕士论文],银川:宁夏大学,2003年

陈焕良:《训诂在〈四书集注〉中的运用》,《中山大学学报(社会科学版)》1987年第2期

第八章　《四书章句集注》中四书各自的解释特色

陈逢源:《朱熹与四书章句集注》(第三章),台北:里仁书局2006年版

蔡方鹿:《朱熹经学与中国经学》(第五章),北京:人民出版社2004年版

陈逢源:《朱熹论孔门弟子——以〈四书章句集注〉征引为范围》,载(台湾)《文与哲》第八期,2006年6月

许家星:《“贬抑圣门”还是“察病救失”——论朱子孔门弟子之评的诠释意义》,载《哲学动态》2010年第6期

高荻华:《朱熹〈四书章句集注〉解经研究》(第五章)[博士论文],台北:台湾师范大学,2007 年

吴震编《宋代新儒学的精神世界:以朱子学为中心》,上海:华东师范大学出版社 2009 年版

第九章 经典解释与思想创新

刘笑敢:《诠释与定向:中国哲学研究方法之探究》,北京:商务印书馆 2009 年版

(意) 安贝托·艾柯(Umberto Eco)等著;(英) 斯特凡·柯里尼(Stefan Collini)编;王宇根译:《诠释与过度诠释》,北京:三联书店 2005 年版

洪汉鼎:《诠释学:它的历史和当代发展》,北京:人民出版社 2001 年版

(加) 让·格朗丹(Jean Grondin):《哲学解释学导论》(何卫平译),北京:商务印书馆 2009 年版

洪汉鼎:《理解的真理:解读伽达默尔〈真理与方法〉》,济南:山东人民出版社 2001 年版

(德) 伽达默尔(Hans-Georg Gadamer):《真理与方法》(洪汉鼎译),北京:商务印书馆 2007 年版

(德) 伽达默尔(Hans-Georg Gadamer):《哲学诠释学》,上海:上海译文出版社 1994 年版

洪汉鼎编译《理解与解释:诠释学经典文选》,北京:东方出版社 2006 年第二版

(德) 狄尔泰(Wilhelm Dilthey):《精神科学引论(第一卷)》,北京:中国城市出版社 2002 年版

潘德荣:《文字·诠释·传统:中国诠释传统的现代转化》,上海:上海译文出版社 2003 年版

方旭东:《诠释过度与诠释不足:重审中国经典解释学中的汉宋之争——以《论语》"颜渊问仁"章为例》,载《哲学研究》2005 年第 2 期

蒙培元:《朱熹哲学十论》,北京:中国人民大学出版社 2010 年版

第十章　《四书章句集注》的后世影响

（清）纪昀总纂《四库全书总目提要》，石家庄：河北人民出版社2000年版

周春健：《元代四书学研究》，上海：华东师范大学出版社2008年版

李学勤，吕文郁主编《四库大辞典》，长春：吉林大学出版社1996年版

廖云仙：《元代〈四书〉学的继承与开创》，载《东海中文学报》第21期，第67—88页

孙小超：《从〈四书集义精要〉看刘因的解释思想》，载《时代文学（双月上半月）》2009年第4期

闫春：《〈四书大全〉的编纂与传播研究》[博士论文]，上海：华东师范大学2009年版

张岩：《〈四书大全〉研究》[硕士论文]，武汉：中南民族大学2009年版

王瑞明，张全明：《朱子导读》，北京：中国国际广播出版社2008年版

附论　《四书章句集注》的读书方法

顾广圻：《遁翁苦口引》，载顾广圻：《思适斋书跋》，上海：上海古籍出版社2007年版，第162页

刘咸炘：《遁翁苦口》补编，载刘咸炘：《推十书　增补全书　己辑》，上海：上海科学技术文献出版社2009年版，第315—324页

钱穆：《朱子新学案》（三）“朱子论读书法”，台北：三民书局1971年版

郝如新：《朱子读书法及其启示》[硕士论文]，北京：首都师范大学，2005年

王军丽：《〈朱子读书法〉研究》[硕士论文]，北京：北京大学，2006年

袁凤英：《朱子读书法对古诗文阅读教学的启示》[硕士论文]，济南：山东师范大学，2004年

吕铭崴：《从朱子的读书法论其修养工夫》[硕士论文]，新北：淡江大学，2009年

John H. Berthrong（白诗朗），*To Catch a Thief: Zhu Xi*（*1130－1200*） *and the Hermeneutic Art*（捉贼：朱熹的解释学艺术），Journal of Chinese Philosophy，Vol. 33，Suppl 1，2006，pp145－159.

郑春汛：《〈朱子读书法〉学术价值新探》，载《兰州学刊》2007 年第 4 期

后记

本书是鄙人提交给北京大学的博士学位论文，仅作了少量修订。如今要拿出此等观点不成熟、内容不完善的习作，心中满是犹豫与不安。细想博士四年时间不能算短，论文选题确定不能算晚，然仅成如此之文，特别是辜负了恩师汤一介先生的厚望，心中感到惶恐难当。

2008年金秋入学后初次拜访汤先生，即在先生的指导下，确定以宋明理学在经典解释方面的内容为博士论文的选题。当时胆大妄为，竟想将宋明时期对“四书”解释进行全面宏观的梳理，一口气拟定了六种研究方案，汤先生则建议对朱子《四书章句集注》进行专门研究。将信将疑，《四书章句集注》中多为文献征引，岂能代表朱子“四书”解释方面的特色？后来对《论孟精义》《四书或问》以及《朱子语类》中“四书”部分进行全面阅读后才发现，不仅朱子四书学的核心就是《四书章句集注》，而且其整个经学体系亦是以《四书章句集注》为中心的。《四书章句集注》在多方面体现了宋明经典解释的主要特色。在此期间，汤先生还借给鄙人黄俊杰所著的《东亚儒学：经典与诠释的辩证》一书，为整个论文的研究方向找到突破口，即不是对《四书章句集注》进行全面研究，而是以经典解释与思想建构为中心，重点关注其解释方面的特色。汤先生还特别指出要关注“五经”与“四书”关系，概念诠释等问题。

在具体的研究与写作中，汤先生还不断督促着论文提纲的详细拟定以及论文写作的进度。2011年9月，还特意较早地举行了预答辩，为论文后期调整与修改预留了充足的时间。可惜的是，鄙人愚钝不敏，面对体系宏大、思想博深的朱子学显得力不从心，所阅所思虽不能说少，而所得则甚微，未能富有创见地归纳出朱子深邃的解释特色，也未能为中国解释学的建构添砖加瓦，只是将自己主观所见的一些体会妄自尊大地聊以成文，粗糙不谨之处俯拾皆是。

鄙人本一中专生，自学中文，兼进修计算机专业。20岁时开始学习哲学与佛学，欣欣然抛弃中文、计算机等专业，以为哲学乃一切学问至尊，而哲学中佛学又包含着最为深刻的义理，不仅能够安身立命，而且能够了脱生死，穷究生命本质。因佛学从印度传入，后来遂立志学习印度哲学。汤用彤先生的《印度哲学史略》一书成为入门读物，其文辞古雅，义理深邃，每每流连。曾三次报考北京大学哲学系印度哲学专业，皆败北而回。调剂至首都师范大学哲学系，幸为程恭让教授收留，由此开始研究《俱舍论》。在程老师的栽培下，完成了"中国佛教哲学俱舍学派史研究"一子课题，也算不枉考试初衷。《俱舍论》是印度世亲菩萨的小乘佛学名著，义理深邃，难以遽窥，研习再三，只得皮毛一二。原本喜好佛学乃主要因其中的禅学，到此方知学问须踏实，不可徒逞口头快意，更不可盲修瞎练。命运的安排难以琢磨，三年后竟轻松考入北京大学哲学系，更有幸忝列汤先生门下，其中的双重幸福之感非亲历难以言表。

开始研究朱子学，首先感同身受的就是朱子逃释归儒的历程，最后还为朱子不轻易接受各种信条与教义而坚持用自己的生命去体会真理的精神感动不已。在最初开始研究《四书章句集注》的时候，亦曾尝试仿效朱子研究"四书"的历程，如首先将"四书"原文予以背诵，亦曾期望自己如古代参加科举考试的书生一样，熟读《四书章句集注》，最好能背诵朱子注文。终因愚钝难堪，记忆力不佳，如狗熊掰玉米，前记后忘，徒费辛劳。如今鄙人对朱子注文不熟，义理不精，胡言乱语，制定框架，对古人思想削足适履，心中恍惚，情何以堪。

虽然如此，此篇论文仍凝聚着各位现当代学者仁人的诸多成果，如参考文献所列，此不赘述。孙钦善、李中华、魏常海、张学智等先生曾多次亲口对此拙文提出各种深邃的见解。论文评审人钱逊先生、蒙培元先生等的卓越意见也都为此拙文增采。答辩会上宋志明、强昱等先生又对本书提出很多建设性建议。鄙人心存感激，难以言表。

对此书，鄙人颇不惬意，但因博士毕业后旋即投入汤用彤先生未刊稿等整理工作，目下没有可能回到原来的写作状态来修改，只按照各位老师的建议做了力所能及的简单修订。本对于将此不成熟的想法公诸于世颇为犹豫，但想起汤先生、杜维明先生、张广保先生等的鼓励，故斗胆拿出，乞教于方家。

最后，特别感谢景海峰老师将此书列为“中国诠释学研究丛书”之一种。谨致谢忱。

杨 浩

2013年12月于燕南园

图书在版编目(CIP)数据

孔门传授心法：朱子《四书章句集注》的解释与建构/杨浩著. —上海：东方出版中心，2014.8
ISBN 978-7-5473-0690-1

Ⅰ.①孔… Ⅱ.①杨… Ⅲ.①四书-注释 Ⅳ.①B222.12

中国版本图书馆CIP数据核字(2014)第119708号

孔门传授心法

——朱子《四书章句集注》的解释与建构

出版发行：东方出版中心
地　　址：上海市仙霞路345号
电　　话：62417400
邮政编码：200336
经　　销：全国新华书店
印　　刷：昆山市亭林印刷有限责任公司
开　　本：787×1092毫米　1/16
字　　数：328千字
印　　张：23.25　　插页2
版　　次：2015年8月第1版第1次印刷
ISBN 978-7-5473-0690-1
定　　价：60.00元

版权所有，侵权必究

2023